요한복음 강해 II

A COMMENTARY ON THE GOSPEL OF JOHN Ⅱ

BY

DR. YONGGI CHO

Printed in Republic of Korea
Seoul Logos Co., Inc.

요한복음 강해 Ⅱ

조용기 목사 지음

서울말씀사

요한복음 강해 Ⅱ

조용기 목사 지음

초판 1쇄 발행 2008년 5월 2일
초판 6쇄 발행 2018년 9월 20일

편 집 인 김상길
발 행 처 서울말씀사

출판등록 제2016-000172호
주 소 서울시 영등포구 은행로 55, 나동 9층
전 화 02-846-9222
팩 스 02-846-9225

머리말
Foreword

초대 교회 당시에는 예수님의 신성(神性)을 부인하거나 그의 인성(人性)을 부인하는 여러 이단 사상들이 널리 퍼져 있었습니다. 사도 요한은 이와 같은 반기독교적인 이단 사상들로부터 복음을 보호하기 위해 본 서를 기록하였습니다.

이런 이유로 본 서에는 성육신하신 예수님에 대해 잘 나타나 있으며, 예수님이 하나님의 아들이라는 사실이 누누이 강조되어 있습니다. 즉, 하나님의 아들이 육신을 입고 이 땅에 오셔서 표적과 능력을 행하시며 자신을 나타내 보이시고 있는바, 그 하나님의 아들 예수 그리스도를 믿을 때 영생을 얻게 된다는 것을 증언하고 있습니다. 그리고 이것이 바로 복음의 본질이라는 것을 말하고 있습니다.

오늘날 우리 성도들도 자칫하면 인간적인 생각에 사로잡혀 복음의 본질을 왜곡하는 이단의 유혹에 넘어가기 쉽습니다. 그렇기 때문에 우리는 언제나 말씀과 성령으로 충만하여 복음의 실체를 분명히 깨달음으로써 복음의 능력이 우리 삶 가운데 나타나는 역동적인 신앙생활을 해야 하는 것입니다.

본 강해서는 우리 성도들이 이처럼 복음을 바로 알고 그 놀라운 능력을 체험하는 데에 조금이라도 도움을 드리기 위해 제가 1984년 1월부터 1986년 2월까지 2년 1개월 동안 매주 수요일에 강해한 것을 두 권의 책으로 엮은 것입니다. 아무쪼록 이 책이 오늘을 사는 성도들에게 풍성한 영의 양식을 공급하며 어두운 세상에 하나님의 사랑을 베푸는 삶의 원동력이 되기를 기원합니다.

2008. 5.

여의도순복음교회

당회장 목사 조용기

목 차

Contents

A COMMENTARY
ON THE GOSPEL OF
JOHN Ⅱ

서론

Preface

1. 주제 및 기록 목적

요한복음의 주제는 '하나님의 아들이신 예수 그리스도를 믿음으로 얻는 영생' 입니다. 모든 인류를 사랑하신 하나님께서는 그분의 독생자 예수 그리스도를 이 세상에 보내심으로, 예수님을 믿고 영접하는 자마다 멸망하지 않고 영생을 얻게 하셨습니다(3:16).

사도 요한이 본 서를 기록할 당시에는 이단 사상들이 퍼져 있었습니다. 예수님의 신성을 부인하는 '에비온파' (Ebionism)와 가현설(假現說)을 주장하면서 예수님의 인성을 부인하는 '영지주의' (Gnosticism)가 있었습니다. 또한 에베소의 이단자 케린터스(Cerinthus)는 "예수는 사람인데 침례받을 때 하나님의 아들의 영이 강림했다." 고 주장하였습니다. 이러한 상황에서 사도 요한은 예수님께서 하나님의 아들이심을 믿게 하고, 모든 사람은 오직 예수님을 믿고 영접함으로써 영생을 얻을 수 있다는 것을 확신시키기 위해 본 서를 기록하였습니다(20:31).

2. 기록자 및 수신자

본 서는 기록자를 구체적으로 언급하고 있지 않습니다. 그러나 다음과 같은 증언에 의해 본 서의 기록자가 사도 요한임을 알 수 있습니다.

첫째, 유대인의 생활 관습(4:9; 5:10; 7:22; 9:14-16)에 대해 잘 알고 있는 유대인이 기록하였음을 알 수 있습니다.

둘째, 팔레스타인의 지리(1:28,44; 2:1; 4:5-6; 12:1,21; 21:2)에 익숙하므로, 팔레스타인에서 생활한 유대인이 기록하였음을 알 수 있습니다.

셋째, 기록자 자신이 예수님의 생활과 교훈하심을 직접 목격한 자(1:14; 19:35; 21:24-25)이며, '예수님의 사랑하시는 제자' (13:23; 19:26; 20:2; 21:7,20)였음을 증거하고 있습니다.

넷째, 초대 교회의 교부였고, 사도 요한의 제자인 폴리캅의 제자였던 이레니우스는 그의 저서「이단 논박」에서 "주님의 품에 기대었던(13:23) 사도 요한이 소아시아에 있는 에베소에 머무르는 동안 본 서를 펴냈다." 라고 주장하였습니다.

사도 요한은 '사랑의 사도' 입니다. 그는 갈릴리 어부 출신으로 세베대의 아들이며 야고보의 형제입니다(마 10:2; 막 1:19). 오순절 사건 이후 베드로, 야고보와 함께 예루살렘 교회의 지도자(행 3:1; 4:19; 8:14)로 있었고 말년에는 에베소 교회의 감독으로 있었습니다. 그는 노년을 에베소에서 보내다가 로마의 폭군 도미티안 황제(Domitian, 주후 81-96년)가 기독교를 박해할 때에 밧모 섬으로 유배되었습니다. 도미티안 황제가 죽은 후 그는 네르바 황제(Nerva, 주후 96-98년) 때에 다시 에베소로 돌아와서 살다가 세상을 떠났습니다. 그의 저술로는 본 서 외에 요한 일, 이, 삼서와 요한 계시록이 있습니다.

한편 본 서의 수신자는 유대인과 이방인을 포함한 모든 인류입니다. 요한이 사역했던 에베소 교회의 성도들 중에는 유대인 성도들과 이방인 성도들이 함께 있었습니다. 따라서 요한은 메시아를 기다리던 유대인들에게 '예수님께서는 그리스도이심'을, 이방인들에게 '예수님께서는 하나님의 아들이심'을 말함으로써 모든 사람들이 예수님을 믿음으로 영생을 얻게 하려고 하였습니다.

3. 기록 연대 및 집필 장소

본 서의 기록 연대는 정확하게 알려져 있지 않습니다. 그러나 교회사가 유세비우스는 "요한은 공관복음서를 보충하기 위해 이 복음서를 기록했다."고 주장합니다. 따라서 요한복음의 기록 연대는 공관복음서가 집필된 이후(주후 70년 - 주후 100년)로 좁혀집니다. 그리고 사도 요한이 주후 95년에 도미티안 황제 때 밧모 섬으로 귀양살이를 갔으므로 유배당하기 전인 주후 90년경에 본 서를 기록했을 것으로 추정합니다.

본 서가 집필된 장소에 대해서도 여러 가지 이견이 있으나, 사도 요한이 밧모 섬으로 유배가기 전에 에베소에서 활동하고 있었던 것으로 보아 본 서는 에베소에서 저술된 것으로 짐작됩니다.

4. 특징

본 서는 예수 그리스도를 이 땅에 오신 하나님의 아들로 드러내고 신성을 강조하고 있기 때문에 '독수리 복음' 이라고 불립니다. 또한 공관복음서(마, 막, 눅)에 빠진 사건을 보충하는 내용이 많아 '제4복음서' 라고도 불립니다. 본 서는 다음과 같은 특징들이 있습니다.

첫째, 영적 의미를 지닌 상징적인 표현들(말씀, 빛과 어둠, 생명, 산 떡, 생수, 장대에 달린 놋뱀 등)과 대화식 문체(3:1-15; 4:1-26,43-53; 5:1-15; 9:1-38; 11:17-44)가 많이 나타나 있습니다.

둘째, '나는……이니라' 는 일곱 번의 선언(6:35; 8:12; 10:7,11; 11:25; 14:6; 15:1)과 예수님의 일곱 가지 표적(2:1-11; 4:46-54; 5:1-18; 6:1-14,16-21; 9:1-12; 11:1-46)을 소개함으로써 예수님의 신성을 강조하고 있습니다.

셋째, 예수님의 인성에 대하여 서술하고 있습니다(4:6-7; 5:19; 11:35; 19:1-42).

넷째, 예수님의 족보가 영원부터 시작되어 있습니다.

다섯째, 성령에 대한 약속(16:12-13)과 구체적인 명칭(14:16-17)이 나타나 있으며, 성령으로 거듭나야 하나님 나라에 들어갈 수 있다고 주장하고 있습니다(3:5).

여섯째, 예수님의 탄생과 어린 시절, 예수님께서 받으신 침례와 시험, 마귀를 쫓아낸 이적, 최후의 만찬, 겟세마네의 기도, 승천, 예수님의 비유에 대한 기록이 없습니다.

5. 요한복음서와 공관복음서의 비교

본 서는 예수님의 생애를 다루고 있다는 점에서 공관복음서와 동일하지만, 다음과 같은 차이점이 있습니다.

첫째, 공관복음서는 예수님의 활동을 갈릴리 지방 중심으로 기록하고 있지만, 본 서는 예루살렘과 유대 지방 중심으로 기록하고 있습니다.

둘째, 공관복음서는 유월절을 각각 단 한 번씩만 언급하고 있지만(마 26:2; 막 14:1; 눅 22:1), 본 서는 유월절을 최소한 3회 언급함으로써(2:12-13; 6:4; 12:1) 예수님의 공생애 기간이 3년 이상이었음을 암시하고 있습니다.

셋째, 공관복음서는 성전 청결 사건이 공생애 말기에 있었던 것처럼 기록하고 있으나(마 21:12-13; 막 11:15-17; 눅 19:45-46), 본 서는 공생애 초기에 그 사건이 있었다고 기록하고 있습니다(2:13-22).

넷째, 공관복음서는 예수님과 관련된 사건들을 사실적으로 기록하고 있지만, 본 서는 그 사건에 함축된 의미와 교훈 그리고 영적인 측면을 강조하고 있습니다.

다섯째, 공관복음서는 침례 요한의 투옥 이후부터 예수님의 공적인 사역을 기록하고 있지만(마 4:12; 막 1:14; 눅 3:20), 본 서는 침례 요한의 투옥 전에도 예수님께서 활동하고 계셨음을 기록하고 있습니다(3:22-30; 4:1-2).

제 11 장

부활이요,
생명이신 예수님

나사로의 죽음	11:1-16
마르다의 신앙 고백	11:17-27
눈물을 흘리시는 예수님	11:28-37
나사로의 소생	11:38-44
기적에 대한 두 가지 반응	11:45-57

A COMMENTARY
ON THE GOSPEL OF
JOHN Ⅱ

예수님께서는 나사로가 병들었다는 소식을 들으시고 이틀 후에 베다니로 가셨습니다. 예수님께서 베다니에 오셨을 때에는 나사로가 죽은 지 이미 나흘이나 지난 때였습니다.

예수님께서 계셨더라면 나사로가 죽지 않았을 것이라며 슬퍼하는 마르다와 마리아에게 예수님께서는 믿음의 결단을 요구하셨습니다. 예수님께서는 나사로의 죽음을 비통해 하시며 눈물을 흘리시고, 나사로의 무덤으로 가셨습니다.

무덤 앞에 오신 예수님께서는 마르다와 마리아가 무덤 입구를 막아 놓은 돌을 옮겨 놓는 믿음을 보이자, 죽은 나사로를 불러 걸어 나오게 하셨습니다. 죽은 나사로가 살아난 것을 본 많은 유대인이 이를 계기로 예수님을 믿게 되었습니다. 그러나 이 소식을 들은 바리새인과 대제사장들은 본격적으로 예수님을 죽일 음모를 꾸미기 시작하였습니다. 예수님께서는 이러한 사실을 아시고 에브라임에 은신하셨습니다.

1. 나사로의 죽음(11:1-16)

1. 어떤 병자가 있으니 이는 마리아와 그 자매 마르다의 마을 베다니
에 사는 나사로라 2. 이 마리아는 향유를 주께 붓고 머리털로 주의
발을 닦던 자요 병든 나사로는 그의 오라버니더라 3. 이에 그 누이들
이 예수께 사람을 보내어 이르되 주여 보시옵소서 사랑하시는 자가
병들었나이다 하니 4. 예수께서 들으시고 이르시되 이 병은 죽을 병
이 아니라 하나님의 영광을 위함이요 하나님의 아들이 이로 말미암
아 영광을 받게 하려 함이라 하시더라 5. 예수께서 본래 마르다와 그
동생과 나사로를 사랑하시더니 6. 나사로가 병들었다 함을 들으시
고 그 계시던 곳에 이틀을 더 유하시고 7. 그 후에 제자들에게 이르
시되 유대로 다시 가자 하시니 8. 제자들이 말하되 랍비여 방금도 유
대인들이 돌로 치려 하였는데 또 그리로 가시려 하나이까 9. 예수께
서 대답하시되 낮이 열두 시간이 아니냐 사람이 낮에 다니면 이 세상
의 빛을 보므로 실족하지 아니하고 10. 밤에 다니면 빛이 그 사람 안
에 없는 고로 실족하느니라 11. 이 말씀을 하신 후에 또 이르시되 우
리 친구 나사로가 잠들었도다 그러나 내가 깨우러 가노라 12. 제자

들이 이르되 주여 잠들었으면 낫겠나이다 하더라 13. 예수는 그의
죽음을 가리켜 말씀하신 것이나 그들은 잠들어 쉬는 것을 가리켜 말
씀하심인 줄 생각하는지라 14. 이에 예수께서 밝히 이르시되 나사로
가 죽었느니라 15. 내가 거기 있지 아니한 것을 너희를 위하여 기뻐
하노니 이는 너희로 믿게 하려 함이라 그러나 그에게로 가자 하시니
16. 디두모라고도 하는 도마가 다른 제자들에게 말하되 우리도 주와
함께 죽으러 가자 하니라

1-2절 어떤 병자가 있으니 이는 마리아와 그 자매 마르다의 마을 베다니에 사는 나사로라 이 마리아는 향유를 주께 붓고 머리털로 주의 발을 닦던 자요 병든 나사로는 그의 오라버니더라

예수님께서 '요단 강 동편 베다니' 에 머무르고 계실 때에 '마리아와 마르다의 마을 베다니' 에 사는 나사로가 병들었습니다. '마리아와 마르다의 마을 베다니' 라는 곳은 예루살렘에서 남동쪽으로 약 2㎞ 떨어진 곳으로, 예수님께서 계신 '베다니' 와는 지명만 같을 뿐 다른 곳입니다. 이곳은 예루살렘에서 가까웠기 때문에 예수님께서는 예루살렘에 올라오시면 이곳에서 밤을 지내시곤 했습니다. 특히 예수님께서는 마리아와 마르다와 그들의 오라버니 나사로를 사랑하셔서 그들의 집에 유숙하시곤 했습니다. 그들 삼 남매는 비록 부모님은 안 계셨지만 예수님을 믿고 따르며 한집에서 화목하게 살고 있었습니다. 그런데 어느 날 갑자기 나사로가 병이 들어 이 가정에 어두운 구름이 덮이게 된 것입니다.

"이 마리아는 향유를 주께 붓고 머리털로 주의 발을 닦던 자요 병든 나사로는 그의 오라버니더라". 나사로의 누이 마리아가 예수님께 향유를 부

은 사건은 훗날 일어난 것이었습니다(12:3). 그럼에도 불구하고 사도 요한이 이 사건을 앞당겨 언급한 것은, 마리아가 널리 알려지게 된 계기를 설명함으로써 본 서를 읽는 독자들의 이해를 도우려는 배려로 보입니다.

3-4절 이에 그 누이들이 예수께 사람을 보내어 이르되 주여 보시옵소서 사랑하시는 자가 병들었나이다 하니 예수께서 들으시고 이르시되 이 병은 죽을 병이 아니라 하나님의 영광을 위함이요 하나님의 아들이 이로 말미암아 영광을 받게 하려 함이라 하시더라

나사로의 병세는 차도를 보이지 않고 오히려 점점 더 악화되어 위독한 상태였습니다. 이를 보는 마리아와 마르다는 속이 타고 애가 끓었지만 속수무책으로 아무런 조처도 취하지 못하고 있었습니다. 이처럼 위급한 상황에서 그들이 취할 수 있었던 유일한 행동은 예수님께 도움을 청하는 것뿐이었습니다. 그들에게는 오직 예수님만이 믿고 의지하는 대상이었던 것입니다.

마리아와 마르다는 예수님께 사람을 보내어 "주여, 보시옵소서. 사랑하시는 자가 병들었나이다."라고 소식을 전하였습니다. 이 두 자매는 예수님께서 자기네 삼 남매를 사랑하신다는 것을 알고 있었으며, 예수님이시라면 능히 병을 고치실 수 있으리라고 믿었습니다. 그래서 두 자매는 예루살렘의 유대인들을 피해 요단 강 건너편에 가 계신 예수님께 굳이 사람을 보내어 소식을 전한 것입니다.

마리아와 마르다의 부탁을 받은 사람은 요단 강을 건너 하룻길을 와서 예수님을 만나 나사로의 병이 위중하다는 소식을 전했습니다. 그러나 이러한 전갈을 받고도 예수님께서는 조금도 놀라지 않으시고 그저 담담

히 이렇게 말씀하셨습니다. "이 병은 죽을 병이 아니라 하나님의 영광을 위함이요, 하나님의 아들이 이로 말미암아 영광을 받게 하려 함이라."

병은 범죄의 결과로 생겨난 것입니다. 그렇기 때문에 병든 것은 결코 영광이 되지 않습니다. 그러나 하나님께서는 때로 병을 통해 영광을 받으실 때가 있습니다. 우리가 병이 들었을 때 예수님께 나와서 주님의 능력으로 치료받으면, 하나님과 하나님의 아들 예수 그리스도께서 영광을 받으시고 우리 주위 사람들에게 하나님의 영광이 드러나는 것입니다.

질병 자체는 하나님의 뜻이 아닙니다. 질병은 마귀가 우리를 죽이고 멸망시키기 위해 사용하는 수단입니다. 마귀는 우리를 병들어 죽게 합니다. 그러나 아무리 위중한 병을 앓고 불치병에 시달리더라도 낙심하지 않고 주님의 치료하심을 간절히 믿고 구할 때, 하나님께서는 어떠한 질병이라도 치유하시고 그 결과 큰 영광을 받으시는 것입니다.

5-8절 예수께서 본래 마르다와 그 동생과 나사로를 사랑하시더니 나사로가 병들었다 함을 들으시고 그 계시던 곳에 이틀을 더 유하시고 그 후에 제자들에게 이르시되 유대로 다시 가자 하시니 제자들이 말하되 랍비여 방금도 유대인들이 돌로 치려 하였는데 또 그리로 가시려 하나이까

예수님께서는 마르다와 마리아와 나사로, 이 삼 남매를 지극히 사랑하셨습니다. 그럼에도 불구하고 예수님께서는 나사로가 위독하다는 전갈을 받으시고도 태연히 이틀이나 더 지체하셨습니다. 예수님께서는 나사로가 이미 죽었다는 사실을 알고 계셨으나(11:11-13), 이 일이 하나님의 영광을 위한 것임을 아셨으므로 담담히 때를 기다리고 계셨던 것입니다. 여기서 우리는 다시 한 번 하나님께 절대 순종하시는 예수님을 볼 수 있습니다. 예수님께서는 소식을 들은 즉시 나사로에게로 가셔서 나사로의 병을 치료해 주실 수 있었습니다. 또한 직접 갈 것까지 없이 말씀만으로도 치료하실 수 있었습니다. 그러나 예수님께서는 사람의 요구나 자신의 감정에 따라 행하시지 않으시고 하나님의 뜻과 때를 따라 행하신 것입니다.

예수님께서는 하나님께서 나사로가 있는 베다니로 가라고 하실 때까지 묵묵히 기다리셨습니다. 그렇게 이틀이 지나고 때가 이르자, 예수님께서는 주저없이 떠날 채비를 하셨습니다.

여기서 우리는 기도를 하고서 응답의 때가 이르기까지 인내하여야 함을 깨달을 수 있습니다. 많은 사람이 기도를 하고 난 후에 응답이 즉시 오지 않는다며 조급해 합니다. 그러나 하나님께서 응답하시는 때는 우리 마음대로 정할 수 없습니다. 절대 주권자이신 하나님께서는 당신이 정하신 때에 응답하십니다. 때로는 즉각 응답해 주시기도 하지만, 때로는 오래 지체하실 때도 있습니다. 그러나 하나님께서 응답하시는 때는 결코 늦는 법이 없습니다. 하나님께서는 가장 적절한 때에 하나님의 선하신 방법으로 응답해 주십니다. 그러므로 우리는 일단 하나님께 기도로 맡긴 후에는 믿음을 가지고 하나님께서 역사하실 때까지 기다릴 줄 알아야 하는 것입니다.

예수님께서 제자들에게 "유대로 다시 가자."라고 말씀하시자, 제자들은 "랍비여, 방금도 유대인들이 돌로 치려 하였는데 또 그리로 가시려 하나이까?"라고 하며 펄쩍 뛰었습니다. 예수님께서 지금 가시려는 곳은 나사로가 있는 베다니입니다. 그런데도 베다니로 가자고 하시지 않고 유대로 다시 가자고 말씀하신 이유는 제자들의 주의를 환기시키기 위함이었습니다. 예수님께서는 제자들이 유대 지역에 대해 불안감과 공포심을 품고 있다는 것을 알고 계셨습니다. 그래서 떠나시기에 앞서 이 문제를 해결해 주시려 한 것입니다. "유대로 다시 가자."라는 예수님의 말씀에 제자들이 보인 반응은 역시 예수님께서 예상하신 대로였습니다. 그들은 예수님을 돌로 쳐 죽이려던 유대인들의 살기등등한 모습이 생생히 떠올라서 유대로 다시 간다는 것을 도저히 찬성할 수 없었던 것입니다.

9-10절 예수께서 대답하시되 낮이 열두 시간이 아니냐 사람이 낮에 다니면 이 세상의 빛을 보므로 실족하지 아니하고 밤에 다니면 빛이 그 사람 안에 없는 고로 실족하느니라

예수님께서는 전에 소경을 고치시기에 앞서 제자들에게 "때가 아직 낮이매 나를 보내신 이의 일을 우리가 하여야 하리라 밤이 오리니 그때는 아무도 일할 수 없느니라 내가 세상에 있는 동안에는 세상의 빛이로라"(9:4-5)고 말씀하셨습니다. 본 절의 말씀은 이 말씀과 같은 맥락에서 이해할 수 있습니다. 즉, 세상의 빛이신 예수님께서 함께하실 때에는 결코 실족하지 않는다는 것입니다.

유대에서는 해뜰 때부터 해질 때까지를 '낮'이라 정하고, 낮 시간을 열둘로 나누어 시간 계산을 하였습니다. 그러므로 본 절의 '열두 시간'이란 낮 시간 전체를 가리키는 말입니다. 예수님께서 제자들에게 "사람이 낮에 다니면 이 세상의 빛을 보므로 실족하지 아니하고, 밤에 다니면 빛이 그 사람 안에 없는 고로 실족하느니라."고 말씀하신 것은 유대 땅으로

가시려던 때가 낮이 시작되는 첫 시간이었기 때문이었을 것으로 추측할 수 있습니다. 그러나 그보다 더 직접적이고 중요한 이유는, 아직은 예수님께서 활동을 하실 때이고 따라서 아무도 예수님 일행을 해치지 못한다는 점을 일깨워 주시려는 데 있었습니다. 예수님께서는 제자들의 두려움을 해소시켜 주시기 위해 이 말씀을 하셨던 것입니다.

11-14절 이 말씀을 하신 후에 또 이르시되 우리 친구 나사로가 잠들었도다 그러나 내가 깨우러 가노라 제자들이 이르되 주여 잠들었으면 낫겠나이다 하더라 예수는 그의 죽음을 가리켜 말씀하신 것이나 그들은 잠들어 쉬는 것을 가리켜 말씀하심인 줄 생각하는지라 이에 예수께서 밝히 이르시되 나사로가 죽었느니라

계속하여 예수님께서는 유대로 다시 가시는 목적은 잠든 나사로를 깨우기 위함임을 밝히셨습니다. 예수님께서는 나사로가 이미 죽었음을 아시고 "우리 친구 나사로가 잠들었도다. 그러나 내가 깨우러 가노라."고 말씀하셨는데, 여기서 '잠들었다' 는 말은 '죽음' 을, '깨운다' 는 말은 '다시 살린다' 는 뜻으로 쓰였습니다.

그러나 제자들은 예수님의 말씀을 문자적으로 이해하여 나사로가 잠들어 쉬는 것으로 알았습니다. 그러므로 그들은 '그렇다면 굳이 위험을 무릅쓰고 유대에 갈 필요가 없지 않은가! 잠들었다니 좀 쉬고 나면 회복될 텐데 일부러 잠을 깨우러 갈 필요는 없지.' 라고 생각하고서, "주여, 잠들었으면 낫겠나이다."라고 말했던 것입니다.

이에 예수님께서는 제자들에게 "나사로가 죽었느니라."고 분명하게

말씀해 주셨습니다. 예수님께서는 말씀의 참뜻을 알아듣지 못하고 오해하는 제자들의 무지를 꾸짖지 않으시고, 오히려 자상하게 설명해 주심으로 그들이 올바로 이해하게 도와 주셨던 것입니다.

제자들이 예수님의 말씀을 잘못 이해한 것처럼 우리도 성경 말씀을 잘못 이해할 때가 있습니다. 말씀에 내포되어 있는 참뜻을 발견하여 깨닫지 못하고 자의로 해석하거나 문자적으로만 해석하는 실수를 할 때가 있습니다. 우리가 성경을 대할 때에 이러한 실수를 범하지 않으려면 성령의 도우심을 받아야 합니다. 성경에는 "성령은 모든 것 곧 하나님의 깊은 것까지도 통달하시느니라"(고전 2:10)고 기록되어 있습니다. 그러므로 우리는 말씀을 대하기 전에 먼저 성령께서 조명해 주실 것을 간절히 기도해야 합니다. 그러할 때 하나님의 깊은 것까지도 훤히 아시는 성령께서 깨닫게 해 주심으로 우리가 말씀의 참뜻을 올바로 이해하고 말씀 충만한 삶을 살게 되는 것입니다.

15절 내가 거기 있지 아니한 것을 너희를 위하여 기뻐하노니 이는 너희로 믿게 하려 함이라 그러나 그에게로 가자 하시니

예수님께서는 나사로가 있는 곳에 계시지 않은 것을 제자들을 위하여 기뻐하신다고 말씀하셨습니다. 만일 예수님께서 그곳에 계셨다면 나사로가 죽기 전에 치료해 주셨을 것입니다. 제자들은 병든 자가 고침받는 것을 이미 수없이 목격했습니다. 그러나 죽은 사람을 다시 살리시는 것은 병 고침과 비교가 되지 않는 큰 기적입니다. 물론 예수님께서는 전에도 죽은 사람을 살리신 적이 있습니다. 회당장 야이로의 죽은 딸을 살리셨고(마 9:24-25; 막 5:35-43 ; 눅 8:49-56) 나인성 과부의 죽은 아들을 살리

셨습니다(눅 7:11-15). 그런데 이번 경우에는 다른 목적이 있었습니다. 즉, 예수님께서는 이미 죽어서 장사된 나사로를 살리심으로써 성부 하나님과 그 아들이신 예수님 자신의 영광을 나타내시고, 이 기적을 통해 제자들로 하여금 예수님께서 하나님의 아들 그리스도이심을 믿게 하며, 나아가 장차 예수님께서 죽어서 장사되었다가 사흘 만에 부활하실 것을 믿을 수 있는 믿음의 근거를 주시려고 하신 것입니다.

이제 나사로는 죽었고 그 나사로를 다시 살릴 적절한 때가 되었으므로 예수님께서는 더 이상 지체하실 필요가 없었습니다. 이에 예수님께서는 "그에게로 가자."라고 단호히 말씀하시며 제자들을 재촉하셨습니다.

16절 디두모라고도 하는 도마가 다른 제자들에게 말하되 우리도 주와 함께 죽으러 가자 하니라

제자들은 예수님의 결의에 찬 말씀을 듣고도 선뜻 따르지 않고 엉거주춤했습니다. 그러나 그들 가운데 도마는 예수님을 따르기로 마음을 굳히고 다른 제자들에게 "우리도 주와 함께 죽으러 가자."라고 종용했습니다. 그는 예수님께서 죽으러 유대로 가시는 것으로 잘못 생각했습니다. 그래서 '예수님께서 굳이 죽으러 유대로 가신다고 하시니, 예수님 없이 사느니 차라리 예수님과 운명을 같이하자.'라고 결심하고 다른 제자들에게도 이에 동조하도록 종용했던 것입니다.

2. 마르다의 신앙 고백(11:17-27)

17. 예수께서 와서 보시니 나사로가 무덤에 있은 지 이미 나흘이라
18. 베다니는 예루살렘에서 가깝기가 한 오 리쯤 되매 19. 많은 유대
인이 마르다와 마리아에게 그 오라비의 일로 위문하러 왔더니 20.
마르다는 예수께서 오신다는 말을 듣고 곧 나가 맞이하되 마리아는
집에 앉았더라 21. 마르다가 예수께 여짜오되 주께서 여기 계셨더라
면 내 오라버니가 죽지 아니하였겠나이다 22. 그러나 나는 이제라도
주께서 무엇이든지 하나님께 구하시는 것을 하나님이 주실 줄을 아
나이다 23. 예수께서 이르시되 네 오라비가 다시 살아나리라 24. 마
르다가 이르되 마지막 날 부활 때에는 다시 살아날 줄을 내가 아나이
다 25. 예수께서 이르시되 나는 부활이요 생명이니 나를 믿는 자는
죽어도 살겠고 26. 무릇 살아서 나를 믿는 자는 영원히 죽지 아니하
리니 이것을 네가 믿느냐 27. 이르되 주여 그러하외다 주는 그리스
도시요 세상에 오시는 하나님의 아들이신 줄 내가 믿나이다

17절 예수께서 와서 보시니 나사로가 무덤에 있은 지 이미 나흘이라

결국 다른 제자들도 도마의 뜻에 동조하여 예수님과 동행하였습니다. 예수님 일행이 나사로가 있는 베다니에 이르렀을 때는 이미 나사로가 죽어 장사된 지 나흘이 되는 날이었습니다. 팔레스타인 지역은 기후가 따뜻해서 시체가 금방 부패합니다. 그렇기 때문에 사람이 죽으면 그날로 장사했습니다. 나사로가 장사된 지 나흘이 되었다는 것은 인간의 생

각으로는 다시 살아날 가능성이 전무한 완전히 절망적인 상황임을 보여 줍니다.

이와 같이 현실적으로 완전히 절망적인 상황에 예수님께서 찾아오셨습니다. 이미 죽어서 영혼이 떠나가고 육신은 부패해 가고 있는 나사로가 살아난다는 것은 도저히 상상할 수도 없는 일이었습니다. 그러나 '죽은 자를 살리시며 없는 것을 있는 것으로 부르시는' (롬 4:17) 하나님의 능력으로는 능히 하지 못할 일이 없습니다.

하나님께서는 종종 우리가 죽어야 역사하십니다. 우리가 여러 가지 시험과 환난과 고통 가운데서 철야하고 금식하며 부르짖고 하나님의 약속의 말씀을 부여잡고 간절히 기도해도 그 즉시 응답하여 이루어 주시지 않고 우리가 죽기만을 기다리실 때가 있습니다. 그래서 우리가 인간적인 수단과 방법을 다 포기하고 죽어 무덤에 들어가 있을 때, 비로소 우리를 찾아 오셔서 기적을 베풀어 주십니다. 인간의 가능성이 완전히 끝난 그 시점이 바로 하나님께서 역사하시는 출발점이 됩니다. 그렇기 때문에 우리는 끝까지 낙심하지 말아야 합니다. 일단 하나님께서 약속을 해 주셨으면 그 약속을 믿고 끝까지 낙심하지 말고 기다려야 합니다. 그러면 죽은 자를 살리시며 없는 것을 있는 것으로 부르시는 하나님께서 약속을 이루어 주시는 것입니다.

이러한 면에서 믿음이란 끝까지 참고 견디는 것이라고 할 수 있습니다. 하나님의 약속을 끈질기게 인내하며 믿고 기다리는 것이 믿음이지, 금방 이루어지지 않는다고 포기해 버리거나 자기의 수단과 방법으로 이루려고 하는 것은 믿음이 아닙니다. 눈에는 아무 증거 안 보이고 귀에는 아무 소리 안 들리고 손에는 잡히는 것이 없어도 포기하지 않고 끈질기게 인내하며 기다리는 것이 참 믿음이요, 요동하지 않는 믿음입니다. 하나님께서는 우리에게 이러한 믿음을 요구하시며 우리가 이러한 믿음을 보일 때에 "네 믿은 대로 될지어다." 라고 응답해 주시는 것입니다.

18-19절 베다니는 예루살렘에서 가깝기가 한 오 리쯤 되매 많은 유대인이 마르다와 마리아에게 그 오라비의 일로 위문하러 왔더니

베다니는 예루살렘에서 약 오 리쯤 되는 거리였습니다. 오 리는 2㎞정도입니다. 이처럼 가까운 거리에 있는 베다니에서 초상이 나자, 예루살렘에서 많은 유대인이 문상하기 위해 마르다와 마리아의 집에 왔습니다. 유대인들에게 있어서 상을 당한 유족들을 위로하는 것은 경건한 의무였습니다. 그러므로 많은 조문객이 찾아와 두 자매를 위로했던 것입니다.

우리가 한평생 살아가는 데 윤활유 역할을 하는 것 중의 하나가 위로입니다. 살아가는 동안에 단 한 번도 시험과 환난을 통과하지 않는 사람이 없고, 크고 작은 결점과 약점이 없는 사람도 없습니다. 또한 한평생 슬픈 일이나, 불행한 일이나, 실패를 경험하지 않는 사람도 없습니다. 이러한 처지에 있을 때에 가장 필요한 것이 바로 위로입니다. 위로는 큰 힘이 됩니다. 고난당하고 시련을 당할 때에 사랑하는 가족이나 친구들이 찾아와서 함께 짐을 져 주는 것은 굉장한 위로가 됩니다. 비록 아무런 말을 하지 않더라도 그냥 곁에 같이 있어 주는 것만으로도 큰 위로를 받는 것입니다. 위로를 받으면 힘을 얻어서 낭패와 실망과 실패를 딛고 일어나 다시 한 번 문제에 도전하여 끝내 승리할 수 있습니다. 이러므로 우리는 우리 주위에서 여러 가지 시험과 환난을 당하는 이웃을 찾아가 위로하는 일이 생명을 살리는 일이요, 이웃 사랑을 실천하는 일임을 분명히 알고 위

로하는 일에 인색하지 말아야겠습니다.

20절 마르다는 예수께서 오신다는 말을 듣고 곧 나가 맞이하되 마리아는 집에 앉았더라

드디어 예수님께서 오신다는 소식이 마르다와 마리아에게 전해졌습니다. 이제나저제나 오실까 하여 애타게 기다리던 예수님께서 오신다는 소식은 두 자매에게 더할 수 없이 반가운 소식이었습니다. 그런데 이 소식을 들은 두 자매의 반응은 정반대였습니다. 즉, 마르다는 소식을 듣자마자 뛰어나가 예수님을 맞았으며, 마리아는 집에 앉아서 예수님께서 집에 오시기를 기다렸습니다. 두 자매가 이처럼 서로 다른 반응을 보인 것은 워낙 성격이 달랐기 때문입니다. 마르다는 성격이 쾌활하고 적극적인데 비해, 마리아는 차분하고 얌전하고 내성적인 성격이었습니다. 이처럼 성격이 서로 달라서 다른 반응을 보였지만 예수님을 믿고 사랑함에 있어서는 둘 다 뜨거운 열정을 가지고 있었습니다. 이러한 믿음과 사랑의 열정이 마르다의 경우에는 평소에 예수님을 대접하는 것으로 표현되었습니다(눅 10:38-42). 그리고 마리아는 평소에 예수님의 말씀을 경청하며 믿음과 사랑을 더욱 키우다가 훗날 예수님께서 수난받으시기 전에 옥합을 깨뜨려 향유를 부어 드림으로 헌신적인 사랑을 표현했습니다(12:3).

21-22절 마르다가 예수께 여짜오되 주께서 여기 계셨더라면 내 오라버니가 죽지 아니하였겠나이다 그러나 나는 이제라도 주께서 무엇이든지 하나님께 구하시는 것을 하나님이 주실 줄을 아나이다

예수님을 맞는 마르다의 마음은 원망과 반가움이 교차되었습니다. 그녀는 나사로가 위독할 때 예수님께서 계셨더라면 그가 지금 살아 있으리라는 생각에 안타까움을 떨쳐 버릴 수 없었습니다.

여기서 우리는 마르다의 제한적인 믿음을 볼 수 있습니다. 그녀는 예수님의 치유 능력을 믿었으나, 예수님께서 시공을 초월하여 능력을 행하신다는 것을 미처 알지도 믿지도 못한 것입니다. 따라서 그녀는 나사로가 이미 죽었으므로 이제는 예수님께서 오셨어도 아무 소용이 없다고 생각했습니다. 이와 같은 마르다의 신앙의 한계점은 오늘날의 교회들이 안고 있는 문제점 중의 하나이기도 합니다.

예수 그리스도를 주님으로 믿고 고백하는 교회들 중 적지 않은 교회가 과거에 일어난 기적이나 장차 궁극적으로 일어날 일을 믿지만, 오늘의 삶 가운데 예수님의 능력이 나타나 문제 해결을 받는 것을 믿지 못합니다. 귀신이 쫓겨 나가고 병자가 고침받고 장애인이 고침받아 정상인이 되고 죽은 자가 다시 살아나는 기적은, 2천 년 전에 예수님 시대에만 있었던 것이지 지금은 그런 능력이 나타나는 때가 아니라고 잘못 알고 있는 것입니다. 그래서 오히려 그러한 기적이 나타나는 교회들을 잘못된 것으로 몰아붙이고 공격하기까지 합니다. 그들은 자신들이야말로 주님의 능력을 불신으로 제한하는 잘못을 범하고 있음을 알지 못하고 있는 것입니다.

성경에는 "예수 그리스도는 어제나 오늘이나 영원토록 동일하시니라"(히 13:8)고 기록되어 있습니다. 또한 예수님께서는 "하나님은 죽은 자의 하나님이 아니요 살아 있는 자의 하나님이시니라"(마 22:32)고 말씀하셨습니다. 예수님께서는 영원히 살아 계신 하나님이시요, 시공을 초월하여 역사하시는 전능자이시기 때문에 지금 우리 가운데서도 2천 년 전과 같은 기적이 동일하게 일어나고 있는 것입니다. 그러나 예수님의 능력을 2천 년 전 사건으로 묶어 놓고 제한시켜 믿지 않는 자는 기적을 체험할 수 없습니다. 그러므로 우리는 자신의 믿음에 대해서 깊이 생각해 보아야 합니다. '내가 믿는 예수님은 2천 년 전의 예수님인가? 어제 체험한 예수님인가? 지금 나의 삶 가운데서 능력을 행하고 계신 예수님인가?' 우리가 바로 지금 내게 역사하시는 예수님을 믿음으로 바라보고 의지할 때, 지금도 살아서 역사하시는 예수님의 능력을 체험할 수 있는 것입니다.

"그러나 나는 이제라도 주께서 무엇이든지 하나님께 구하시는 것을 하나님이 주실 줄을 아나이다". 마르다는 지금이라도 예수님께서 하나님께 구하시면 하나님께서 구하시는 바를 주실 것으로 믿고 고백했습니다. 그러나 그녀가 예수님께 믿고 구한 것은 나사로의 부활이 아니었습니다. 그녀는 예수님을 그리스도로 믿기는 했지만(11:27), 예수님께서 죽은 자를 살리시며 생명을 주관하시는 하나님이시라고는 생각하지 못했습니다. 그래서 예수님께서 하나님께 구하심으로써 하나님의 복을 받을 것만을 기대하고 예수님께 구했던 것입니다.

23-24절 **예수께서 이르시되 네 오라비가 다시 살아나리라 마르다가 이르되 마지막 날 부활 때에는 다시 살아날 줄을 내가 아나이다**

마르다는 예수님께 하나님의 일반적인 복을 구했지만, 예수님께서는 그녀가 가장 절실히 원하는 최상의 응답을 주셨습니다. 예수님께서는 마르다가 불가능한 것으로 생각하고 포기한 나사로의 소생에 관해 분명하게 말씀하셨습니다. 그러나 마르다는 "네 오라비가 다시 살아나리라."는 예수님의 말씀을 통상적으로 유족에게 위로하기 위해서 해 주는 말로 들었습니다. 당시 바리새인들은 마지막 날에 죽은 자들은 부활한다고 믿고 있었습니다. 그렇기 때문에 죽은 나사로가 부활한다는 말이 마르다에게는 전혀 생소하고 신기한 말이 아니었습니다. 그녀는 이미 많은 조문객들에게서 그러한 말로 위로를 받았기 때문에 예수님께서 하신 말씀도 같은 의미로 받아들였던 것입니다.

25-26절 예수께서 이르시되 나는 부활이요 생명이니 나를 믿는 자는 죽어도 살겠고 무릇 살아서 나를 믿는 자는 영원히 죽지 아니하리니 이것을 네가 믿느냐

예수님께서는 나사로를 다시 살리시기에 앞서, 나사로의 부활을 현재의 사건으로 믿지 못하고 교리적으로만 받아들이고서 동문서답하는 마르다의 신앙부터 바로잡아 주셨습니다. 예수님께서는 시간과 공간의 제약을 받으면서 활동하시는 분이 아니라 '부활'이요, '생명의 근원'이십니다. 그렇기 때문에 예수님을 믿는 사람은 죽어도 살고, 살아서 믿는 사람은 영원히 죽지 않는 것입니다. 예수 그리스도를 믿는 사람은 육체적 죽음을 맞더라도 그것으로 영원한 죽음의 상태에 있는 것이 아닙니다. 단지 육체적 죽음의 문을 지나 안식하다가 마지막 날에 부활하여 영생하는 것입니다. 성도가 숨졌을 때에 '죽었다' 라고 하지 않고 '주 안에 잠들었다' 라고 말하는 이유가 바로 여기에 있습니다.

마르다가 교리적으로 알고 있던 것같이 나사로가 마지막 날에 부활하

리라는 것은 틀림없는 사실이었습니다. 그러나 예수님께서는 지금 그의 죽은 육신을 소생시킬 뜻을 가지고 계셨습니다. 그래서 예수님께서는 자신이 부활이요, 생명의 주라고 가르쳐 주신 다음 마르다에게 그러한 기적을 산출할 실제적인 믿음을 촉구하셨습니다.

27절 이르되 주여 그러하외다 주는 그리스도시요 세상에 오시는 하나님의 아들이신 줄 내가 믿나이다

"네가 믿느냐?"는 예수님의 질문에 마르다는 무엇인가 믿음을 고백해야 한다는 것을 알았습니다. 그러나 부활에 대한 자신의 시각을 바꾸고 나사로가 다시 살아난다고 믿을 수는 없었습니다. 이에 마르다는 예수님의 질문에 대한 답변을 회피하고, 그 대신 예수님에 대한 신앙 고백을 하였습니다. 마르다의 신앙 고백은 '예수님께서는 주시요, 세상에 오시기로 예언되었던 그리스도시요, 하나님의 아들이시라.'는 3중 고백이었습니다.

그러나 예수님께서 원하신 것은 이러한 신앙 고백이 아니라, 나사로가 다시 살아날 것을 믿는 실제적인 믿음의 고백이었습니다. 예수님께서는 실제적인 믿음의 고백을 발판으로 역사하시기 때문에 마르다의 신앙 고백은 기적의 발판이 될 수 없었습니다. 그래서 예수님께서는 마르다에게 마리아를 불러오라고 말씀하시고서 그 자리에 멈추어 서서 마리아를 기다리셨습니다. 예수님께서는 평소에 말씀을 경청한 마리아는 기적의 발판이 될 믿음의 고백을 할 것이라고 기대하셨던 것입니다.

3. 눈물을 흘리시는 예수님(11:28-37)

28. 이 말을 하고 돌아가서 가만히 그 자매 마리아를 불러 말하되 선
생님이 오셔서 너를 부르신다 하니 29. 마리아가 이 말을 듣고 급히
일어나 예수께 나아가매 30. 예수는 아직 마을로 들어오지 아니하시
고 마르다가 맞이했던 곳에 그대로 계시더라 31. 마리아와 함께 집
에 있어 위로하던 유대인들은 그가 급히 일어나 나가는 것을 보고 곡
하러 무덤에 가는 줄로 생각하고 따라가더니 32. 마리아가 예수 계
신 곳에 가서 뵈옵고 그 발 앞에 엎드리어 이르되 주께서 여기 계셨더
라면 내 오라버니가 죽지 아니하였겠나이다 하더라 33. 예수께서 그
가 우는 것과 또 함께 온 유대인들이 우는 것을 보시고 심령에 비통히
여기시고 불쌍히 여기사 34. 이르시되 그를 어디 두었느냐 이르되
주여 와서 보옵소서 하니 35. 예수께서 눈물을 흘리시더라 36. 이에
유대인들이 말하되 보라 그를 얼마나 사랑하셨는가 하며 37. 그 중
어떤 이는 말하되 맹인의 눈을 뜨게 한 이 사람이 그 사람은 죽지 않
게 할 수 없었더냐 하더라

28-30절 이 말을 하고 돌아가서 가만히 그 자매 마리아를 불러 말하되 선생님이 오셔서 너를 부르신다 하니 마리아가 이 말을 듣고 급히 일어나 예수께 나아가매 예수는 아직 마을로 들어오지 아니하시고 마르다가 맞이했던 곳에 그대로 계시더라

마르다는 집으로 돌아가서 마리아에게 "선생님이 오셔서 너를 부르신

다."라고 살며시 전해 주었습니다. 이에 마리아는 자리에서 벌떡 일어나 예수님께로 한달음에 달려갔습니다.

그때 예수님께서는 마을로 들어오시지 않고 마르다와 만난 동구 밖 그 자리에서 기다리고 계셨습니다. 예수님께서는 이제 마리아에게 나사로를 다시 살리는 기적을 산출할 믿음이 있는지 확인해 보실 터였습니다.

31절 마리아와 함께 집에 있어 위로하던 유대인들은 그가 급히 일어나 나가는 것을 보고 곡하러 무덤에 가는 줄로 생각하고 따라가더니

예수님께서는 마르다와 그리하셨듯이 마리아와도 개별적으로 대화하심으로써 그녀에게 실제적인 믿음을 갖게 하고 그것을 확인하시려 했습니다. 그러나 이러한 예수님의 계획은 마리아를 따라온 유대인들로 인해 방해를 받았습니다.

유대인들은 깊은 슬픔에 잠겨 있던 마리아가 갑자기 일어나서 서둘러 뛰어 나가자, '곡하러 무덤에 가는가 보다.'라고 생각하고 그녀를 따라 나섰습니다. 예수님에 대한 믿음이 없는 이들의 동행은 예수님과 마리아의 대화에 방해만 되었으며, 예수님께서 기적을 행하시는 데에도 전혀 도움이 되지 않았습니다.

성경에 보면 예수님께서는 기적을 행하실 때에 사람들을 피하여 한적한 곳을 찾으시곤 하셨던 것을 볼 수 있습니다. 못 듣고 말 더듬는 자를 고치실 때가 그랬고(막 7:31-35), 회당장 야이로의 죽은 딸을 살리실 때에도 믿음이 충만한 아이의 부모와 세 명의 제자들 외에는 따라오는 것을 허락하시지 않았습니다(눅 8:51). 예수님께서는 믿음이 없는 곳에서는 기적을

행하시지 않습니다. 믿음이 없는 구경꾼들은 방해만 될 뿐인 것입니다.

32절 마리아가 예수 계신 곳에 가서 뵈옵고 그 발 앞에 엎드리어 이르되 주께서 여기 계셨더라면 내 오라버니가 죽지 아니하였겠나이다 하더라

예수님을 만난 마리아는 예수님의 발 앞에 엎드려 자신의 안타까운 마음을 호소했습니다. "주께서 여기 계셨더라면 내 오라버니가 죽지 아니하였겠나이다." 마리아의 이러한 호소는 마르다가 예수님께 했던 말(21절)과 똑같은 것이었습니다. 마리아 역시 마르다와 마찬가지로 예수님께서 죽은 자를 다시 살리실 수 있음을 생각하지 못하고 있었던 것입니다.

예수님께 하소연을 하고 난 후, 마리아는 더 이상 말을 잇지 못했습니다. 나사로를 잃은 슬픔이 다시금 복받쳐 그녀는 또다시 통곡하기 시작했습니다.

33-35절 예수께서 그가 우는 것과 또 함께 온 유대인들이 우는 것을 보시고 심령에 비통히 여기시고 불쌍히 여기사 이르시되 그를 어디 두었느냐 이르되 주여 와서 보옵소서 하니 예수께서 눈물을 흘리시더라

마리아가 통곡을 터뜨리자, 마리아를 따라온 유대인들도 함께 통곡하기 시작했습니다. 이러한 상황에서 예수님께서는 마리아와 계속 대화하실 수가 없었습니다. 대성통곡을 하고 있는 그들의 모습을 보시는 예수님의 마음은 불쾌하기 짝이 없었습니다. 예수님께서는 죽음으로 인해 사랑하는 오라버니 나사로를 이제는 다시 볼 수 없다는 상실감과 슬픔으로

몸부림치는 마리아의 통곡하는 모습 너머로 이 땅에 죽음을 불러들인 죄의 실상을 보고 계셨던 것입니다. 죽음은 죄의 결과이고, 죄를 가져온 죄의 아비는 마귀입니다. 예수님께서는 죽음과 슬픔을 가져온 죄에 대해 분노하셨던 것입니다. 그러는 한편 슬피 통곡하는 마리아와 유대인들을 보시는 예수님의 마음은 또 다른 감정으로 끓어오르기 시작했습니다. 죽음 앞에 너무도 무기력한 인간의 실상이 불쌍해서 마음이 저렸습니다. 이에 예수님께서는 나사로를 어디 두었느냐고 물으셨습니다. 이제 더 이상 지체하지 않고 나사로를 살리시려는 것입니다.

이제 곧 예수님께서는 나사로를 다시 살리실터였습니다. 그러나 그처럼 전능하신 예수님의 두 눈에서는 눈물이 흐르고 있었습니다. 예수님께서는 슬피 통곡하고 있는 마리아와 유대인들이 너무나 불쌍하여 감정을 억제하지 못하시고 눈물을 흘리셨던 것입니다.

36-37절 이에 유대인들이 말하되 보라 그를 얼마나 사랑하셨는가 하며 그 중 어떤 이는 말하되 맹인의 눈을 뜨게 한 이 사람이 그 사람은 죽지 않게 할 수 없었더냐 하더라

유대인들은 예수님께서 눈물을 흘리시는 것을 보고 나사로의 죽음을 애도하시는 것으로 오해했습니다. 그들은 예수님께서 나사로를 진심으로 사랑했으나 그를 살려내지 못한 것이 한스러워서 우신다고 생각했습니다. 그리고 나사로를 다시 살리는 것은 능력 밖의 일이기 때문에 안타까워서 우신다고 생각하여, “맹인의 눈을 뜨게 한 이 사람이 그 사람은 죽지 않게 할 수 없었더냐?” 하며 비꼬았습니다.

4. 나사로의 소생(11:38-44)

38. 이에 예수께서 다시 속으로 비통히 여기시며 무덤에 가시니 무덤
이 굴이라 돌로 막았거늘 39. 예수께서 이르시되 돌을 옮겨 놓으라
하시니 그 죽은 자의 누이 마르다가 이르되 주여 죽은 지가 나흘이 되
었으매 벌써 냄새가 나나이다 40. 예수께서 이르시되 내 말이 네가
믿으면 하나님의 영광을 보리라 하지 아니하였느냐 하시니 41. 돌을
옮겨 놓으니 예수께서 눈을 들어 우러러 보시고 이르시되 아버지여
내 말을 들으신 것을 감사하나이다 42. 항상 내 말을 들으시는 줄을
내가 알았나이다 그러나 이 말씀 하옵는 것은 둘러선 무리를 위함이
니 곧 아버지께서 나를 보내신 것을 그들로 믿게 하려 함이니이다
43. 이 말씀을 하시고 큰 소리로 나사로야 나오라 부르시니 44. 죽은
자가 수족을 베로 동인 채로 나오는데 그 얼굴은 수건에 싸였더라 예
수께서 이르시되 풀어 놓아 다니게 하라 하시니라

38-39절 이에 예수께서 다시 속으로 비통히 여기시며 무덤에 가시니 무덤이 굴이라 돌로 막았거늘 예수께서 이르시되 돌을 옮겨 놓으라 하시니 그 죽은 자의 누이 마르다가 이르되 주여 죽은 지가 나흘이 되었으매 벌써 냄새가 나나이다

예수님께서는 유대인들이 자신의 능력을 불신하며 비꼬아 말하는 것을 듣고 분노하셨습니다. 그러나 그들에게 아무 말씀도 하시지 않고 속으로만 삭이셨습니다. 예수님께서는 마음이 상한 채로 묵묵히 나사로의

무덤을 향해 발걸음을 옮기셨습니다.

나사로가 매장된 무덤은 굴이었습니다. 유대인들은 일반적으로 굴을 무덤으로 사용하셨습니다. 그리고 짐승이 들어가서 시체를 손상시키지 못하게 굴 입구를 돌로 막았습니다. 예수님께서 보시니, 나사로의 무덤 입구도 큰 돌로 막아 놓은 상태였습니다. 이에 예수님께서는 "돌을 옮겨 놓으라." 고 명령하셨습니다. 그들에게 무덤의 돌을 옮기라는 것은 죽은 자를 살리시는 예수님에 대한 확고한 믿음, 예수님께서 기적을 행하실 만한 실제적인 믿음을 보이라는 것입니다. 그들에게 이러한 믿음이 없다면 무덤 입구를 막고 있는 돌을 치우는 것은 아무런 의미가 없는 일입니다. 이제 마르다와 마리아는 믿음으로 예수님의 명령에 따를 것인지, 아니면 따르지 않을 것인지를 선택해야 하는 처지에 놓인 것입니다.

그런데 이런 상황에서 마르다는 믿음의 선택을 하지 않고 또다시 회의적인 태도를 보였습니다. 그녀는 예수님을 전폭적으로 믿지 못하고 구실을 찾았습니다. "주여, 죽은 지가 나흘이 되었으매 벌써 냄새가 나나이다." 라는 그녀의 말은 이성적으로는 타당한 말이지만 결코 믿음의 말은 아니었습니다. 그녀의 믿음 상태는 아직도 이성적인 단계에 머물러 있었던 것입니다.

40절 예수께서 이르시되 내 말이 네가 믿으면 하나님의 영광을 보리라 하지 아니하였느냐 하시니

믿음은 선택입니다. 자신의 감각과 경험을 따르지 않고 하나님의 말씀을 따르기로 선택하는 것이 믿음입니다. 따라서 믿음에는 반드시 순

종과 그에 따르는 희생이 있기 마련입니다. 즉, 자기를 부인하는 고통, 자아를 죽이는 고통이 있는 것입니다. 그러나 그 결과는 하나님의 영광을 보는 것으로 나타나게 됩니다.

예수님께서 마르다에게 원하신 것은 그녀가 나사로의 부활에 대해 이해하고 아는 것이 아니라 전적으로 믿고 순종하는 것이었습니다. "네가 믿으면 하나님의 영광을 보리라."는 말씀은 믿음에 대한 도전이었습니다. 예수님을 부활이요, 생명의 주님으로 믿는다면 나사로의 죽음과 소생도 예수님께서 주관하신다는 것을 믿어야 합니다. 더욱이 그의 소생이 하나님의 영광을 위한 일이라면, 달리 선택의 여지없이 믿고 순종해야 하는 것입니다

41-42절 돌을 옮겨 놓으니 예수께서 눈을 들어 우러러 보시고 이르시되 아버지여 내 말을 들으신 것을 감사하나이다 항상 내 말을 들으시는 줄을 내가 알았나이다 그러나 이 말씀 하옵는 것은 둘러선 무리를 위함이니 곧 아버지께서 나를 보내신 것을 그들로 믿게 하려 함이니이다

마르다와 마리아는 결국 예수님의 말씀에 순종하여 무덤 입구를 막고 있는 돌을 옮겨 놓았습니다. 이는 단순히 명령대로 순종한 것이 아니라 행위로써 신앙을 고백한 것이었습니다. 그러자 그들의 신앙 고백 위에 예수님께서 역사하셨습니다. 예수님께서는 열린 무덤 앞에서 눈을 들어 하늘을 우러러 보시며 감사 기도를 드리셨습니다. "아버지여, 내 말을 들으신 것을 감사하나이다." 여기서 예수님께서 앞으로 응답해 주실 것을 감사하신 것이 아니라 이미 응답해 주신 것을 감사하셨다는 점에 주목할

필요가 있습니다. 예수님께서는 마르다와 마리아가 신앙 고백을 하기 전에 이미 성부 하나님께 나사로가 다시 살아나도록 기도하여 응답을 받으셨던 것입니다.

예수님께서는 성부 하나님과 하나이며, 예수님의 생각과 말씀과 행동과 사역 전체는 성부 하나님의 뜻과 완전히 일치합니다. 그러므로 예수님께서는 나사로를 소생시키는 일에 있어서 굳이 하나님께 기도하실 필요가 없었습니다. 그럼에도 불구하고 예수님께서 하나님께 감사 기도를 드리신 이유는, 둘러선 무리로 하여금 성부 하나님께서 예수님을 보내신 것을 믿게 하려 함이었습니다. 예수님께서 이 세상에 오신 목적은 세상을 구원하시려는 하나님의 뜻을 이루기 위함이셨습니다(3:16-17). 그렇기 때문에 예수님께서는 말씀과 교훈으로, 능력을 행하심으로 하나님의 뜻을 계속 계시하셨습니다. 이때에도 예수님께서는 기적을 행하시기에 앞서 하나님께 기도하심으로써 나사로가 살아나는 것을 보고 자신이 하나님으로부터 왔음을 사람들이 믿게 되기를 원하신 것입니다.

43-44절 이 말씀을 하시고 큰 소리로 나사로야 나오라 부르시니 죽은 자가 수족을 베로 동인 채로 나오는데 그 얼굴은 수건에 싸였더라 예수께서 이르시되 풀어 놓아 다니게 하라 하시니라

예수님께서는 일찍이 "무덤 속에 있는 자가 다 그의 음성을 들을 때가 오나니"(5:28)라고 말씀하심으로 우리의 부활을 약속하신 바 있습니다. 나사로의 부활 사건은 바로 이처럼 약속하신 우리의 부활의 예표입니다.

예수님께서는 감사 기도를 마치시고 무덤을 향해 큰 소리로 외치셨습

니다. "나사로야, 나오라." 예수님께서 나사로를 부르시는 소리는 그곳에 둘러서 있던 모든 사람의 귀에 쟁쟁하게 울렸습니다. 그리고 바로 그때 그들의 눈에는 믿기지 않는 광경이 펼쳐졌습니다. 나사로가 장사되었던 모습 그대로 손과 발이 베로 동여지고 얼굴이 수건에 싸인 채로 무덤에서 걸어 나오고 있었던 것입니다. 죽음의 사슬에서 풀려 죽음의 자리에서 생명의 자리로 나아오는 나사로의 모습을 보는 사람들은 너무나 놀랍고 감격해서 아무런 말도 할 수 없었습니다.

할 말을 잃고 망연히 서 있는 그들에게 예수님께서 "풀어 놓아 다니게 하라."고 명령하셨습니다. 여기서 우리는 우리가 생명을 얻는 것뿐 아니라 자유를 누리며 사는 것이 예수님의 뜻임을 알 수 있습니다.

오늘날 예수 그리스도를 믿어 생명을 얻었으나 여전히 묶인 채로 사는 사람들이 굉장히 많습니다. 영혼은 살았지만 범사와 건강이 여전히 죄악과 마귀와 질병과 저주에 묶여 있는 것입니다. 예수님께서는 우리가 영혼만 구원받아 생명을 얻고 범사와 건강은 죽음의 끈에 묶인 채로 사는 것을 원하시지 않습니다. 예수님께서는 우리가 완전히 자유를 누리며 살기를 원하십니다. 그러므로 우리는 일단 영혼이 살았으면 범사에 묶인 죽음의 끈을 풀어버리고, 건강을 묶고 있는 죽음의 끈도 풀어버려야 합니다. 서로서로 도덕적으로, 심리적으로, 육체적으로, 환경적으로 묶여 있는 죽음의 끈들을 풀어 주어 자유하게 해야 하는 것입니다.

5. 기적에 대한 두 가지 반응(11:45-57)

45. 마리아에게 와서 예수께서 하신 일을 본 많은 유대인이 그를 믿었으나 46. 그중에 어떤 자는 바리새인들에게 가서 예수께서 하신 일을 알리니라 47. 이에 대제사장들과 바리새인들이 공회를 모으고 이르되 이 사람이 많은 표적을 행하니 우리가 어떻게 하겠느냐 48. 만일 그를 이대로 두면 모든 사람이 그를 믿을 것이요 그리고 로마인들이 와서 우리 땅과 민족을 빼앗아 가리라 하니 49. 그중의 한 사람 그 해의 대제사장인 가야바가 그들에게 말하되 너희가 아무것도 알지 못하는도다 50. 한 사람이 백성을 위하여 죽어서 온 민족이 망하지 않게 되는 것이 너희에게 유익한 줄을 생각하지 아니하는도다 하였으니 51. 이 말은 스스로 함이 아니요 그 해의 대제사장이므로 예수께서 그 민족을 위하시고 52. 또 그 민족만 위할 뿐 아니라 흩어진 하나님의 자녀를 모아 하나가 되게 하기 위하여 죽으실 것을 미리 말함이러라 53. 이날부터는 그들이 예수를 죽이려고 모의하니라 54. 그러므로 예수께서 다시 유대인 가운데 드러나게 다니지 아니하시고 거기를 떠나 빈 들 가까운 곳인 에브라임이라는 동네에 가서 제자들과 함께 거기 머무르시니라 55. 유대인의 유월절이 가까우매 많은 사람이 자기를 성결하게 하기 위하여 유월절 전에 시골에서 예루살렘으로 올라갔더니 56. 그들이 예수를 찾으며 성전에 서서 서로 말하되 너희 생각에는 어떠하냐 그가 명절에 오지 아니하겠느냐 하니 57. 이는 대제사장들과 바리새인들이 누구든지 예수 있는 곳을 알거든 신고하여 잡게 하라 명령하였음이러라

45-46절 마리아에게 와서 예수께서 하신 일을 본 많은 유대인이 그를 믿었으나 그중에 어떤 자는 바리새인들에게 가서 예수께서 하신 일을 알리니라

나사로가 무덤에서 살아 나오는 것을 직접 목격한 유대인들 가운데 많은 사람이 예수님을 믿었습니다. 그러나 개중에는 예수님을 믿지 않고 바리새인들에게로 가서 예수님께서 행하신 일을 알린 사람도 있었습니다. 그들이 바리새인들에게 보고한 동기나 의도가 어떤 것이든 간에, 그들의 보고 내용은 바리새인들의 가슴에 예수님에 대한 질투심과 증오심을 더욱 부채질해 놓고 말았습니다.

47-48절 이에 대제사장들과 바리새인들이 공회를 모으고 이르되 이 사람이 많은 표적을 행하니 우리가 어떻게 하겠느냐 만일 그를 이대로 두면 모든 사람이 그를 믿을 것이요 그리고 로마인들이 와서 우리 땅과 민족을 빼앗아 가리라 하니

예수님께서 죽은 지 나흘이나 된 나사로를 소생시키셨다는 소식을 들은 대제사장들과 바리새인들은 즉시 공회를 소집했습니다. 예수님께서 눈부신 기적을 행하실 때마다 속수무책인 채로 적대감과 질투심만을 키우고 있던 그들은 죽은 자의 소생이라는 결정적인 표적에 대한 소식을 듣자 더 이상 방관하고만 있을 수 없다는 극도의 위기감을 느꼈습니다.

그러나 그들은 자신들의 무력함을 통렬히 절감했습니다. 예수님을 그대로 두자니 모든 사람이 예수님을 믿을 것 같고, 또 그렇게 되면 예수님을 중심으로 하여 사람들이 하나로 뭉쳐서 반란을 일으키고, 그 결과 로

마인들이 와서 땅과 민족을 빼앗아 갈 것 같았으나, 이를 막을 방도가 없었던 것입니다.

그런데 대제사장들과 바리새인들의 이러한 우려는 나라와 백성을 위한 것이 아니었습니다. 그들이 우려한 것은 자신들이 불이익을 당할까 하는 데에 있었습니다. 당시 유대는 로마의 속국으로서 로마 총독의 통치를 받고 있었습니다. 그러나 자치권을 허용해 주었기 때문에 산헤드린 공회의 회원인 대제사장들과 바리새인들은 상당한 권력을 가지고 있었습니다. 대제사장들과 바리새인들은 그 기득권을 가지고 백성들 위에 군림하면서 아쉬운 것 없이 살았습니다. 그러므로 이들은, 백성들이 반란이라도 일으키는 날에는 로마에서 반란을 진압한다는 명목으로 군대를 보내 반란만 진압하는 것이 아니라, 그들이 누리고 있는 기득권까지도 박탈할지 모른다는 생각에 걱정하고 불안해 한 것입니다.

49-52절 그중의 한 사람 그 해의 대제사장인 가야바가 그들에게 말하되 너희가 아무것도 알지 못하는도다 한 사람이 백성을 위하여 죽어서 온 민족이 망하지 않게 되는 것이 너희에게 유익한 줄을 생각하지 아니하는도다 하였으니 이 말은 스스로 함이 아니요 그 해의 대제사장이므로 예수께서 그 민족을 위하시고 또 그 민족만 위할 뿐 아니라 흩어진 하나님의 자녀를 모아 하나가 되게 하기 위하여 죽으실 것을 미리 말함이러라

대제사장들과 바리새인들이 별 뾰족한 대안을 내놓지 못하고 계속 우려만 하고 있을 때, 그중에 한 사람인 가야바가 나섰습니다. 가야바는 주

후 18년부터 36년까지 18년 간 대제사장직에 있었습니다. 본래 대제사장직은 종신직이었습니다. 그런데 종신직일 경우 대제사장 한 사람의 영향력이 너무 커진다고 생각하여 로마 당국이 임의로 대제사장을 바꾸었습니다. 본 절에 특별히 '그 해의 대제사장' 이라고 한 것은, 바로 그 해가 예수님께서 십자가에 달리심으로써 구원을 이루신 역사적인 해였으며, 이때 당시 예수님을 죽이는 일에 가장 주도적인 역할을 한 인물이었던 대제사장이 가야바였음을 강조하기 위함입니다.

이때 가야바는 유대교의 최고 지도자 자리에 앉아 있었음에도 불구하고 하나님께서 움직이시는 손길을 전혀 알아차리지 못하고 있었습니다. 그 역시 다른 대제사장들과 바리새인들처럼 자신의 권익과 지위를 지키는 데에만 관심이 있었습니다. 그러므로 그는 계속 우려만 하고 있는 공회원들을 향해 경멸하는 어조로 "너희가 아무것도 알지 못하는도다. 한 사람이 백성을 위하여 죽어서 온 민족이 망하지 않게 되는 것이 너희에게 유익한 줄을 생각하지 아니하는도다."라고 말했습니다. 이는 백성들이 하나가 되는 구심점인 예수님을 죽여 반란을 사전에 방지하고 자신들의 지위와 권익을 지키자는 것입니다. 이는 실로 살인을 선동하는 무서운 발언이요, 살인 음모였습니다.

그러나 가야바의 이 말 뒤에는 하나님의 놀라운 섭리가 있었습니다. 마치 탐욕적인 발람의 입을 통해 메시아에 대한 예언이 흘러 나왔듯이(민 24:17), 가야바의 냉소적인 말을 통해 하나님의 사랑으로 말미암은 메시아의 구원 사역이 예언된 것입니다.

"예수께서 그 민족을 위하시고 또 그 민족만 위할 뿐 아니라 흩어진 하나님의 자녀를 모아 하나가 되게 하기 위하여 죽으실 것을 미리 말함이러라". 가야바가 "한 사람이 백성을 위하여 죽어서 온 민족이 망하지 않게 되는 것이 유익하다."라고 한 것은, 예수님 한 분을 죽여서 유대 민족을 망하지 않게 한다는 말입니다. 이처럼 가야바는 유대 민족 하나에 국한하여 편협된 안목에서 예수님을 죽이려고 획책했으나, 예수님의 죽음으로 말미암는 하나님의 구원의 대상은 온 세상 모든 민족이었습니다. 예수님께서는 유대 민족뿐 아니라 세계 모든 민족을 구원하시기 위해 죽임을 당하셨던 것입니다.

한편 본 절은 우리에게 한 가지 귀한 깨달음을 줍니다. 그것은 이 세상의 그 어떠한 것도 도도히 흐르는 하나님의 역사의 물줄기를 막을 수 없다는 것입니다. 가야바의 언동은 실로 자신의 안전만을 추구하려는 악행이요, 하나님의 뜻을 올바로 분변하지 못하고 그 역사를 거스르는 것이었습니다. 그러나 하나님께서는 이것조차 합력하여 인류 구원이라는 대과업을 아름답게 이루게 하신 것입니다.

53절 이날부터는 그들이 예수를 죽이려고 모의하니라

모든 공회원들은 대제사장 가야바의 제안에 동의했습니다. 그리하여 그날로 그들은 예수님을 잡아서 죽이는 일에 한마음이 되어, 예수님을 잡아들일 구체적인 방법에 대해 본격적으로 의논하기 시작했습니다.

54절 그러므로 예수께서 다시 유대인 가운데 드러나게 다니지 아니하시고 거기를 떠나 빈 들 가까운 곳인 에브라임이라는 동네에 가서 제자들과 함께 거기 머무르시니라

산헤드린 공회에서 예수님을 잡아들여 처형하기로 결정함으로써 유대인들의 박해와 적대감이 공공연해지자, 예수님께서는 유대인들의 눈을 피하여 숨어 다니셨습니다. 예수님께서는 모든 일을 하나님의 뜻을 따라 하나님의 때에 행하셨기 때문에, 이때에도 아직 하나님께서 정하신 고난의 때가 이르지 않았으므로 굳이 유대인들과 충돌하는 일이 없도록 피하신 것입니다.

예수님께서는 제자들과 함께 유대인들을 피해 에브라임으로 가셨습니다. 에브라임은 예루살렘에서 북쪽으로 약 30km 떨어진 조그만 도시로, 광야에서 가까운 지역이었으므로 제자들과 함께 휴식하며 그들을 가르치기에 좋은 곳이었습니다. 예수님께서는 이제 곧 닥칠 고난을 예감하시며 이곳에서 폭풍 전야의 평온함 같은 휴식기를 가지신 것입니다.

55-57절 유대인의 유월절이 가까우매 많은 사람이 자기를 성결하게 하기 위하여 유월절 전에 시골에서 예루살렘으로 올라갔더니 그들이 예수를 찾으며 성전에 서서 서로 말하되 너희 생각에는 어떠하냐 그가 명절에 오지 아니하겠느냐 하니 이는 대제사장들과 바리새인들이 누구든지 예수 있는 곳을 알거든 신고하여 잡게 하라 명령하였음이러라

유월절이 가까워 오자, 전국에서 많은 유대인이 자신을 성결하게 하기 위해 예루살렘으로 모여들기 시작했습니다. 이들은 유월절을 지키기 전에 일주일 동안 정결례를 행하는 관례에 따라 예루살렘으로 속속히 올라오고 있었던 것입니다.

그러나 그들은 유월절 절기를 지키는 일에는 별반 관심이 없었습니다. 그들의 관심은 온통 예수님께로만 쏠렸습니다. 산헤드린 공회에서 예수님을 죽이기로 결의하고 예수님을 보는 즉시 고발하라는 체포령을 내렸기 때문에, 그들은 예수님께서 과연 위험을 무릅쓰고 예루살렘에 오실지에 대해 반신반의했습니다.

제 12 장

예수님의 예루살렘 입성

A COMMENTARY
ON THE GOSPEL OF
JOHN Ⅱ

유월절을 엿새 앞두고 예수님께서 베다니에 오시자, 평소에 예수님의 말씀을 경청하며 예수님께 대한 믿음과 사랑을 키워 왔던 마리아는 그녀의 오라비 나사로를 살려 주신 예수님께 향유를 부어 감사와 헌신을 표시하였습니다. 그런데 이러한 마리아의 행동이 결과적으로 예수님의 장사를 예비한 것이 되었습니다.

그 이튿날 주일에 예수님께서는 나귀를 타시고 수많은 군중의 환영을 받으며 예루살렘에 입성하셨습니다. 그곳에서 헬라인들의 방문을 받으신 예수님께서는 자신의 죽음을 예고하시고 자신의 사역 목적을 밝히셨습니다. 그리고 유대인들의 불신앙을 지적하시고 그들에게 믿을 것을 촉구하셨습니다.

1. 예수님께 향유를 부은 마리아(12:1-11)

1. 유월절 엿새 전에 예수께서 베다니에 이르시니 이곳은 예수께서 죽은 자 가운데서 살리신 나사로가 있는 곳이라 2. 거기서 예수를 위하여 잔치할새 마르다는 일을 하고 나사로는 예수와 함께 앉은 자 중에 있더라 3. 마리아는 지극히 비싼 향유 곧 순전한 나드 한 근을 가져다가 예수의 발에 붓고 자기 머리털로 그의 발을 닦으니 향유 냄새가 집에 가득하더라 4. 제자 중 하나로서 예수를 잡아 줄 가룟 유다가 말하되 5. 이 향유를 어찌하여 삼백 데나리온에 팔아 가난한 자들에게 주지 아니 하였느냐 하니 6. 이렇게 말함은 가난한 자들을 생각함이 아니요 그는 도둑이라 돈궤를 맡고 거기 넣는 것을 훔쳐 감이러라 7. 예수께서 이르시되 그를 가만 두어 나의 장례할 날을 위하여 그것을 간직하게 하라 8. 가난한 자들은 항상 너희와 함께 있거니와 나는 항상 있지 아니하리라 하시니라 9. 유대인의 큰 무리가 예수께서 여기 계신 줄을 알고 오니 이는 예수만 보기 위함이 아니요 죽은 자 가운데서 살리신 나사로도 보려 함이러라 10. 대제사장들이 나사로까지 죽이려고 모의하니 11. 나사로 때문에 많은 유대인이 가

서 예수를 믿음이러라

1절 유월절 엿새 전에 예수께서 베다니에 이르시니 이곳은 예수께서 죽은 자 가운데서 살리신 나사로가 있는 곳이라

유월절 엿새 전에 예수님께서 예루살렘 근교 베다니 마을에 오셨습니다. 예루살렘은 하나님의 성전이 있는 곳으로서 유대의 정치, 경제, 문화, 종교의 중심지였지만, 그곳에서 불과 약 2㎞ 정도 떨어진 감람산 동편 기슭에 위치한 베다니 마을은 '고난의 집', '가난한 집' 이라는 뜻을 가진 그 이름에 걸맞게 사회에서 소외당하고 가난한 천민들이 모여 살고 있었습니다. 또한 이곳은 예수님께서 얼마 전에 죽은 나사로를 소생시켜 주셨던 곳입니다(11:1-44).

한편 본 서에는 언급되지 않았지만 다른 성경에 보면 이때 예수님께서 머물러 계셨던 곳은 '나병 환자 시몬의 집' 이라고 밝혀져 있습니다(마 26:6; 막 14:3). 유대 사회에서는 나병을 하나님께 대한 죄의 형벌로 간주하여(민 12:10; 대하 26:20) 나병 환자들을 공동체에서 축출하고 멸시하며 천대했습니다. 사회 통념과 관심이 이러함에도 불구하고 예수님께서는 조금도 괘념하지 않으시고, 기꺼이 베다니 마을에 있는 나병 환자 시몬의 집에서 묵으시고 식사하셨습니다. 이는 예수님께서 모든 사람을 사랑하시되, 권세 있는 권력자나 부자보다는 헐벗고 굶주리고 가난하고 병들고 사회에서 괄시받고 소외받은 사람들과 함께하시며 그들에게 용기와 희망을 주시고 사랑을 베푸셨음을 보여 줍니다.

2절 거기서 예수를 위하여 잔치할새 마르다는 일을 하고 나사로는 예수와 함께 앉은 자 중에 있더라

예수님께서 베다니 마을에 오시자, 온 마을 사람이 예수님을 영접하였고 나병 환자 시몬의 집에서는 예수님을 위한 잔치를 벌였습니다. 예수님께서 오실 때마다 정성껏 음식을 만들어 예수님께 대접하던 마르다는 나사로를 살려 주신 것이 너무도 감사하여 정성과 솜씨를 다하여 식사 준비를 하였습니다. 그리고 기적의 주인공인 나사로는 예수님과 제자들과 마을 사람들과 함께 잔치 석상에 앉아 있었습니다.

3절 마리아는 지극히 비싼 향유 곧 순전한 나드 한 근을 가져다가 예수의 발에 붓고 자기 머리털로 그의 발을 닦으니 향유 냄새가 집에 가득하더라

그때 마리아가 자신이 모아 놓은 향유를 가지고 예수님께로 왔습니다. 당시 유대 처녀들은 옥합에 향유를 사서 모아 두었다가 결혼 지참금으로 가져갔습니다. 이러한 풍습에 따라 마리아도 자신의 결혼 지참금으로 사용하기 위하여 나드 향유를 옥합에 모아 놓았었습니다. 나드 향유는 인도에서 생산되는 귀한 향유로서 값이 매우 비쌌습니다. 그렇기 때문에 가난하고 소외당한 계층의 사람들만이 모여 사는 베다니 마을 주민인 마리아에게 있어서 나드 향유를 사서 모은다는 것은 몹시 힘겨운 일이었을 것입니다. 마리아에게 있어서는 나드 향유를 모아 둔 옥합이 그녀의 전 재산이요, 그녀의 생명과도 같은 것이었습니다.

예수님께로 다가온 마리아는 그 귀한 옥합을 서슴없이 깨뜨리고 한 근이나 되는 나드 향유를 예수님께 부었습니다. 나드 한 근은 약 340g으로,

당시 노동자가 1년 동안 일해야 받을 수 있는 금액인 3백 데나리온에 거래되었습니다. 그러나 자신의 오라비 나사로를 소생시켜 주신 예수님께 대한 감사를 표시하고 싶은 마리아에게는 아무리 비싸고 소중한 것일지라도 조금도 아깝지 않았습니다.

마리아는 나드 향유를 마지막 한 방울까지 아낌없이 예수님께 부은 다음, 무릎을 꿇고 앉아서 자신의 머리털로 예수님의 발을 씻겨 드렸습니다. 발을 씻겨 주는 것은 노예 중에서도 가장 비천한 노예가 하는 일이었습니다. 그러므로 이러한 유대의 풍습을 참작할 때, 예수님의 발을 씻겨 드린 마리아의 행위가 얼마나 겸손하고 헌신적인 것이었는지 짐작할 수 있습니다. 마리아의 갑작스러운 기름 부음 사건으로 인하여 잔치가 벌어진 방안에는 나드 향유 냄새가 가득했고, 그 자리에 있던 사람들은 모두 깜짝 놀라고 말았습니다.

4-6절 제자 중 하나로서 예수를 잡아 줄 가룟 유다가 말하되 이 향유를 어찌하여 삼백 데나리온에 팔아 가난한 자들에게 주지 아니하였느냐 하니 이렇게 말함은 가난한 자들을 생각함이 아니요 그는 도둑이라 돈궤를 맡고 거기 넣는 것을 훔쳐 감이러라

마리아의 느닷없는 행동에 모두 놀란 상황에서 예수님의 제자들 가운데 하나인 가룟 유다가 마리아를 꾸짖었습니다. 가룟 유다는 예수님과 제자들이 쓰는 재정을 맡고 있었습니다. 예수님께서는 그를 신임하시고 계산에 밝은 그의 재능을 인정하셔서 그에게 회계를 맡기신 것입니다. 그런데 그는 재물에 대한 욕심이 많아서 자신이 맡은 직책을 이용하여 개인적으로 치부하기를 서슴지 않았으며, 심지어 자선과 구제를 빙자하여

돈궤에서 돈을 훔치기까지 했습니다. 이와 같이 탐욕스러운 가롯 유다의 눈에 마리아의 헌신적인 행동은 한낱 쓸데없는 낭비요, 미친 소행으로만 보였습니다. 뿐만 아니라 향유를 팔아서 받을 수 있는 3백 데나리온이 돈궤에 들어왔을 경우, 자신이 그중 얼마를 착복할 수 있었음을 생각하니 아깝기가 한이 없고 분통이 터졌습니다. 이에 가룟 유다는 이러한 자신의 감정을 억누르지 못하고 마리아를 신랄히 책망했습니다.

가룟 유다는 마리아가 향유를 예수님께 부을 것이 아니라 차라리 그것을 팔아서 가난한 자들을 구제하는 데 썼더라면 좋았을 뻔했다고 말했습니다. 그러나 가룟 유다의 이 말은 단지 다른 사람들에게 그럴 듯하게 들리게 하기 위한 하나의 구실이요, 합리화에 불과했고, 실제로 그의 마음속에는 재물에 대한 욕심만이 가득했습니다. 이처럼 재물에 눈이 먼 가룟 유다는 며칠 후 은 30에 예수님을 팔아넘김으로써 예수님의 은혜와 사랑을 저버리고 저주받은 배신자로서 그 이름을 남겼습니다(마 26:15).

한편 다른 성경에서는 본 서와 달리, 이때 가룟 유다뿐 아니라 다른 제자들도 마리아를 꾸짖었다고 기록되어 있습니다(마 26:8-9; 막 14:4-5). 그러나 다른 제자들이 마리아를 꾸짖은 것은 가룟 유다의 책망과 그 근본적인 동기가 달랐습니다. 그들은 예수님께 대한 마리아의 진실한 사랑과 감사하는 마음을 이해하지 못했기 때문에, 그녀의 행동을 경솔하고 즉흥적인 생각에서 나온 것으로 보고 순수한 마음으로 꾸짖었던 것입니다.

7-8절 예수께서 이르시되 그를 가만 두어 나의 장례할 날을 위하여 그것을 간직하게 하라 가난한 자들은 항상 너희와 함께 있거니와 나는 항상 있지 아니하리라 하시니라

가난한 자들의 구제를 구실 삼아 신랄히 책망하는 가룟 유다의 말에, 마리아는 어찌할 바를 알지 못했습니다. 마리아는 예수님께 대한 지고한 헌신의 뜻으로 옥합을 깨뜨리고 향유를 예수님께 부어 드린 자신의 행동이 지탄을 받자 몹시 당황했습니다.

그런데 바로 이때 예수님께서 마리아를 변호하여 주셨습니다. 예수님께서는 제자들이 더 이상 마리아를 책망하지 못하게 제지하시고 이렇게 말씀하였습니다. "그를 가만 두어 나의 장례할 날을 위하여 그것을 간직하게 하라. 가난한 자들은 항상 너희와 함께 있거니와 나는 항상 있지 아니하리라." 예수님의 이 말씀은, 가난한 자들은 언제나 우리 주변에 있기 때문에 언제라도 마음만 있으면 구제할 수 있지만, 예수님의 장사를 예비하는 일은 기회가 항상 있는 것이 아님을 가르쳐 줍니다. 예수님께서는 마리아의 헌신적인 행동을 장차 죽임 당하실 예수님 자신의 장사를 예비한 것으로 받아들이셨기에, 이를 밝히시고 마리아를 칭찬하셨습니다.

나아가 예수님께서는 "온 천하에 어디서든지 이 복음이 전파되는 곳에서는 이 여자가 행한 일도 말하여 그를 기억하리라"(마 26:13; 막 14:9)고 말씀하셨습니다. 예수님의 이 말씀대로 예수 그리스도를 위해 헌신하여 예수님을 영화롭게 한 마리아의 이름과 그 아름다운 행실은 성경을 통해 영원토록 기억되고 있습니다.

9절 유대인의 큰 무리가 예수께서 여기 계신 줄을 알고 오니 이는 예수만 보기 위함이 아니요 죽은 자 가운데서 살리신 나사로도 보려 함이러라

예수님께서 죽은 지 나흘이나 되어 이미 부패하고 있던 나사로를 살려

내셨다는 소문은 베다니 마을로부터 퍼지기 시작하여 예루살렘에도 이미 파다했습니다. 마침 유월절을 지키기 위해 예루살렘으로 모여든 유대인들은 이 소문을 듣고 호기심이 생겼습니다. 그들은 예수님은 물론이고 예수님께서 다시 살리셨다는 나사로도 직접 보고 싶었습니다. 그런데 마침 예수님께서 나사로와 함께 베다니 마을에 계시다는 소식이 들리자, 그들은 큰 무리를 지어 베다니 마을로 찾아왔습니다.

10-11절 대제사장들이 나사로까지 죽이려고 모의하니 나사로 때문에 많은 유대인이 가서 예수를 믿음이러라

부활을 믿지 않는 사두개인들에게 있어서 나사로의 소생은 너무도 충격적인 사건이었습니다. 죽은 자가 다시 살아난다는 것은 그들이 교리로 믿고 있던 고정관념을 송두리째 흔들어 놓기에 충분한 것이었습니다. 더욱이 죽은 나사로가 다시 살아난 일을 계기로 많은 유대인이 이제껏 믿던 유대교를 버리고 예수님을 믿고 따르자, 유대교 지도자들이었던 사두개인들의 불안은 한층 더 커졌습니다. 그러나 나사로가 죽었던 것도, 예수님께서 그를 소생시키신 것도 부인할 수 없는 분명한 사실이었으므로 그들은 이러한 사태를 수습할 만한 방도를 찾지 못하고 노심초사하고 있었습니다. 그들은 산헤드린 공회에서 예수님을 잡아서 처형하기로 결의하고, 즉시 예수님을 고발하도록 체포령을 내린 다음 고발이 들어오기만을 기다리고 있었습니다. 그러나 그럼에도 불구하고 예수님에 대한 사람들의 관심은 식을 줄 모르고 여전히 예수님을 믿고 따르자 그들은 아연실색하여 다시 모여서 모의했습니다. 지난번에는 예수님만 죽이려고 모의했었으나, 이번에는 기적을 행하신 예수님뿐 아니라 기적

으로 소생한 나사로까지 죽이려고 혈안이 되어 있는 이들의 모습에서 하나님을 섬기고 백성들을 살릴 사명자의 모습은 전혀 찾아볼 수 없습니다. 그들은 자신들의 잘못된 교리를 수호하고 자신들의 권익을 지키는 일에 급급한 나머지 가장 중요한 자신들의 사명과 책임을 망각하고, 오히려 그에 반대되는 일을 적극적으로 추진하고 있었던 것입니다.

2. 예루살렘 입성(12:12-19)

12. 그 이튿날에는 명절에 온 큰 무리가 예수께서 예루살렘으로 오신
다는 것을 듣고 13. 종려나무 가지를 가지고 맞으러 나가 외치되 호
산나 찬송하리로다 주의 이름으로 오시는 이 곧 이스라엘의 왕이시
여 하더라 14. 예수는 한 어린 나귀를 보고 타시니 15. 이는 기록된
바 시온 딸아 두려워하지 말라 보라 너의 왕이 나귀 새끼를 타고 오신
다 함과 같더라 16. 제자들은 처음에 이 일을 깨닫지 못하였다가 예
수께서 영광을 얻으신 후에야 이것이 예수께 대하여 기록된 것임과
사람들이 예수께 이같이 한 것임이 생각났더라 17. 나사로를 무덤에
서 불러내어 죽은 자 가운데서 살리실 때에 함께 있던 무리가 증언한
지라 18. 이에 무리가 예수를 맞음은 이 표적 행하심을 들었음이러
라 19. 바리새인들이 서로 말하되 볼지어다 너희 하는 일이 쓸데없
다 보라 온 세상이 그를 따르는도다 하니라

12-13절 그 이튿날에는 명절에 온 큰 무리가 예수께서 예루살렘으로 오신다는 것을 듣고 종려나무 가지를 가지고 맞으러 나가 외치되 호산나 찬송하리로다 주의 이름으로 오시는 이 곧 이스라엘의 왕이시여 하더라

예수님께서는 마리아로부터 기름 부음을 받으신 이튿날 예루살렘으로 입성하셨습니다. 예수님께서 예루살렘으로 오신다는 소문은 삽시간에 퍼졌고, 이에 예루살렘 사람들은 물론 원근 각지에서 유월절을 지키기 위해 예루살렘에 온 유대인 무리가 종려나무 가지를 가지고 예수님을 맞으러 나갔습니다. 종려나무 가지는 승리의 상징입니다. 바야흐로 고난 주간이 시작되는 시점에서 예수님께서는 승리의 상징인 종려나무 가지를 흔드는 사람들의 대대적인 환영을 받으면서 예루살렘에 입성하였습니다. 유대인들은 손에 손에 종려나무 가지를 들고 흔들면서 "호산나, 찬송하리로다. 주의 이름으로 오시는 이, 곧 이스라엘의 왕이시여!" 하고 환호성을 질렀습니다. '호산나' 라는 말은 '이제 구원하소서' 라는 뜻입니다. 그리고 '주의 이름으로 오시는 이' 라는 말은 그들이 예수님을 메시아로 인정한다는 뜻으로 풀이됩니다.

유대인들은 예수님께서 지난 3년 반 동안 사역하시면서 행하신 수많은 기적들과 가르치신 교훈에 대해서 들은 적이 있었을 것입니다. 더구나 그들은 불과 얼마 전에 예수님께서 죽은 나사로를 살리셨다는 소문을 들었고, 또한 그들 중에는 소생한 나사로를 직접 만나 본 사람들도 있었으므로 예수님을 맞는 그들의 환호의 열기는 한껏 고조되었습니다.

그러나 이처럼 열광적으로 예수님을 영접하는 그들의 행동은 오해에서 촉발된 것이었습니다. 그들은 예수님을 로마의 압제에서 유대를 구

원해 주시기 위해서 오신 정치적인 메시아로 오해하고 있었습니다. 그래서 과거에 그들의 조상이 모세를 통해 하나님의 구원을 받아 애굽에서의 모질고 고된 노예 생활을 청산했듯이, 출애굽을 기념하는 절기인 유월절에 다윗의 자손이신 예수님께서 그들을 로마로부터 해방시키고 새로운 왕국을 건설하실 것으로 잘못 알고서 대대적인 환영을 한 것입니다.

14-15절 예수는 한 어린 나귀를 보고 타시니 이는 기록된바 시온 딸아 두려워하지 말라 보라 너의 왕이 나귀 새끼를 타고 오신다 함과 같더라

유대인들은 예수님을 정치적 메시아로 잘못 알고 뜨겁게 환영했지만, 정작 예루살렘에 입성하시는 예수님의 모습은 그들의 생각과 기대가 잘못된 것임을 명백히 밝혀 주기에 충분한 모습이었습니다. 예수님께서는 위풍당당한 왕의 모습이 아닌 겸손한 모습으로 나귀 새끼를 타고 입성하셨던 것입니다. 이는 스가랴 선지자가 예언했던 모습 그대로였습니다. 스가랴 선지자는 이때로부터 약 5백여 년 전에 "시온의 딸아 크게 기뻐할지어다 예루살렘의 딸아 즐거이 부를지어다 보라 네 왕이 네게 임하시나니 그는 공의로우시며 구원을 베푸시며 겸손하여서 나귀를 타시나니 나귀의 작은 것 곧 나귀 새끼니라"(슥 9:9)고 예언했습니다. 예수님께서 나귀 새끼를 타고 예루살렘에 입성하신 것은 바로 이 예언의 성취였던 것입니다.

16절 제자들은 처음에 이 일을 깨닫지 못하였다가 예수께서 영광을 얻으신 후에야 이것이 예수께 대하여 기록된 것임과 사람들이 예수께 이같이 한 것임이 생각났더라

제자들은 예수님의 예루살렘 입성의 의미를 알지 못했습니다. 또한 그들은 예수님께서 입성하실 때 수많은 유대인들이 길가에 쏟아져 나와서 환호하며 대대적인 환영을 한 이유도 몰랐으며, 예수님께서 나귀 새끼를 타고 입성하신 까닭도 알 수 없었습니다. 이와 같이 무지했던 그들은 훗날 부활하신 예수님의 설명을 듣고서야 이를 조금이나마 깨달을 수 있었으며(눅 24:25-27,44-49), 예수님께서 승천하신 후 성령 침례를 받고 난 다음 성령의 깨우침과 기억나게 하심으로 확실히 깨닫게 되었습니다. 여기서 우리는 영적인 일들을 이해하고 하나님의 말씀을 깨닫기 위해서는 성령의 도우심이 절대적으로 필요하다는 것을 거듭 확인할 수 있습니다. 이 세상에는 똑똑하고 공부 잘하고 학문을 많이 연구하여 출중한 학식을 갖춘 사람들도 있습니다. 그러나 이들이 갖고 있는 지식은 세상적인 인간의 지식에 불과합니다. 인간의 지식으로는 하나님의 말씀도, 영적인 일들도 깨달을 수 없습니다. 그러나 아무리 학식이 없는 무식한 사람이라도 성령께서 깨우쳐 주시고 기억시켜 주시면, 인간의 지식으로는 도저히 알 수 없는 것들을 분명히 알 수 있습니다. 그렇기 때문에 우리가 하나님의 말씀에 굳게 서서 올바른 신앙생활을 하려면 반드시 성령 충만을 받고 성령의 도우심을 받아야 하는 것입니다.

17-18절 **나사로를 무덤에서 불러내어 죽은 자 가운데서 살리실 때에 함께 있던 무리가 증언한지라 이에 무리가 예수를 맞음은 이 표적 행하심을 들었음이러라**

예수님께서 죽은 나사로를 살리시는 놀라운 광경을 본 무리는 자신들이 직접 목격한 일을 계속 증언했습니다. 이들이 전하는 증언을 듣는 자마다 예수님을 믿게 되었고, 이러한 일이 며칠째 계속됨으로 인하여 예루살렘 전체가 술렁거렸습니다. 예루살렘 주민들은 물론 예루살렘을 방문한 순례자들 중에는 이 소문을 듣고 예수님과 나사로에게 호기심이 생겨서 직접 보고 싶어 하는 사람들도 상당히 많았습니다. 바로 이러한 때에 소문의 주인공인 예수님께서 예루살렘에 입성하신다는 말이 퍼지자, 사람들은 너나없이 예수님을 보기 위하여 거리로 쏟아져 나왔습니다. 그리하여 예루살렘은 예수님을 맞으러 나온 엄청난 인파가 환호하며 내뿜는 열기로 삽시간에 뜨거워졌던 것입니다.

19절 바리새인들이 서로 말하되 볼지어다 너희 하는 일이 쓸데없다 보라 온 세상이 그를 따르는도다 하니라

바리새인들은 예수님을 보는 즉시 고발하라는 체포령을 내렸음에도 불구하고 사람들이 예수님을 고발하기는커녕 오히려 예수님을 뜨겁게 환영하며 따르는 것을 보자 매우 당황했습니다. 예수님께서 예루살렘에 입성하신다는 말에 헤아릴 수 없을 정도로 수많은 사람이 무리를 지어 나가서 환호하며 열광하는 모습을 보면서, 바리새인들은 이제껏 예수님을 잡아 죽이기 위해 꾸몄던 자신들의 계획이 모두 물거품이 되었다고 생각하여 매우 격분했습니다.

3. 죽음을 예고하시는 예수님(12:20-36)

20. 명절에 예배하러 올라온 사람 중에 헬라인 몇이 있는데 21. 그들
이 갈릴리 벳새다 사람 빌립에게 가서 청하여 이르되 선생이여 우리
가 예수를 뵈옵고자 하나이다 하니 22. 빌립이 안드레에게 가서 말
하고 안드레와 빌립이 예수께 가서 여쭈니 23. 예수께서 대답하여
이르시되 인자가 영광을 얻을 때가 왔도다 24. 내가 진실로 진실로
너희에게 이르노니 한 알의 밀이 땅에 떨어져 죽지 아니하면 한 알
그대로 있고 죽으면 많은 열매를 맺느니라 25. 자기의 생명을 사랑
하는 자는 잃어버릴 것이요 이 세상에서 자기의 생명을 미워하는 자
는 영생하도록 보전하리라 26. 사람이 나를 섬기려면 나를 따르라
나 있는 곳에 나를 섬기는 자도 거기 있으리니 사람이 나를 섬기면
내 아버지께서 그를 귀히 여기시리라 27. 지금 내 마음이 괴로우니
무슨 말을 하리요 아버지여 나를 구원하여 이때를 면하게 하여 주옵
소서 그러나 내가 이를 위하여 이때에 왔나이다 28. 아버지여, 아버
지의 이름을 영광스럽게 하옵소서 하시니 이에 하늘에서 소리가 나
서 이르되 내가 이미 영광스럽게 하였고 또다시 영광스럽게 하리라
하시니 29. 곁에 서서 들은 무리는 천둥이 울었다고도 하며 또 어떤
이들은 천사가 그에게 말하였다고도 하니 30. 예수께서 대답하여
이르시되 이 소리가 난 것은 나를 위한 것이 아니요 너희를 위한 것
이니라 31. 이제 이 세상에 대한 심판이 이르렀으니 이 세상의 임금
이 쫓겨나리라 32. 내가 땅에서 들리면 모든 사람을 내게로 이끌겠
노라 하시니 33. 이렇게 말씀하심은 자기가 어떠한 죽음으로 죽을
것을 보이심이러라 34. 이에 무리가 대답하되 우리는 율법에서 그

리스도가 영원히 계신다 함을 들었거늘 너는 어찌하여 인자가 들려야 하리라 하느냐 이 인자는 누구냐 35. 예수께서 이르시되 아직 잠시 동안 빛이 너희 중에 있으니 빛이 있을 동안에 다녀 어둠에 붙잡히지 않게 하라 어둠에 다니는 자는 그 가는 곳을 알지 못하느니라 36. 너희에게 아직 빛이 있을 동안에 빛을 믿으라 그리하면 빛의 아들이 되리라 예수께서 이 말씀을 하시고 그들을 떠나가서 숨으시니라

20-21절 명절에 예배하러 올라온 사람 중에 헬라인 몇이 있는데 그들이 갈릴리 벳새다 사람 빌립에게 가서 청하여 이르되 선생이여 우리가 예수를 뵈옵고자 하나이다 하니

유월절을 지키기 위하여 예루살렘에 온 순례자들 중에는 헬라인들도 있었습니다. 하나님께서는 모세와 아론에게 유월절 규례를 주실 때에 이렇게 말씀하셨습니다. "너희와 함께 거류하는 타국인이 야훼의 유월절을 지키고자 하거든 그 모든 남자는 할례를 받은 후에야 가까이 하여 지킬지니 곧 그는 본토인과 같이 될 것이나 할례 받지 못한 자는 먹지 못할 것이니라 본토인에게나 너희 중에 거류하는 이방인에게 이 법이 동일하니라"(출 12:48-49). 유대에서는 이러한 하나님의 말씀에 따라 이방인으로서 유대교로 개종하여 하나님을 믿고 섬기는 자들에게는 성전 안 이방인의 뜰에서 예배드리는 것을 허용해 왔습니다. 그러므로 이때에 유대교로 개종한 헬라인 몇 사람이 유월절을 지키기 위해서 예루살렘에 온 것은 전혀 새삼스러운 일이 아니었습니다. 그 헬라인들은 예루살렘에 와서 예수님에 대한 소문을 들었는데, 마침 예수님과 제자들이 예루살렘에 오셨다는 소식이 들려오자, 예수님께서 계신 곳으로 찾아와서 빌립에게 예수님

을 만나게 해 달라고 청하였습니다.

22-23절 빌립이 안드레에게 가서 말하고 안드레와 빌립이 예수께 가서 여쭈니 예수께서 대답하여 이르시되 인자가 영광을 얻을 때가 왔도다

빌립은 예수님께서 이방인들을 만나 주실 것인지를 알지 못했기 때문에 헬라인들의 부탁에 선뜻 대답하지 못하고 주저했습니다. 생각 끝에, 그는 자기 혼자만의 생각으로는 이 일을 결정할 수 없다는 결론을 얻고 자신의 동료이자 친구인 안드레에게 가서 상의했습니다. 결국 안드레와 빌립은 일단 예수님께 직접 여쭈어 보는 것이 좋겠다고 결정하고, 예수님께 가서 헬라인들의 부탁을 전했습니다.

예수님께서는 빌립과 안드레의 질문에 대답하시지 않으시고 "인자가 영광을 얻을 때가 왔도다."라고 말씀하셨습니다. 여기서 '인자'는 예수님 자신을 가리키고, '영광을 얻을 때가 왔도다'는 예수님께서 십자가에 못 박혀 죽으심으로 말미암아 하나님의 구원을 이루실 때가 왔음을 가리킵니다. 즉, 예수님의 이 말씀은 자신의 죽음이 임박했음을 암시하는 것입니다.

누구나 일생에 한 번은 죽음을 맞게 됩니다(히 9:27). 한정된 인생을 살다가 어느 한 순간 맞게 되는 죽음은 인생의 허무와 한계를 느끼게 해 줍니다. 그러나 생명이신 예수님께서는 사람과는 달리 영생하시는 하나님이십니다. 그럼에도 불구하고 예수님께서는 죽임을 당하셨는데, 이는 '세상 구원'이라는 하나님의 큰 뜻을 이루시기 위함이었습니다. 예수님께서는 중죄인들만이 받는 십자가형을 받아 모진 고통과 수모를 당하시

고 죽으심으로써 하나님의 뜻을 이루어 하나님에게서 영광을 받으셨습니다. 그러므로 사람에게는 저주의 상징이었던 십자가(갈 3:13)가 예수님께는 영광의 십자가가 된 것입니다.

24절 내가 진실로 진실로 너희에게 이르노니 한 알의 밀이 땅에 떨어져 죽지 아니하면 한 알 그대로 있고 죽으면 많은 열매를 맺느니라

한 알의 밀이 땅에 떨어져 죽지 아니하면 한 알 그대로 있지만, 죽으면 싹이 트고 성장하여 이삭을 내어서 많은 열매를 맺게 됩니다. 예수님께서는 이러한 자연 법칙을 들어 자신의 죽음의 필요성을 설명하셨습니다. 여기서 '한 알의 밀' 은 예수님 자신을 가리킵니다. 예수님께서 죽지 않으시면 인간은 구원받을 수 없습니다. 그러나 예수님께서 죽으셨다가 부활하시면 예수 그리스도를 믿는 자마다 구원받고 그리스도의 부활에 동참하게 되는 것입니다. 아담을 심어서 인류를 낳으신 하나님께서는 예수님을 심어 수많은 영혼을 추수하시기를 원하셨습니다. 그리고 예수님께서는 이러한 하나님의 구원의 뜻을 아시고 죽기까지 순종하심으로써 그 뜻을 이루어 드렸습니다. 오늘날 우리가 구원받은 것은 예수님께서 우리를 위해 한 알의 밀이 되어 희생하신 결과인 것입니다.

25절 자기의 생명을 사랑하는 자는 잃어버릴 것이요 이 세상에서 자기의 생명을 미워하는 자는 영생하도록 보전하리라

'자기의 생명' 은 육신의 생명을 가리키는 말입니다. 예수님께서는 육신의 생명을 사랑하는 자는 영적인 생명을 잃어버리고, 육신의 생명을

미워하는 자는 영적인 생명을 보존한다고 말씀하셨습니다. 육신의 생명을 사랑하는 자는 육신의 소욕을 따라 삽니다. 육신의 정욕과 안목의 정욕과 이 세상의 자랑에 취하여 일신의 쾌락과 만족을 추구하면서 살다가 영원한 죽음을 당하게 되는 것입니다. 육신의 생명을 사랑해서 육신의 원하는 대로 따라가는 사람은 영적인 생명이 죽어 버리고 멸망하고 마는 것입니다.

그러나 육신의 생명을 미워하는 사람은 영혼의 생명을 얻게 됩니다. 예수 그리스도를 주인으로 모시고 자신의 소욕이 아닌 예수님의 말씀대로 사는 사람은 영생을 얻게 되는 것입니다. 이러한 사람은 생명의 원천이신 예수님과 연합함으로써 영생을 누리게 되는 것입니다.

육신을 따르면 영이 죽고, 영을 따르면 육신의 소욕이 죽습니다. 이 둘은 조화될 수도, 공존할 수도 없습니다. 이에 대하여 성경에는 "육신을 따르는 자는 육신의 일을, 영을 따르는 자는 영의 일을 생각하나니 육신의 생각은 사망이요 영의 생각은 생명과 평안이니라 육신의 생각은 하나님과 원수가 되나니 이는 하나님의 법에 굴복하지 아니할 뿐 아니라 할 수도 없음이라"(롬 8:5-7)고 기록되어 있습니다. 육신의 생명을 사랑하여 육신의 소욕을 따르면 평안을 잃고 사망으로 치닫게 됩니다. 그러나 육신의 생명을 미워하고 영의 소원을 따르면 평안을 누리며 영생하게 되는 것입니다.

지금 여러분은 무엇을 따르고 있습니까? 우리는 예수님을 주인으로 모시고 산다 하면서도 순간순간 영의 소원과 육신의 소욕 사이에서 갈등하며 실패와 성공을 반복하는 자신의 모습을 보게 됩니다.

이는 비단 우리만이 겪는 일이 아닙니다. 위대한 사도 바울도 이러한 문제에 있어서는 우리와 같은 사람이었습니다. 그러기에 사도 바울은 로마 교회에 보내는 서신에 이런 고백을 했습니다. "그러므로 내가 한 법을 깨달았노니 곧 선을 행하기 원하는 나에게 악이 함께 있는 것이로다 내 속사람으로는 하나님의 법을 즐거워하되 내 지체 속에서 한 다른 법이 내 마음의 법과 싸워 내 지체 속에 있는 죄의 법으로 나를 사로잡는 것을 보는도다 오호라 나는 곤고한 사람이로다 이 사망의 몸에서 누가 나를 건져내랴"(롬 7:21-24).

또한 성경에는 "내가 이르노니 너희는 성령을 따라 행하라 그리하면 육체의 욕심을 이루지 아니하리라 육체의 소욕은 성령을 거스르고 성령은 육체를 거스르나니 이 둘이 서로 대적함으로 너희가 원하는 것을 하지 못하게 하려 함이니라 너희가 만일 성령의 인도하시는 바가 되면 율법 아래에 있지 아니하리라"(갈 5:16-18)고 기록되어 있기도 합니다. 우리가 성령을 따라 행할 때, 우리는 죄 된 육신의 소욕을 물리치고 하나님의 뜻을 이룰 수 있습니다. 그러므로 우리는 이러한 사실을 마음속에 깊이 새기고 신앙의 갈등이 느껴질 때마다 과감히 성령을 따라야겠습니다. 그리하여 참평안과 생명을 얻고 하나님의 뜻을 이루며 성공적인 인생을 살아야겠습니다.

26절 사람이 나를 섬기려면 나를 따르라 나 있는 곳에 나를 섬기는 자도 거기 있으리니 사람이 나를 섬기면 내 아버지께서 그를 귀히 여기시리라

예수님을 섬기려면 예수님을 따라야 합니다. 그런데 예수님을 따르는 길은 결코 평탄하기만 하지는 않습니다. 그 길은 자신을 희생하고 어떠

한 고난이 닥치더라도 헤치고 나아가야 하는 길입니다. 그래서 예수님께서는 일찍이 제자들에게 "누구든지 나를 따라오려거든 자기를 부인하고 자기 십자가를 지고 나를 따를 것이니라"(마 16:24)고 말씀하셨습니다. 예수님을 참으로 사랑하고 따르기 위해서는 자기 자신을 돌아보기 이전에 먼저 예수님의 뜻을 찾아 순종하여야 합니다. 예수님께서는 "사람이 나를 사랑하면 내 말을 지키리니 내 아버지께서 그를 사랑하실 것이요 우리가 그에게 가서 거처를 그와 함께 하리라"(14:23)고 말씀하셨습니다. 또한 "너희가 나를 사랑하면 나의 계명을 지키리라"(14:15)고 말씀하셨으며, "내 계명은 곧 내가 너희를 사랑한 것 같이 너희도 서로 사랑하라 하는 이것이니라"(15:12)고 가르쳐 주셨습니다.

예수님의 새 계명은 사랑의 계명입니다. 이 사랑은 관념적인 사랑이 아니라 실천적이고 희생적이고 전인적인 사랑입니다. 마음으로만 하는 사랑이 아니요, 말로만 하는 사랑이 아니요, 조금만 문제가 생기고 고난이 닥치면 뒤로 물러가는 사랑이 아닙니다. 이 사랑은 바닷속 깊은 심연처럼 조금도 요동하지 않는 하나님의 사랑이요, 조건과 상황을 초월하여 값없이 자신을 내어 주는 예수님의 희생적인 사랑이요, 내가 먼저 실천하는 사랑입니다. 이러한 사랑은 나의 생각과 욕심과 자아와 교만과 고집을 버리고 하나님 중심으로 설 때에 비로소 행할 수 있습니다. 예수님으로 충만하고 성령으로 충만하여야 실천할 수 있습니다. 성경에는 "누구든지 하나님을 사랑하노라 하고 그 형제를 미워하면 이는 거짓말하는 자니 보는 바 그 형제를 사랑하지 아니하는 자는 보지 못하는 바 하나님을 사랑할 수 없느니라 우리가 이 계명을 주께 받았나니 하나님을 사랑하는 자는 또한 그 형제를 사랑할지니라"(요일 4:20-21)고 기록되어 있습니다. 하나님과의 관계는 이웃과의 관계로 드러납니다. 이 두 관계는 절대로 분리되지 않고 밀접한 상관관계를 맺고 있습니다. 그렇기 때문에 우리가 하나님을 진정으로 사랑한다면, 그 사랑이 이웃과의 관계에서도 여실히 나타나는 것입니다. 그러므로 우리가 예수님을 사랑한다면, 또 예수님을 더욱 사랑하게 되기를 원한다면 삶 가운데 사랑을 실천하는 훈련을 하여야 합니다. 우리가 사랑을 실천할 때, 하나님께서는 그 현장에 오셔서 우리와 함께해 주시며 우리를 귀히 여겨 주시는 것입니다.

27절 지금 내 마음이 괴로우니 무슨 말을 하리요 아버지여 나를 구원하여 이때를 면하게 하여 주옵소서 그러나 내가 이를 위하여 이때에 왔나이다

예수님께서는 죽음을 앞두고 큰 괴로움을 느끼고 계셨습니다. 이에 예수님께서는 하나님께 기도하셨습니다. "아버지여, 나를 구원하여 이때를 면하게 하여 주옵소서." 예수님의 이 기도 속에는 예수님의 인성이 잘 나타나 있습니다. 예수님께서도 죄 없이 죄인들을 대신하여 십자가에 달려 죽어야 한다는 사실에 마음이 고통스러웠습니다. 그래서 자신을 구원하여 죽임을 면하게 해 달라고 하나님께 기도하셨던 것입니다.

그러나 예수님의 기도는 여기에서 끝나지 않았습니다. 예수님께서는 자신이 이 세상에 온 목적을 잊지 않으시고 "그러나 내가 이를 위하여 이때에 왔나이다."라고 기도하심으로, 오직 하나님의 뜻과 인도하심에 자신을 맡기셨습니다. 이러한 예수님의 기도는 하나님의 보내심을 받고 이 세상에 오신 예수님께서 마지막 순간까지 하나님의 뜻을 이루는 데 순종적으로 헌신하셨음을 보여 줍니다.

28절 아버지여, 아버지의 이름을 영광스럽게 하옵소서 하시니 이에 하늘에서 소리가 나서 이르되 내가 이미 영광스럽게 하였고 또 다시 영광스럽게 하리라 하시니

예수님께서는 하나님의 뜻이 이루어져 하나님의 이름이 영광스럽게 되기를 기도하셨습니다. 그러자 하늘에서 응답하시는 하나님의 음성이 들렸습니다. "내가 이미 영광스럽게 하였고 또다시 영광스럽게 하리라."

예수님께서 이제껏 이 세상에서 행하시고 말씀하신 것들은 모두 하나님의 뜻에 순종하여 하신 것으로써 하나님께 영광이 되었습니다. 또한 장차 있을 예수님의 십자가의 죽음과 부활은 하나님을 영광스럽게 하는데 절정을 이루는 사건이 될 것입니다. 결국 예수님께서 하늘 보좌를 버리시고 성육신하셨다가 다시 승천하시기까지 예수님의 전 생애는, 하나님의 뜻을 이루어 하나님께 영광을 돌리기 위한 것이었으며, 실제로 하나님께서는 이를 통하여 영광을 받으신 것입니다.

29절 곁에 서서 들은 무리는 천둥이 울었다고도 하며 또 어떤 이들은 천사가 그에게 말하였다고도 하니

하늘에서 응답하시는 하나님의 음성은 예수님뿐 아니라 그곳에 있던 모든 사람에게 들렸습니다. 하나님께서는 예수님의 기도에 누구나 다 들을 수 있는 음성으로 즉각 응답하심으로써 예수님의 신적 권위를 공개적으로 나타내셨으며, 예수님의 활동이 하나님의 뜻에 합당한 것으로서 하나님의 인정을 받은 것임을 분명히 하셨습니다. 그러나 예수님과 함께 있던 사람들은 하나님의 음성을 알아듣지 못했습니다. 그들은 영적 맹인이요, 못 듣는 자였기 때문에 하나님의 음성을 듣고도 그것을 천둥

소리로 또는 천사의 소리로 착각했습니다. 영적으로 죽은 사람은 하나님의 계시를 보고 들어도 그것을 제대로 깨닫지 못하는 것입니다. 성령이 내주하는 사람만이 영적으로 깨어 하나님의 계시를 제대로 깨달을 수 있습니다. 성령께서 그 마음에 계셔서 영의 눈을 뜨게 하시고 영의 귀를 열어 주셔야 비로소 하나님의 계시를 보고 들을 수 있게 되는 것입니다.

오늘날도 우리 주변에는 교회에만 출석할 뿐 정작 하나님의 말씀과 영적인 일에는 도무지 깨달음이 없는 사람들이 있습니다. 이러한 사람들은 아무리 열심히 교회를 다니고 말씀을 들어도 그 마음에 믿음이 생겨나지 않습니다. 그들은 하나님의 말씀을 단지 도덕적인 말, 윤리적인 말, 종교적인 말, 철학적인 말이라고 생각할 뿐, 체험적인 살아 있는 말씀으로 받아들이지 않습니다. 오직 성령이 함께하는 사람만이 "하나님의 말씀은 살아 있고 활력이 있어 좌우에 날선 어떤 검보다도 예리하여 혼과 영과 및 관절과 골수를 찔러 쪼개기까지 하며 또 마음의 생각과 뜻을 판단한다."(히 4:12)는 것을 체험하고, 송이 꿀보다도 더 단 하나님의 말씀을 사모하게 되는 것입니다. 그러므로 우리는 항상 성령 충만하여 성령의 도우심을 받아 하나님의 말씀을 깨닫고 순종하는 삶을 살아야겠습니다.

30절 예수께서 대답하여 이르시되 이 소리가 난 것은 나를 위한 것이 아니요 너희를 위한 것이니라

예수님께서는 사람들이 하나님의 음성을 알아듣지 못하고 다른 소리로 착각하여 왈가왈부하는 것을 보시고, 그들에게 하나님의 음성이 들린 이유를 말씀해 주셨습니다. 예수님께서는 하나님과 하나이시므로 굳이 하나님의 음성을 듣지 않더라도 하나님의 뜻을 온전히 아십니다. 그

럼에도 불구하고 하나님께서 음성을 들려주신 것은, 예수님과 함께 있던 사람들이 그 음성을 듣고 예수님을 하나님의 아들로 믿게 하기 위함이었습니다.

31절 이제 이 세상에 대한 심판이 이르렀으니 이 세상의 임금이 쫓겨나리라

'이제 이 세상에 대한 심판이 이르렀으니' 라는 말은 예수님께서 십자가에 못 박혀 죽으실 때가 이르렀다는 뜻입니다. 그리고 '이 세상의 임금' 은 사탄을 지칭합니다. 따라서 본 절의 말씀은 예수님께서 십자가에서 달려 죽으실 때가 임박하였음과 예수님의 죽으심으로 말미암아 사탄이 쫓겨날 것을 예고한 것입니다.

원래 하나님께서는 하나님의 모양과 형상대로 아담을 만드시고 그에게 이 세상을 정복하고 다스리는 권세를 주셨습니다(창 1:27-28). 첫 사람 아담은 이 세상에서 하나님의 모든 피조물을 정복하고 다스리는 왕의 권세를 부여받았던 것입니다. 그런데 아담이 하나님을 반역하고 사탄의 꾐에 넘어가 범죄함으로 인하여 그 왕권은 사탄의 것이 되고 말았습니다. 첫 사람 아담의 범죄 이후 이 세상 임금 노릇을 하고 있는 사탄은, 아담의 후손인 인간들을 미혹하여 하나님을 대적하고 죄의 종노릇을 하게 해 왔습니다. 심지어 사탄은 자신의 권세를 미끼 삼아 예수님까지도 유혹했습니다(마 4:8-9; 눅 4:5-7). 그런데 이를 실패하자, 사탄은 예수님을 죽이는 쪽으로 작전을 바꾸었습니다. 사탄은 예수님을 죽이면 자신이 승리하는 줄로 알았습니다. 그래서 유대인들의 마음을 선동하여 예수님을 십자가에 못 박아 죽이게 한 것입니다.

그러나 이러한 사탄의 계략은 결과적으로 하나님의 구원 사역이 이루어지는데 도움만 되었을 뿐입니다. 사탄의 예상과는 반대로, 예수님께서는 십자가에서 인류의 죄와 질병과 저주와 사망을 모두 청산하시고 사탄의 권세를 깨뜨리신 후 다시 부활하심으로 영광스러운 승리를 거두셨습니다. 첫 사람 아담으로 인하여 인류는 죄 가운데서 사탄의 지배를 받아왔지만, '마지막 아담' (고전 15:45)이신 예수님의 대속의 죽음과 부활로 인하여 사탄의 권세가 깨어진 것입니다. 그리고 그 결과, 이제는 누구든지 예수 그리스도를 믿기만 하면 구원받고 "택하신 족속이요 왕 같은 제사장들이요 거룩한 나라요 그의 소유가 된 백성"(벧전 2:9)으로서 살게 된 것입니다. 뿐만 아니라 그리스도인들에게는 성령께서 함께하시며, 예수 그리스도의 이름으로 사탄을 물리칠 수 있는 권세가 주어졌습니다. 그러나 예수 그리스도를 믿지 않는 자들에게는 아직도 사탄이 임금 노릇을 하고 있습니다. 사탄의 권세는 예수님께서 십자가에 달려 죽으셨다가 부활하심으로 말미암아 결정적으로 깨뜨려졌지만, 예수님께서 재림하실 때까지는 이 세상에 속한 사람들에게 영향을 주고 있는 것입니다.

32-33절 내가 땅에서 들리면 모든 사람을 내게로 이끌겠노라 하시니 이렇게 말씀하심은 자기가 어떠한 죽음으로 죽을 것을 보이심이러라

예수님께서는 자신이 어떻게 죽임을 당하리라는 것을 이전부터 잘 알고 계셨습니다. 그래서 예수님께서는 그의 사역 초기에도 니고데모와의 대화 중에 "모세가 광야에서 뱀을 든 것같이 인자도 들려야 하리니 이는 그를 믿는 자마다 영생을 얻게 하려 하심이니라"(3:14-15)고 말씀하셨습

니다. 그런데 이제 예수님께서는 임박한 죽음의 때를 감지하시면서 다시 한 번 자신이 어떠한 죽음으로 죽으리라는 것을 말씀하셨습니다.

예수님께서는 "내가 땅에서 들리면 모든 사람을 내게로 이끌겠노라." 고 말씀하셨는데, 이는 예수님께서 십자가에 못 박혀 죽는다는 것과 이를 통하여 모든 사람을 믿고 구원받게 한다는 것을 뜻합니다. 즉, 하나님을 원망하던 이스라엘 백성들이 하나님의 징계로 불뱀에게 물려 고통받으며 죽어가다가 모세가 장대 위에 달아 놓은 놋뱀을 보고 살아났듯이(민 21:4-9), 십자가에 달리신 예수님을 믿음으로 바라보는 사람은 모두 구원받게 되는 것입니다. 이와 같이 예수님께서 달리신 십자가는 사람들을 이끄는 자석 같습니다. 예수님께서는 병든 자, 귀신들린 자, 낭패와 실망을 당한 자, 저주와 가난에 허덕이는 자뿐 아니라 크고 작은 죄짐을 짊어지고 있는 모든 사람을 십자가 앞으로 이끌어 구원과 영생을 은혜로 주시기를 원하십니다. 이러므로 시대와 민족을 초월하여 누구든지 믿음으로 예수님의 십자가 앞에 나아가면 구원받고 영생을 얻게 되는 것입니다.

34절 이에 무리가 대답하되 우리는 율법에서 그리스도가 영원히 계신다 함을 들었거늘 너는 어찌하여 인자가 들려야 하리라 하느냐 이 인자는 누구냐

예수님의 말씀을 들은 무리는 그 말씀이 예수님의 죽음을 예고하는 것임을 알아들었습니다. 그러나 그들은 성경 말씀을 제대로 알지 못함으로 인하여 혼란에 빠지고 말았습니다. 그들은 예수님께서 그리스도이시라는 것을 믿었으나, 그리스도께서 죽임을 당하신다는 것을 알지 못했

습니다. 단지 그들은 그리스도께서 영원히 계실 것이라는 말씀만 듣고 이를 믿어 왔던 것입니다. 그렇기 때문에 그들에게는 예수님의 말씀이 매우 의아하게 들렸습니다. 이에 그들은 예수님께 "우리는 율법에서 그리스도가 영원히 계신다 함을 들었거늘 너는 어찌하여 인자가 들려야 하리라 하느냐? 이 인자는 누구냐?"라고 반박했습니다. 이들이 말한 '율법'은 구약 성경을 가리킵니다. 이들의 말대로 구약 성경에는 그리스도께서 영원히 계실 것이라고 기록되어 있습니다(시 110:4; 사 9:6-7; 겔 37:25; 단 7:14). 그러나 구약 성경 이사야 53장에는 그리스도께서 인류를 위한 대속 제물이 되어 죽임을 당할 '고난의 종'으로 오실 것이라고 명백히 예언되어 있습니다. 그리스도께서는 이 세상에서 고난을 받으시고 죽으셨다가 부활, 승천하시며 영원한 통치자로서 재림하십니다. 그러나 무리는 그리스도의 고난에 대해서는 전혀 알지 못하고, 다만 그 고난 후에 있을 영광과 영원한 통치권을 가진 그리스도의 강림만을 아는 불완전한 메시아관을 갖고 있었던 것입니다.

35-36절 예수께서 이르시되 아직 잠시 동안 빛이 너희 중에 있으니 빛이 있을 동안에 다녀 어둠에 붙잡히지 않게 하라 어둠에 다니는 자는 그 가는 곳을 알지 못하느니라 너희에게 아직 빛이 있을 동안에 빛을 믿으라 그리하면 빛의 아들이 되리라 예수께서 이 말씀을 하시고 그들을 떠나가서 숨으시니라

"아직 잠시 동안 빛이 너희 중에 있으니 빛이 있을 동안에 다녀 어둠에 붙잡히지 않게 하라". 여기서 '빛'은 예수님을 의미합니다. 따라서 '아직 잠시 동안 빛이 너희 중에 있으니'라는 말은 예수님께서 죽으실 때가 얼

마 남지 않았다는 뜻입니다. 이에 비해 '어둠' 은 '빛' 과 상반되는 것으로서 예수님 없는 세상의 암담함과 나아가 불신자들이 종말에 처할 심판을 암시합니다.

예수 그리스도 안에 거하는 성도들은 '각 사람에게 비치는 참빛' (1:9)이신 예수님의 빛이 밝히 비치므로 어둠에 붙잡히지 않고 진리를 따라 생명의 길을 걸어갈 수 있습니다. 그러나 예수 그리스도를 믿지 않는 자들은 어둠 가운데서 향방 없이 헤매다가 멸망하고 마는 것입니다. 그렇기 때문에 예수님께서는 "너희에게 아직 빛이 있을 동안에 빛을 믿으라" 고 권고하셨습니다. 그리고 빛의 근원이신 예수 그리스도를 믿으면 '빛의 아들이 되리라' 고 말씀하셨습니다. 누구든지 예수 그리스도를 믿으면 불신앙과 온갖 죄로 인하여 어두워진 세상을 비추는 '세상의 빛' 이 되는 것입니다. 그리스도인들에게는 어두운 세상에 빛을 비추는 '세상의 빛' 으로서의 역할을 할 의무가 있음은 산상수훈을 통해서도 언급된 바 있습니다(마 5:14-16). 또한 사도 바울도 에베소 교회에 보내는 서신을 통해 "너희가 전에는 어둠이더니 이제는 주 안에서 빛이라 빛의 자녀들처럼 행하라"(엡 5:8)고 권면했습니다. 이러므로 예수 그리스도를 믿어 빛의 자녀가 된 우리는 모든 착함과 의로움과 진실한 빛의 열매를 맺으며(엡 5:9), 어두운 세상에 구원의 빛, 생명의 빛, 사랑의 빛, 진리의 빛을 비추어야 하는 것입니다. 예수님께서는 무리에게 믿음을 촉구하신 후에 그들을 떠나 다시 몸을 숨기셨습니다.

4. 예수님의 사역 목적(12:37-50)

37. 이렇게 많은 표적을 그들 앞에서 행하셨으나 그를 믿지 아니하니
38. 이는 선지자 이사야의 말씀을 이루려 하심이라 이르되 주여 우리
에게서 들은 바를 누가 믿었으며 주의 팔이 누구에게 나타났나이까
하였더라 39. 그들이 능히 믿지 못한 것은 이 때문이니 곧 이사야가
다시 일렀으되 40. 그들의 눈을 멀게 하시고 그들의 마음을 완고하
게 하셨으니 이는 그들로 하여금 눈으로 보고 마음으로 깨닫고 돌이
켜 내게 고침을 받지 못하게 하려 함이라 하였음이더라 41. 이사야
가 이렇게 말한 것은 주의 영광을 보고 주를 가리켜 말한 것이라 42.
그러나 관리 중에도 그를 믿는 자가 많되 바리새인들 때문에 드러나
게 말하지 못하니 이는 출교를 당할까 두려워함이라 43. 그들은 사
람의 영광을 하나님의 영광보다 더 사랑하였더라 44. 예수께서 외쳐
이르시되 나를 믿는 자는 나를 믿는 것이 아니요 나를 보내신 이를 믿
는 것이며 45. 나를 보는 자는 나를 보내신 이를 보는 것이니라 46.
나는 빛으로 세상에 왔나니 무릇 나를 믿는 자로 어둠에 거하지 않게
하려 함이로라 47. 사람이 내 말을 듣고 지키지 아니할지라도 내가
그를 심판하지 아니하노라 내가 온 것은 세상을 심판하려 함이 아니
요 세상을 구원하려 함이로라 48. 나를 저버리고 내 말을 받지 아니
하는 자를 심판할 이가 있으니 곧 내가 한 그 말이 마지막 날에 그를
심판하리라 49. 내가 내 자의로 말한 것이 아니요 나를 보내신 아버
지께서 내가 말할 것과 이를 것을 친히 명령하여 주셨으니 50. 나는
그의 명령이 영생인 줄 아노라 그러므로 내가 이르는 것은 내 아버지
께서 내게 말씀하신 그대로니라 하시니라

37-38절 이렇게 많은 표적을 그들 앞에서 행하셨으나 그를 믿지 아니하니 이는 선지자 이사야의 말씀을 이루려 하심이라 이르되 주여 우리에게서 들은 바를 누가 믿었으며 주의 팔이 누구에게 나타났나이까 하였더라

성도들은 표적을 보면 더욱 확고한 믿음을 갖게 됩니다. 그러나 완악하고 믿음이 없는 불신자들은 표적을 보아도 그것을 우연히 이루어진 일이라고 일축해 버립니다. 그렇기 때문에 표적은 성도들에게만 큰 도움이 될 뿐, 불신자들에게는 별로 도움이 되지 않습니다.

예수님께서는 유대인들 가운데서 수많은 기적을 행하시고 표적을 보이셨지만 그들은 믿지 않았습니다. 이러한 유대인들의 반응에 대해 이사야 선지자는 "우리가 전한 것을 누가 믿었느냐 야훼의 팔이 누구에게 나타났느냐"(사 53:1)라고 예언했었는데, 이 예언이 약 7백 년이 지난 후에 실제로 성취된 것입니다. 여기서 '야훼의 팔' 은 예수님의 표적을 통해 나타난 하나님의 능력을 의미합니다. 즉, 이사야 선지자가 예언했던 대로 유대인들은 복음을 듣고도 믿지 않고 예수님의 표적을 보고도 그것의 참 의미를 이해하지 못한 것입니다. 믿지 않기로 작정한 완악한 사람은 하나님의 기적을 체험하고도 그 마음을 바꾸지 않습니다. 그 실례로 가룟 유다를 들 수 있습니다. 가룟 유다는 예수님께서 행하시는 수많은 기적을 보고 가르침을 받았음에도 불구하고 마음을 돌이켜 회개하지 않고 완악한 자기 마음이 시키는 대로 행하다가 결국 멸망하고 말았습니다.

하나님께서는 인간에게 자유 의지를 주셨습니다. 그렇기 때문에 인간은 복음을 들었을 때 그것을 믿음으로 받아들일지 아니면 거부할지를 자

신의 의지대로 선택할 수 있습니다. 그런데 어느 쪽을 선택하느냐에 따라 인생의 성패가 결정되고 자신의 선택에 대해 책임을 져야 하므로 선택을 할 때에는 신중을 기하여야 합니다. 말씀을 믿고 따르는 사람은 인생의 성공자가 됩니다. 그러나 말씀을 거부하고 따르지 않는 사람은 인생의 실패자가 되고 맙니다. 그러므로 우리는 항상 믿음 안에서 자신의 마음을 지키며, 완악함을 버리고 겸허한 자세로 하나님의 말씀을 받아들이고 순종하며 살아야겠습니다.

39-40절 그들이 능히 믿지 못한 것은 이 때문이니 곧 이사야가 다시 일렀으되 그들의 눈을 멀게 하시고 그들의 마음을 완고하게 하셨으니 이는 그들로 하여금 눈으로 보고 마음으로 깨닫고 돌이켜 내게 고침을 받지 못하게 하려 함이라 하였음이더라

하나님께서는 이사야 선지자에게 "너희가 듣기는 들어도 깨닫지 못할 것이요 보기는 보아도 알지 못하리라 하여 이 백성의 마음을 둔하게 하며 그들의 귀가 막히고 그들의 눈이 감기게 하라 염려하건대 그들이 눈으로 보고 귀로 듣고 마음으로 깨닫고 다시 돌아와 고침을 받을까 하노라 하시기로"(사 6:9-10)라고 말씀하셨습니다. 하나님께서는 이스라엘 백성들이 불신을 버리고 구원받기를 원하셔서 오래 참고 기다리시며 그들을 권면하시고 경고하셨습니다. 그러나 이스라엘 백성들은 이에 아랑곳하지 않고 자신들의 의지대로 악을 선택하여 하나님의 뜻에 역행했습니다. 그렇기 때문에 하나님께서는 이와 같이 회개하기를 끝내 거부하고 악을 행하는 이스라엘 백성들은 내버리셨습니다. 그리고 그들이 다시 회개하여 회복되지 못하도록 그들의 눈을 멀게 하시고 그들의 마음을 완고하게 하셨

던 것입니다. 예수님을 믿지 않는 유대인들의 불신과 완고한 마음은 그들의 조상인 이스라엘 백성들이 하나님께 보였던 것과 같았습니다. 그래서 예수님께서는 이사야 선지자를 통해서 하나님께서 말씀하신 경고를 인용하여 상기시킴으로써 유대인들의 불신앙의 근본적인 원인이 그들 스스로에게 있음을 지적하셨습니다.

41절 이사야가 이렇게 말한 것은 주의 영광을 보고 주를 가리켜 말한 것이라

이사야 선지자가 하나님의 계시의 말씀을 받은 것은 성전에서 기도하던 중 환상을 보고 있을 때에 있었던 일입니다(사 6:1-5). 이사야 선지자는 환상 가운데 하나님의 영광이 성전에 가득함을 보았습니다. 이때 이사야 선지자가 보았던 하나님의 영광은 예수님께서 장차 십자가의 죽음과 부활을 통해 받으실 영광과 같습니다. 예수님께서 십자가를 통해 완성하신 하나님의 구원 사역은 하나님의 영광이 되고 예수님 자신의 영광이 된 것입니다.

42절 그러나 관리 중에도 그를 믿는 자가 많되 바리새인들 때문에 드러나게 말하지 못하니 이는 출교를 당할까 두려워함이라

'관리' 는 산헤드린 공회의 회원을 일컫는 말입니다. 니고데모와 아리마대 요셉을 비롯하여 산헤드린 공회원들 중에는 예수님을 믿는 사람이 상당수 있었습니다. 그러나 그들은 출교당할 것이 두려워서 그 믿음을 드러내지 못하고 마음으로만 은밀히 예수님을 믿고 있었습니다. '출교'란 유대 사회의 중심이라고 할 수 있는 회당에서 추방당하는 것을 말합니

다. 그런데 출교당한 자는 사회에서도 고립되기 때문에, 출교당한다는 것은 곧 유대 사회에서 철저히 매장되는 것과 같았습니다. 이러므로 예수님을 믿던 일부 산헤드린 공회원들이 자신들의 믿음을 숨겼던 것입니다.

43절 그들은 사람의 영광을 하나님의 영광보다 더 사랑하였더라

예수님을 믿었던 일부 산헤드린 공회원들이 자신들의 믿음을 숨겼던 근본적인 까닭은 사람의 영광을 하나님의 영광보다 더 사랑한 데 있었습니다. '사람의 영광' 이란 사람들로부터 받는 칭찬을 의미합니다. 즉, 그들은 하나님의 영광보다는 자신들이 현재 누리고 있는 권세와 백성들의 존경을 더 중요시했던 것입니다. 그들은 예수님을 믿고는 있었지만, 아직은 그 믿음을 위하여 자신을 희생시키는 굳센 신앙의 단계에는 이르지 못했던 것입니다.

44-45절 예수께서 외쳐 이르시되 나를 믿는 자는 나를 믿는 것이 아니요 나를 보내신 이를 믿는 것이며 나를 보는 자는 나를 보내신 이를 보는 것이니라

예수님께서는 다시 한 번 자신과 하나님의 일체성을 강조하셨습니다. 예수님께서는 하나님의 본체이시며 하나님과 동등하신 하나님이십니다(빌 2:6). 그러므로 예수님을 믿는다는 것은 곧 하나님을 믿는 것입니다. 그리고 이러한 믿음을 가진 사람은 예수님을 통해서 하나님을 봅니다.

예수님 안에는 하나님이 계시고, 하나님 안에는 예수님이 계십니다(14:10). 성자 예수님께서는 성부 하나님의 보내심을 받고 이 세상에 오셔서 평생 하나님을 계시하는 삶을 사셨습니다. 그러므로 예수님을 믿는

것은 하나님을 믿는 것이고, 예수님을 보는 것은 하나님을 보는 것입니다. 이렇기 때문에 예수님께서는 빌립이 하나님을 보여 달라고 요청했을 때, "나를 본 자는 아버지를 보았거늘 어찌하여 아버지를 보이라 하느냐"(14:9)라고 답변하셨던 것입니다.

46절 나는 빛으로 세상에 왔나니 무릇 나를 믿는 자로 어둠에 거하지 않게 하려 함이로라

칠흑 같은 어둠 가운데서는 혼돈과 무질서가 횡행합니다. 그러나 일단 그곳에 한 줄기의 빛이 비치면 모든 것이 밝히 드러나고 질서가 잡히게 됩니다. 이 세상은 진리를 알지 못하고 거짓의 영인 사탄에게 미혹되어 어둠 가운데 처해 있었습니다. 그렇기 때문에 사람들은 생명의 길을 찾지 못하고 자신이 어디에서 와서, 왜 살며, 어디로 가는지 알지 못하고, 육신의 정욕과 안목의 정욕과 이 세상의 자랑에 취한 채 방황하며 살다가 죽어 갔습니다. 그러나 하나님께서는 이처럼 절망적인 세상을 방치해 두지 않으시고 이 세상을 비출 빛을 보내셨습니다. 이 세상에 빛으로 오신 예수님께서는 어둡고 적막하고 혼돈된 세상에 구원과 소망의 빛을 비추셨습니다. 그렇기 때문에 예수 그리스도를 믿고 그 빛 가운데 거하게 된 성도들은 더 이상 어둠 가운데 거하지 않고, 빛의 자녀가 되어 소망을 가지고 생명과 진리의 길을 따라 영원한 소망인 하나님의 나라를 향해 나아갈 수 있는 것입니다.

47절 사람이 내 말을 듣고 지키지 아니할지라도 내가 그를 심판하지 아니하노라 내가 온 것은 세상을 심판하려 함이 아니요 세상을

구원하려 함이로라

예수님께서는 "사람이 내 말을 듣고 지키지 아니할지라도 내가 그를 심판하지 아니하노라" 고 말씀하셨습니다. 그리고 그 이유는 예수님께서 세상에 오신 목적이 세상을 구원하는 것이기 때문이라고 말씀하셨습니다.

구약 시대에는 율법에 따라 선과 악이 가려지고 그에 따른 복이나 저주가 주어졌습니다. 그러나 예수님께서 율법을 완성하시고 구원을 이루심으로써 율법의 시대는 끝나고 은혜의 시대의 막이 열렸습니다. 예수님께서 공중 재림하실 때까지 계속될 이 은혜의 시대에는 선한 사람들뿐 아니라 악한 사람들에게도 구원받을 수 있는 기회가 동일하게 주어집니다. 그러므로 성경에 "보라 지금은 은혜받을 만한 때요 보라 지금은 구원의 날이로다"(고후 6:2)라고 기록되어 있는 것입니다. 은혜의 시대에는 누구든지 회개하고 예수 그리스도를 믿으면 구원이라는 큰 선물을 은혜로 받게 되는 것입니다.

48절 나를 저버리고 내 말을 받지 아니하는 자를 심판할 이가 있으니 곧 내가 한 그 말이 마지막 날에 그를 심판하리라

예수님께서는 말씀이시며 또한 하나님이십니다(1:1). 그러므로 예수님의 말씀은 곧 하나님의 말씀인 것입니다. 예수님께서는 이 세상에 오셔서 사람들에게 회개하고 구원받을 것을 촉구하셨습니다. 그리고 그 구원의 복음은 은혜의 시대를 살고 있는 우리에게도 동일하게 주어지고 있습니다. 그러나 예수님 당시에나 오늘날이나 말씀을 듣고도 이를 노골적으로 거부하고 불신을 고수하는 사람들이 많이 있습니다. 예수님께서는 이

러한 자들을 마지막 날에 심판하실 것이라고 말씀하셨습니다. 마지막 날에 예수님께서 그 말씀으로 불신자들을 심판하실 것입니다.

49–50절 내가 내 자의로 말한 것이 아니요 나를 보내신 아버지께서 내가 말할 것과 이를 것을 친히 명령하여 주셨으니 나는 그의 명령이 영생인 줄 아노라 그러므로 내가 이르는 것은 내 아버지께서 내게 말씀하신 그대로니라 하시니라

예수님께서는 자신이 하나님의 보내심을 받고 세상에 와서 하나님의 뜻에 순종했다는 사실을 다시 한 번 분명히 밝히셨습니다. 하나님으로부터 사명을 받고 성육신하신 예수님께서 하신 말씀은 자의로 한 것이 아니요, 오직 자신을 보내신 하나님께서 명령하시고 일러 주신 말씀이라고 하였습니다. 예수님 안에는 하나님께서 계시고 하나님 안에는 예수님께서 계시기 때문에, 하나님께서는 예수님을 통하여 말씀하시고 가르치셨으며 예수님께서는 언제나 하나님을 계시하셨습니다. 그런데 예수님께서는 하나님께서 자신에게 주신 명령이 '영생' 이라고 가르쳐 주셨습니다. 이는 "하나님이 세상을 이처럼 사랑하사 독생자를 주셨으니 이는 그를 믿는 자마다 멸망하지 않고 영생을 얻게 하려 하심이라"(3:16)는 말씀과 같이, 예수님께서 이 세상에 오신 목적이 사람들을 구원하여 영생을 누리게 하는 데에 있음을 일깨워 줍니다.

제 13 장

예수님의 최후 만찬

A COMMENTARY
ON THE GOSPEL OF
JOHN Ⅱ

예수님께서는 체포당하시기 하루 전인 목요일 저녁에 마가 요한의 다락방에서 제자들과 함께 최후의 만찬을 드셨습니다. 이때 예수님께서는 몸소 제자들의 발을 씻겨 주심으로써 제자들에게 남을 섬기는 삶의 본을 보여 주셨습니다. 그런 다음 예수님께서는 가룟 유다가 배반할 것이라고 예언하셨습니다. 가룟 유다가 예수님을 팔아넘기러 나가자, 예수님께서는 제자들에게 자신이 떠날 것을 예언하시고 '서로 사랑하라' 는 새 계명을 주셨습니다. 이에 베드로가 나서서 예수님과 함께라면 목숨도 돌아보지 않고 어디든지 따르겠다고 자신 있게 큰소리쳤습니다. 그러나 예수님께서는 오히려 베드로가 자신을 세 번 부인할 것이라고 예언하셨습니다.

예수님의 말씀에 제자들은 긴장하고 당황했습니다. 그러나 한편에서는 예수님의 예언대로 가룟 유다의 배반 행위가 구체적으로 진행되고 있었습니다.

1. 제자들의 발을 씻기심(13:1-20)

1. 유월절 전에 예수께서 자기가 세상을 떠나 아버지께로 돌아가실
때가 이른 줄 아시고 세상에 있는 자기 사람들을 사랑하시되 끝까지
사랑하시니라 2. 마귀가 벌써 시몬의 아들 가룟 유다의 마음에 예수
를 팔려는 생각을 넣었더라 3. 저녁 먹는 중 예수는 아버지께서 모
든 것을 자기 손에 맡기신 것과 또 자기가 하나님께로부터 오셨다가
하나님께로 돌아가실 것을 아시고 4. 저녁 잡수시던 자리에서 일어
나 겉옷을 벗고 수건을 가져다가 허리에 두르시고 5. 이에 대야에
물을 떠서 제자들의 발을 씻으시고 그 두르신 수건으로 닦기를 시작
하여 6. 시몬 베드로에게 이르시니 베드로가 이르되 주여 주께서 내
발을 씻으시나이까 7. 예수께서 대답하여 이르시되 내가 하는 것을
네가 지금은 알지 못하나 이 후에는 알리라 8. 베드로가 이르되 내
발을 절대로 씻지 못하시리이다 예수께서 대답하시되 내가 너를 씻
어 주지 아니하면 네가 나와 상관이 없느니라 9. 시몬 베드로가 이
르되 주여 내 발뿐 아니라 손과 머리도 씻어 주옵소서 10. 예수께서
이르시되 이미 목욕한 자는 발밖에 씻을 필요가 없느니라 온몸이 깨

끗하니라 너희가 깨끗하나 다는 아니니라 하시니 11. 이는 자기를 팔
자가 누구인지 아심이라 그러므로 다는 깨끗하지 아니하다 하시니라
12. 그들의 발을 씻으신 후에 옷을 입으시고 다시 앉아 그들에게 이
르시되 내가 너희에게 행한 것을 너희가 아느냐 13. 너희가 나를 선
생이라 또는 주라 하니 너희 말이 옳도다 내가 그러하다 14. 내가 주
와 또는 선생이 되어 너희 발을 씻었으니 너희도 서로 발을 씻어 주는
것이 옳으니라 15. 내가 너희에게 행한 것같이 너희도 행하게 하려
하여 본을 보였노라 16. 내가 진실로 진실로 너희에게 이르노니 종
이 주인보다 크지 못하고 보냄을 받은 자가 보낸 자보다 크지 못하나
니 17. 너희가 이것을 알고 행하면 복이 있으리라 18. 내가 너희 모두
를 가리켜 말하는 것이 아니니라 나는 내가 택한 자들이 누구인지 앎
이라 그러나 내 떡을 먹는 자가 내게 발꿈치를 들었다 한 성경을 응하
게 하려는 것이니라 19. 지금부터 일이 일어나기 전에 미리 너희에
게 일러둠은 일이 일어날 때에 내가 그인 줄 너희가 믿게 하려 함이로
라 20. 내가 진실로 진실로 너희에게 이르노니 내가 보낸 자를 영접
하는 자는 나를 영접하는 것이요 나를 영접하는 자는 나를 보내신 이
를 영접하는 것이니라

1절 유월절 전에 예수께서 자기가 세상을 떠나 아버지께로 돌아가실 때가 이른 줄 아시고 세상에 있는 자기 사람들을 사랑하시되 끝까지 사랑하시니라

유월절은 이스라엘 백성들이 애굽에서 430년 동안 종살이를 하다가 해방된 날을 기념하여 해마다 종교력으로 정월 14일에 지키는 절기입니다. 이스라엘 백성들은 유월절에 어린 양을 잡아서 문설주와 인방에 그 피를 바르고 허리에 띠를 띠고 발에 신을 신고 손에 지팡이를 잡은 채로

그 고기를 불에 구워서 내장까지 남김없이 급히 먹었습니다(출 12:1-28). 그런데 성경은 유월절 어린 양이 예수 그리스도를 상징하는 것임을 보여 주고 있습니다(1:29; 고전 5:7; 벧전 1:19). 이스라엘 백성들이 유월절 어린 양을 희생 제물로 드리고 애굽에서 해방된 것같이, 예수님께서 우리를 위한 희생 제물이 되어 십자가에 못 박혀 피 흘려 죽으심으로 말미암아 우리가 마귀의 종살이에서 해방된 것입니다.

"유월절 전에 예수께서 자기가 세상을 떠나 아버지께로 돌아가실 때가 이른 줄 아시고". 예수님께서는 자신이 유월절 어린 양과 같은 희생 제물이 되어 인류의 대속을 위해 십자가에 못 박혀 죽었다가 부활, 승천하실 때가 이른 줄 아셨습니다. 그래서 예수님께서는 세상에 있는 자기 사람들을 사랑하시되 끝까지 사랑하셨습니다. 여기서 '세상에 있는 자기 사람들' 은 예수님을 믿고 따르는 제자들을 가리킵니다. 예수님께서는 십자가의 모진 고통과 죽음을 기꺼이 받으시기까지 자기의 사람들인 제자들과 장차 예수님을 믿고 제자가 될 사람들을 사랑하셨습니다. 예수님께서 십자가에 못 박혀 몸이 찢기고 피가 쏟아지는 죽음의 고통을 받으시면서도 끝내 십자가에서 내려오시지 않고 자신의 목숨을 버려 인류의 구원을 이루신 것은 바로 이러한 무한한 사랑 때문이었습니다. 예수님께서는 지금도 이러한 사랑으로 우리 한 사람 한 사람을 돌보시고 이끌어 주고 계십니다.

2절 마귀가 벌써 시몬의 아들 가룟 유다의 마음에 예수를 팔려는 생각을 넣었더라

영적인 세계는 생각 속에서 만납니다. 우리는 생각을 통하여 하나님

을 만나기도 하고 마귀를 만나기도 합니다. 하나님께서 우리의 생각을 통해서 역사하듯이, 마귀도 우리의 생각을 통해서 역사합니다. 이처럼 우리의 생각은 영적인 만남의 광장이요, 하나님과 마귀가 역사하는 본거지인 것입니다.

우리가 믿는 기독교의 복음은 생각을 바꾸는 것이라 할 수 있습니다. 복음의 핵심인 구원을 받으려면 죄를 회개하고 예수 그리스도를 믿어야 합니다. '회개'는 헬라어로 '메타노이아'(μετάνοια)인데, 이것은 죄를 통회하고 자복하고 죄에서 떠나는 것만을 의미하는 것이 아니라 마음의 생각을 바꾸는 것을 의미합니다. 그리고 '믿음'은 "바라는 것들의 실상이요 보이지 않는 것들의 증거"(히 11:1)로, 아직은 실제로 보지 못하고 손으로 만져보지 못했지만 생각으로 그것이 이루어진 것을 바라보고 믿는 것입니다. "네 입을 크게 열라 내가 채우리라"(시 81:10)는 하나님의 말씀은 우리의 생각의 입을 크게 열라는 것이며, "우리 가운데서 역사하시는 능력대로 우리가 구하거나 생각하는 모든 것에 더 넘치도록 능히 하실 이"(엡 3:20)라는 성경 말씀은 하나님께서 우리의 생각을 통해서 역사하신다는 것을 알려 줍니다. 그러므로 우리가 하나님의 말씀, 즉 창세기부터 요한계시록까지의 말씀을 마음에 담아 말씀의 생각으로 충만하면 말씀을 통해 하나님과 만나고 실제 삶 속에서 하나님의 역사하심을 체험할 수 있습니다. 아무리 절망적인 환경 가운데 처해 있을지라도 긍정적이고 적극적이며 생산적이고 창조적인 하나님의 생각으로 우리 마음을 채우면, 하나님께서 그 마음의 생각대로 역사해 주셔서 우리의 환경과 운명이 변화되는 것입니다.

가룟 유다는 예수님의 제자로서 예수님과 함께 생활하였지만, 그의 마음속은 마귀가 넣어 준 생각으로 꽉 차 있었습니다. 마귀가 이미 가룟 유다의 마음에 예수님을 팔려는 생각을 넣었고, 가룟 유다는 이 생각을 굳히고 실천에 옮겼습니다. 그리하여 예수님께서는 하나님께서 예정하신 고난을 받으시고, 가룟 유다 자신은 예수님을 판 배반자라는 오명을 영원토록 갖게 된 것입니다. 이처럼 인간의 운명은 마음속에 어떤 생각을 담고 있느냐에 의해 결정됩니다. 그러므로 우리는 "모든 지킬 만한 것 중에 더욱 네 마음을 지키라 생명의 근원이 이에서 남이니라"(잠 4:23)는 성경의 교훈을 명심하고 항상 우리의 마음과 생각을 하나님의 말씀으로 채우고 요동하지 말아야겠습니다.

3절 저녁 먹는 중 예수는 아버지께서 모든 것을 자기 손에 맡기신 것과 또 자기가 하나님께로부터 오셨다가 하나님께로 돌아가실 것을 아시고

하나님께서 예수님께 모든 것을 맡기셨기 때문에 예수님께서는 십자가의 수난을 거부하실 수 있었습니다. 그러나 예수님께서는 죽음 뒤에 있는 부활의 영광과 구원의 즐거움과 이로 인해 하나님께서 영광 받으실 것을 보시고 십자가의 고난과 수치를 피하지 않으셨습니다(히 12:2). 예수님께서는 자기 일신의 편안을 생각하지 않으시고, 온 인류의 구원이라는 하나님의 큰 뜻을 이루기 위해서 자원하여 자기의 몸을 내어 주고 십자가에 달리신 것입니다. 이처럼 예수님께서 기꺼이 십자가를 지셨기 때문에 그 희생적인 사랑과 순종으로 인해 우리가 구원받고 하나님의 사랑 안에 거하게 된 것입니다.

"또 자기가 하나님께로부터 오셨다가 하나님께로 돌아가실 것을 아시

고". 예수님께서는 자신이 하나님으로부터 사명을 받고 이 세상에 왔다는 것과 장차 사명을 다 마치면 다시 하나님께로 돌아가리라는 것을 알고 계셨습니다. 예수님께서는 이 세상에 하나님을 계시하시고 구원을 이루실 사명을 갖고 비천한 인간으로 오셨지만, 이제 머지않아 그 사명을 모두 완수하고 하나님께로 돌아가서 영광을 받을 것을 알고 계셨던 것입니다.

4-5절 저녁 잡수시던 자리에서 일어나 겉옷을 벗고 수건을 가져다가 허리에 두르시고 이에 대야에 물을 떠서 제자들의 발을 씻으시고 그 두르신 수건으로 닦기를 시작하여

당시 유대는 길이 포장되어 있지 않아서 모래와 먼지가 많은 데다가 샌들을 신거나 맨발로 다녔기 때문에 발이 쉽게 더러워졌습니다. 그래서 유대에는 손님을 초청하면, 오는 동안 더러워진 손님의 발을 그 집 종이 씻어 주는 풍습이 있었습니다.

예수님과 제자들은 만찬이 준비되어 있는 마가 요한의 다락방에 오는 동안 발이 더러워져 있었습니다. 그러나 그곳에는 발을 씻어 줄 종이 없었습니다. 그리고 제자들 가운데 어느 한 사람도 발을 씻어 주려는 생각을 하지 않았습니다. 오히려 제자들은 '누가 제일 큰 자인가?' 하는 문제를 놓고 서로 자기가 제일 큰 자라며 다투고 있었습니다(눅 22:24). 그런데 이때 예수님께서 자리에서 일어나셔서 제자들의 발을 정성껏 씻어 주시기 시작했습니다. 예수님께서는 겉옷을 벗고 수건을 가져다가 허리에 두르시고 대야에 물을 담아 가지고 와서 제자들의 발을 깨끗이 씻기고 수건으로 닦아 주시기 시작했습니다. 그러자 제자들은 일제히 말다툼을 그치고 예수님의 행동에 몹시 당황하고 송구스러워서 어찌할 줄 몰라 했습니다.

6절 시몬 베드로에게 이르시니 베드로가 이르되 주여 주께서 내 발을 씻으시나이까

예수님께서는 돌아가며 제자들의 발을 씻어 주셨습니다. 비천한 종들이나 하는 일을 예수님께서 친히 하시는 것을 보는 제자들은 매우 당황하였지만, 예수님의 행동을 제지하거나 대신하려고 나서는 사람은 아무도 없었습니다. 그저 망연히 보고만 있을 뿐, 어느 누구도 말 한마디 못하고 있었습니다. 그런데 베드로는 자신의 발이 닦일 차례가 되자 강력하게 거부하였습니다. 다른 어느 제자보다도 성격이 급하고 열정적이었던 베드로는 예수님께서 제자들의 발을 씻긴다는 것을 용납할 수 없었으므로, 예수님께 항의하듯이 "주여, 제가 무엇이라고 저같이 비천한 자의 발을 씻으시나이까?" 라고 물었습니다.

7절 예수께서 대답하여 이르시되 내가 하는 것을 네가 지금은 알지 못하나 이 후에는 알리라

예수님께서는 베드로의 질문에 "내가 하는 것을 네가 지금은 알지 못하나 이 후에는 알리라" 고 대답하셨습니다. 예수님께서 제자들의 발을 씻어 주시는 데에는 깊은 의미가 있었습니다. 그것은 "너희 중에 누구든지 크고자 하는 자는 너희를 섬기는 자가 되고 너희 중에 누구든지 으뜸이 되고자 하는 자는 모든 사람의 종이 되어야 하리라 인자가 온 것은 섬김을 받으려 함이 아니라 도리어 섬기려 하고 자기 목숨을 많은 사람의 대속물로 주려 함이니라"(막 10:43-45)고 하신 말씀을 직접 행동으로 보이신 것이었습니다. 예수님께서는 제자들의 발을 씻어 주심으로써 겸손과 남을 섬기는 삶의 본을 보여 주셨으며, 자신의 구속 사역을 상징적으로

보여 주신 것입니다.

그러나 제자들은 예수님의 행위가 무엇을 의미하는지 알지 못했습니다. 다만 그들에게는 예수님의 행위가 당혹감과 의아스러운 마음만 불러일으켰을 뿐입니다. 그들은 훗날 보혜사 성령께서 강림하신 후에야 비로소 성령의 가르침과 깨우침으로 그 깊은 의미를 알 수 있었습니다.

8절 베드로가 이르되 내 발을 절대로 씻지 못하시리이다 예수께서 대답하시되 내가 너를 씻어 주지 아니하면 네가 나와 상관이 없느니라

예수님께서 왜 발을 씻어 주시는지 도무지 이해할 수가 없었던 베드로는 "내 발을 절대로 씻지 못하시리이다."라고 완강히 거부했습니다. 이에 예수님께서는 "내가 너를 씻어 주지 아니하면 네가 나와 상관이 없느니라."고 말씀하셨습니다. 여기서 '상관'은 헬라어로 '메로스'(μέρος)이며, 이 말은 '분깃', '몫'을 의미하는 것으로, 예수님과 상관이 없으면 하나님께서 주시는 분깃을 받을 수 없음을 말합니다. 예수님께서는 제자들의 발을 씻기시는 행위를 통하여 예수님의 보혈로 씻김받은 자들만이 예수님과 연합된 관계가 되어 하나님으로부터 하나님 나라의 분깃을 받을 수 있음을 가르쳐 주신 것입니다.

9절 시몬 베드로가 이르되 주여 내 발뿐 아니라 손과 머리도 씻어 주옵소서

베드로는 예수님의 말씀을 듣고 예수님께서 제자들의 발을 씻기시는 데에 어떤 의도가 있을 것이라고 막연히 알아차렸습니다. 그러나 그것이

무엇인지는 알지 못했습니다. 그럼에도 불구하고 베드로는 예수님께 발을 씻기기를 거부하던 태도를 버리고, "주여, 내 발뿐 아니라 손과 머리도 씻어 주옵소서."라고 요청했습니다. 이처럼 베드로의 태도가 순간적으로 돌변한 것은, 그의 성급하고 다혈질적인 성격과 예수님을 끝까지 따르고자 하는 열심과 사랑에 기인한 것이었습니다. 그러나 그는 예수님의 행위와 말씀이 의미하는 바를 잘못 이해하였기 때문에 발뿐 아니라 온몸을 씻어 달라고 요청했던 것입니다.

10-11절 예수께서 이르시되 이미 목욕한 자는 발밖에 씻을 필요가 없느니라 온몸이 깨끗하니라 너희가 깨끗하나 다는 아니니라 하시니 이는 자기를 팔 자가 누구인지 아심이라 그러므로 다는 깨끗하지 아니하다 하시니라

'목욕한 자' 는 예수 그리스도를 믿고 구원받은 자를 의미합니다. 구원을 받는 것은 일회적이기 때문에 다시 받을 필요가 없습니다. 그러나 구원받은 사람일지라도 매일의 생활 가운데 죄를 짓고 세상적인 생각과 말로 더러워지므로 회개하여 죄 씻음을 받아야 합니다. 예수님께서는 발을 씻어야 함을 강조하셨는데, 이는 이처럼 생활하는 가운데 죄악된 행위로 더러워진 것을 무시로 회개하여야 함을 강조한 것입니다. 성경에는 "만일 우리가 우리 죄를 자백하면 그는 미쁘시고 의로우사 우리 죄를 사하시며 우리를 모든 불의에서 깨끗하게 하실 것이요 만일 우리가 범죄하지 아니하였다 하면 하나님을 거짓말하는 이로 만드는 것이니 또한 그의 말씀이 우리 속에 있지 아니하니라"(요일 1:9-10)고 기록되어 있습니다. 이러므로 우리는 연약함으로 말미암아 죄를 지었을지라도 즉시

주님 앞에 나아가 정직하게 죄를 자백하고 회개하여 깨끗함을 받아야 하는 것입니다.

"다는 아니니라". 이 말씀은 예수님께 발을 씻김받은 제자들 모두가 다 깨끗한 것은 아니라는 뜻입니다. 예수님께서 이렇게 말씀하신 이유는 가룟 유다가 배반할 것을 아셨기 때문입니다. 예수님께서는 "다는 깨끗하지 아니하다."라고 말씀하심으로써 가룟 유다에게 회개의 기회를 주셨습니다. 그러나 가룟 유다는 회개하기는커녕 오히려 예수님을 팔겠다는 생각을 더욱 굳혔습니다.

12절 그들의 발을 씻으신 후에 옷을 입으시고 다시 앉아 그들에게 이르시되 내가 너희에게 행한 것을 너희가 아느냐

예수님께서는 말씀으로만 아니라 행동으로도 제자들을 가르치셨습니다. 일찍이 제자들에게 성도의 삶의 자세에 대해 교훈하시고 자신의 구원 사역을 밝히셨던 예수님께서, 지금은 제자들의 발을 씻으시는 상징적인 행동으로써 스스로 말씀에 대한 본을 보이고 계신 것입니다.

그러나 열두 제자들 중 어느 한 사람도 예수님의 행동이 무엇을 의미하는지 아는 자가 없었습니다. 다만 그들은 자신들의 발을 씻기시는 예수님의 행동에 당황하여 어쩔 줄 모르고 있었을 뿐입니다. 이에 예수님께서는 제자들의 발을 다 씻기신 후에 자리에 앉아서 그들에게 그 의미를 설명해 주셨습니다.

13-15절 너희가 나를 선생이라 또는 주라 하니 너희 말이 옳도다 내가 그러하다 내가 주와 또는 선생이 되어 너희 발을 씻었으니

너희도 서로 발을 씻어 주는 것이 옳으니라 내가 너희에게 행한 것같이 너희도 행하게 하려 하여 본을 보였노라

예수님께서는 제자들에게 있어서 절대적인 선생이시요, 하나님의 권능을 부여받은 참된 주님이셨습니다. 그런데 그러한 예수님께서 제자들 앞에 무릎을 꿇고 앉아서 발을 씻어 주신 것입니다. 예수님께서는 스스로 겸손과 섬김의 본을 먼저 보이심으로 제자들에게 "오직 겸손한 마음으로 각각 자기보다 남을 낫게 여기고"(빌 2:3) 서로 용납하고 사랑하며 겸손히 섬기는 삶을 살아야 함을 가르치신 것입니다.

예수님께서 몸소 행동하심으로써 가르치시고 명령하신 겸손과 섬김의 자세는 신앙생활을 함에 있어서 매우 중요한 것이며, 또한 반드시 지켜야 하는 것입니다. 내 마음속에 있는 욕심과 교만과 자아를 버리고 스스로 낮아져서 겸손히 남을 섬길 때, 하나님께서 나를 높여 주신다는 사실을 알아야 합니다(약 4:10; 벧전 5:6).

16-17절 내가 진실로 진실로 너희에게 이르노니 종이 주인보다 크지 못하고 보냄을 받은 자가 보낸 자보다 크지 못하나니 너희가 이것을 알고 행하면 복이 있으리라

"종이 주인보다 크지 못하고 보냄을 받은 자가 보낸 자보다 크지 못하나니". 종은 주인보다 위대하지 못하고, 보냄을 받은 자는 보낸 자보다 권위가 없습니다. 종은 주인의 명령에 복종해야 하고, 보냄을 받은 자는 자신을 보낸 자로부터 받은 사명을 수행해야 하는 것입니다. 종과 주인, 보냄을 받은 자와 보낸 자의 관계는 예수 그리스도와 그의 제자들의 관계에서 발견됩니다. 예수님께서는 근본 하나님의 본체시나 하나님과 동등

됨을 취할 것으로 여기지 아니하시고 오히려 자기를 비어 종의 형체를 가져 사람들과 같이 되셨고, 자신을 보내신 하나님으로부터 받은 사명을 완수하시기 위해 십자가에 못 박혀 죽으시기까지 순종하는 삶을 사셨습니다(빌 2:6-8).

예수님께서 이 세상에서 하나님의 보내심을 받은 종으로서 하나님의 뜻에 철저히 복종하고 자신의 사명을 완수하셨듯이, 예수님의 제자들도 그리스도의 종으로서 주님의 명령에 순종하여 사명을 감당하여야 합니다. 이를 위하여 예수님께서는 공생애 기간에 제자들을 훈련시키셨습니다. 그리고 승천하시기 전에 그들에게 "오직 성령이 너희에게 임하시면 너희가 권능을 받고 예루살렘과 온 유대와 사마리아와 땅 끝까지 이르러 내 증인이 되리라"(행 1:8)고 말씀하셨습니다. 그러므로 성령 침례를 받은 그리스도의 종들은 예수 그리스도의 증인으로서 땅 끝까지 그리스도의 복음을 전파하는 사명을 감당해야 하는 것입니다.

"너희가 이것을 알고 행하면 복이 있으리라". 예수님께서는 제자들의 주님이시요, 그들을 파송하시는 분이셨지만, 자신의 종인 제자들의 발을 손수 씻어 주셨습니다. 섬김을 받으셔야 할 분이 오히려 자신보다 비천한 자들을 섬기신 것입니다. 예수님께서는 우리가 이러한 본을 따라 남을 섬기기를 원하십니다. 우리가 섬김을 받는 것보다 섬기는 것이 더 복되다는 사실을 알고 이를 실천하기를 원하십니다. 성경에는 "영혼 없는 몸이 죽은 것같이 행함이 없는 믿음은 죽은 것이니라"(약 2:26)고 기록되어 있습니다. 진리를 알고도 실천하지 않은 것은 죽은 믿음이요, 죄입니다. 우리가 진리를 잘 알고 또 확실히 믿을지라도 그것을 실천하지 않는다면 그것은 생명력이 없는 믿음이며, 따라서 아무런 믿음의 열매도 맺을 수 없는 것입니다. 그러므로 우리는 진리를 깨닫고 믿는 데에서 그치지 말고 그것을 실생활 가운데서 실천해야 하며, 그렇게 할 때 그것이 복이 된다는 사실을 잊지 말아야겠습니다.

18절 내가 너희 모두를 가리켜 말하는 것이 아니니라 나는 내가 택한 자들이 누구인지 앎이라 그러나 내 떡을 먹는 자가 내게 발꿈치를 들었다 한 성경을 응하게 하려는 것이니라

예수님께서는 제자들을 택하실 때에 이미 그들의 모든 것을 알고 계셨습니다. 열두 제자를 택하여 사도로 훈련시키셨지만, 그들 중 하나인 가룟 유다가 배반하리라는 것도 알고 계셨습니다. 그래서 예수님께서 "내가 너희 모두를 가리켜 말하는 것이 아니니라"고 말씀하신 것입니다. 예수님께서는 이처럼 가룟 유다의 배반을 이미 알고 계셨습니다. 그럼에도 불구하고 예수님께서는 가룟 유다를 용납하셨는데, 이는 "내가 신뢰하여 내 떡을 나눠 먹던 나의 가까운 친구도 나를 대적하여 그의 발꿈치를 들었나이다"(시 41:9)라는 성경 말씀을 응하게 하려는 것이었습니다.

19절 지금부터 일이 일어나기 전에 미리 너희에게 일러둠은 일이 일어날 때에 내가 그인 줄 너희가 믿게 하려 함이로라

예수님께서는 가룟 유다의 배반뿐 아니라 나머지 열한 명의 제자가 예수님을 버리고 도망하리라는 것도 알고 계셨습니다. 그러나 그들이 가룟 유다같이 믿음을 완전히 저버리지 않고 다시 회복되어 사도로서의 사명을 감당하게 될 것도 알고 계셨습니다. 그러므로 예수님께서는 장차 그리스도의 증인이 되어 복음을 전파할 제자들의 믿음을 굳세게 해 주어

야 할 필요성을 느끼시고, 장차 예수님을 배반할 자가 있음을 미리 말씀해 주셨습니다. 그리고 이처럼 사전에 미리 일러 주신 이유는, 제자들로 하여금 예수님께서 배반당하여 체포되실 때에 예수님의 말씀을 기억하고 예수님께서 메시아라는 사실을 깨달아 믿게 하려는 데 있다고 말씀하셨습니다.

20절 내가 진실로 진실로 너희에게 이르노니 내가 보낸 자를 영접하는 자는 나를 영접하는 것이요 나를 영접하는 자는 나를 보내신 이를 영접하는 것이니라

보냄을 받은 자를 영접하는 것은 곧 보낸 자를 영접하는 것과 같습니다. 예수님께서는 제자들을 보내시는 분이십니다. 그러므로 제자들을 영접하는 것은 예수님을 영접하는 것과 마찬가지입니다. 그리고 이것은 곧 예수님을 보내신 하나님을 영접하는 것과 같습니다. 이러므로 주님 안에서 남을 대접하는 것은 참으로 중요합니다. 남을 대접하기를 잊지 않는 자는 부지중에 천사들을 대접하는 수도 있습니다(히 13:2). 실제로 아브라함은 손님 대접하기를 잊지 않고 행하던 중에 하나님과 천사들을 대접했습니다(창 18:1-8).

하나님께서는 주님 안에서 남을 대접하는 자에게 상을 주십니다. 이에 대해 예수님께서는 "또 누구든지 제자의 이름으로 이 작은 자 중 하나에게 냉수 한 그릇이라도 주는 자는 내가 진실로 너희에게 이르노니 그 사람이 결단코 상을 잃지 아니하리라"(마 10:42)고 말씀하셨습니다. 지금 여러분은 예수님의 이름으로 남을 대접하는 일을 얼마나 잘 실천하고 있습니까? 혹시 남의 시선을 의식하거나 칭찬받기 위해 위선적으로 대접하

고 있지는 않습니까? 단지 믿는 자의 도리라는 생각으로 마음에서 우러나오지도 않으면서 마지못해 대접할 때는 없습니까? 자신은 말씀대로 산다고 하는 '자기의 의'에 사로잡혀서 행하고 있지는 않습니까? 혹시 대접하는 일에는 인색하고 대접받는 일에만 익숙해 있지는 않습니까?

예수님께서는 "남에게 대접을 받고자 하는 대로 너희도 남을 대접하라"(눅 6:31)고 말씀하셨습니다. 또한 성경에는 "주는 것이 받는 것보다 복이 있다"(행 20:35)라고 기록되어 있습니다. 그러므로 우리는 예수님의 이름으로 내가 먼저 남을 대접하겠다는 적극성을 보여야겠습니다. 그것이 곧 예수님을 대접하는 것이요, 또한 하나님을 대접하는 것이며, 하나님의 복과 하나님 나라의 상을 받는 비결입니다.

2. 가룟 유다의 배반에 대한 예언(13:21-30)

21. 예수께서 이 말씀을 하시고 심령이 괴로워 증언하여 이르시되 내가 진실로 진실로 너희에게 이르노니 너희 중 하나가 나를 팔리라 하시니
22. 제자들이 서로 보며 누구에게 대하여 말씀하시는지 의심하더라
23. 예수의 제자 중 하나 곧 그가 사랑하시는 자가 예수의 품에 의지하여 누웠는지라
24. 시몬 베드로가 머릿짓을 하여 말하되 말씀하신 자가 누구인지 말하라 하니
25. 그가 예수의 가슴에 그대로 의지하여 말하되 주여 누구니이까
26. 예수께서 대답하시되 내

가 떡 한 조각을 적셔다 주는 자가 그니라 하시고 곧 한 조각을 적셔서 가룟 시몬의 아들 유다에게 주시니 27. 조각을 받은 후 곧 사탄이 그 속에 들어간지라 이에 예수께서 유다에게 이르시되 네가 하는 일을 속히 하라 하시니 28. 이 말씀을 무슨 뜻으로 하셨는지 그 앉은 자 중에 아는 자가 없고 29. 어떤 이들은 유다가 돈궤를 맡았으므로 명절에 우리가 쓸 물건을 사라 하시는지 혹은 가난한 자들에게 무엇을 주라 하시는 줄로 생각하더라 30. 유다가 그 조각을 받고 곧 나가니 밤이러라

21절 예수께서 이 말씀을 하시고 심령이 괴로워 증언하여 이르시되 내가 진실로 진실로 너희에게 이르노니 너희 중 하나가 나를 팔리라 하시니

예수님께서는 가룟 유다가 배반하리라는 것을 이전부터 알고 계셨습니다. 그래서 가룟 유다의 배반에 대해 예언하심으로써 그에게 회개의 기회를 주셨습니다. 그러나 가룟 유다는 끝내 회개하지 않았습니다. 예수님께서는 마지막 순간까지 회개하기를 거부하는 가룟 유다를 내버려 두실 수밖에 없었습니다. 그러나 예수님의 마음은 민망하고 고통스럽기 짝이 없었습니다. 사랑하고 신뢰하던 제자가 사탄의 유혹에 빠져 자신을 팔고 결국 멸망하여 저주를 받게 되는 것이 너무나 마음 아프셨던 것입니다.

22절 제자들이 서로 보며 누구에게 대하여 말씀하시는지 의심하더라

제자들은 자기들 중에 예수님을 팔 배반자가 있다는 말씀을 듣고 몹시 의아해했습니다. 예수님께서 이미 수차례에 걸쳐 가룟 유다의 배반에 대

하여 말씀하셨음에도 불구하고 당사자인 가룟 유다를 제외한 나머지 열한 명의 제자들은 누가 배반자인지 전혀 모르고 있었습니다.

예수님의 말씀에 당황한 제자들은 서로 의심하며 누가 배반자인지에 대해 논쟁을 벌였습니다. 그들은 배반자가 누구인지 도무지 알 수 없었으므로, 혹시 자기가 배반자인가 하여 예수님께 여쭈어 보았습니다(마 26:22). 그때 가룟 유다도 다른 제자들과 마찬가지로 "랍비여, 나는 아니지요?" 라고 가증스럽게 질문했습니다(마 26:25). 가룟 유다는 자신의 배반을 다른 사람들이 알아채지 못하도록 그들과 똑같은 태도를 보이면서 자신의 계획을 은밀히 진행시키고 있었던 것입니다.

23절 예수의 제자 중 하나 곧 그가 사랑하시는 자가 예수의 품에 의지하여 누웠는지라

'그가 사랑하시는 자' 는 본 서의 저자인 사도 요한을 가리킵니다. 예수님께서는 제자들을 모두 사랑하셨지만, 그중에서도 특히 요한을 사랑하셨습니다. 예수님께서는 요한을 특별히 총애하셔서 변화산에도 데리고 가셨으며(마 17:1; 막 9:2; 눅 9:28), 십자가에 못 박혀 운명하시기 전에는 자신의 어머니 마리아를 부탁하시기까지 했습니다(19:25-27). 이토록 예수님의 큰 사랑을 받았기에, 요한은 훗날 본 서를 기록할 때 자신의 이름을 드러내기보다는 '예수께서 사랑하시는 제자' 로 자신을 표현했습니다(19:26; 20:2; 21:7).

예수님 당시 유대인들은 식사할 때에 옆으로 비스듬히 누워 왼팔로 몸을 받치고 오른손으로 음식을 먹었습니다. 이러한 당시의 풍습대로 예수님과 제자들은 식사를 하고 있었는데, 이 마지막 만찬 자리에서 예수

님의 사랑 받는 제자 요한은 바로 옆에 비스듬히 누워 예수님의 품에 머리를 기댄 자세로 식사하고 있었습니다.

24-25절 시몬 베드로가 머릿짓을 하여 말하되 말씀하신 자가 누구인지 말하라 하니 그가 예수의 가슴에 그대로 의지하여 말하되 주여 누구니이까

예수님을 배반할 자가 제자들 중에 있다는 예수님의 말씀에 분위기가 삽시간에 변하였습니다. 제자들은 배반자가 누구인지 알고 싶었지만 감히 예수님께 여쭙지 못하고 있었습니다. 그때 시몬 베드로가 예수님의 품에 기대고 있는 요한에게 배반자가 누구인지 예수님께 여쭈어 보라고 머릿짓을 하였습니다. 이에 요한이 예수님의 품에 기댄 채 조용히 예수님께 여쭈었습니다.

26절 예수께서 대답하시되 내가 떡 한 조각을 적셔다 주는 자가 그니라 하시고 곧 한 조각을 적셔서 가룟 시몬의 아들 유다에게 주시니

고대 중동에서는 식사를 대접할 때 주인이 손님들 중에서 가장 사랑하고 존경하는 사람에게 초와 소금이나 과즙이 들어간 물에 떡을 적셔서 주는 풍속이 있었습니다. 예수님께서는 배반자의 이름을 직접 말씀해 주시지 않으시고 이러한 풍속에 따른 행동으로써 요한의 질문에 대한 답변을 해 주셨습니다.

예수님께서 떡 한 조각을 적셔서 가룟 유다에게 주심으로 가룟 유다가 배반자라는 사실을 알려 주셨습니다. 그러나 예수님께서 가룟 유다에게 떡 한 조각을 주신 것은 단지 그의 배반을 제자들에게 가르쳐 주시기 위해

서 취한 행동은 아니었습니다. 오히려 예수님께서는 가룟 유다에게 사랑을 표시하는 떡을 주심으로 그가 마음을 돌이켜 회개하기를 원하는 자신의 마음을 전하신 것입니다. 이와 같이 예수님께서는 무한한 사랑으로 가룟 유다에게 회개를 권면하셨습니다. 그러나 가룟 유다는 회개하기를 거부함으로써 회개할 수 있는 마지막 기회를 놓치고 말았습니다.

27절 조각을 받은 후 곧 사탄이 그 속에 들어간지라 이에 예수께서 유다에게 이르시되 네가 하는 일을 속히 하라 하시니

예수님께 떡을 받고서도 회개하기를 거부하고 그 사랑을 배반한 가룟 유다의 마음속에 사탄이 들어갔습니다. 그리하여 예수님의 사랑으로 채워져 있어야 했던 그의 마음은 사탄에게 점령되고 말았습니다. 평소에도 유난히 정치적 야심과 재물에 대한 욕심이 많았던 가룟 유다는 회개할 수 있는 마지막 기회를 스스로 저버림으로 인하여 그리스도의 제자라는 지위에서 사탄의 종으로 전락하고 만 것입니다.

예수님께서는 이를 아시고 유다에게 "네가 하는 일을 속히 하라."고 말씀하셨습니다. 예수님께서는 자신이 고난당할 때가 임박했음을 알고 계셨기 때문에 끝내 회개하지 않고 사탄에게 사로잡힌 가룟 유다에게 그의 계획을 빨리 진행시키라고 지시하신 것입니다.

예수 그리스도를 거부하고 배반한 자의 마음에는 사탄이 자리잡습니다. 그리하여 사탄이 넣어 주는 생각을 따라 하나님을 대적하고 파괴하는 일을 하게 됩니다. 사탄은 우리의 연약함을 통해서, 우리의 욕심을 통해서 우리를 예수님에게서 멀어지게 하고 믿음을 저버리게 하며, 나아가 자신의 종으로 만듭니다. 그러므로 지금은 우리의 신앙이 좋다 하더

라도 방심할 수 없습니다. 성경에는 "근신하라 깨어라 너희 대적 마귀가 우는 사자같이 두루 다니며 삼킬 자를 찾나니 너희는 믿음을 굳건하게 하여 그를 대적하라"(벧전 5:8-9)고 기록되어 있습니다. 또한 "마귀를 대적하라 그리하면 너희를 피하리라 하나님을 가까이하라 그리하면 너희를 가까이하시리라"(약 4:7-8)고 기록되어 있습니다. 이러므로 우리는 항상 깨어 기도하고 예수님의 이름으로 사탄을 대적하여 쫓아내야 합니다. 이렇게 할 때 마귀가 한 길로 왔다가 일곱 길로 도망하게 되고(신 28:7), 우리는 하나님의 복을 받고 승리하는 삶을 살게 되는 것입니다.

28-29절 이 말씀을 무슨 뜻으로 하셨는지 그 앉은 자 중에 아는 자가 없고 어떤 이들은 유다가 돈궤를 맡았으므로 명절에 우리가 쓸 물건을 사라 하시는지 혹은 가난한 자들에게 무엇을 주라 하시는 줄로 생각하더라

예수님께서 가룟 유다에게 "네가 하는 일을 속히 하라."(27절)라고 말씀하시자, 이를 들은 제자들은 이 말씀을 무슨 뜻으로 하셨는지 알아차리지 못하고 그저 단순하게 생각했습니다. 그들은 가룟 유다가 돈궤를 맡고 있으므로 예수님께서 유월절에 필요한 물건들을 사고 가난한 사람들에게 필요한 것들을 주라고 하시는 줄로 생각했습니다. 가룟 유다가 악한 본심을 감추고 교활하고 치밀하게 자신의 계획을 추진해 왔기 때문에 제자들은 예수님께서 가룟 유다에게 떡을 주시는 것을 보고 또 그의 배반에 대한 말씀을 듣고서도 그가 배반하리라고는 생각하지 못했던 것입니다.

30절 유다가 그 조각을 받고 곧 나가니 밤이러라

가룟 유다가 예수님에게서 떡 한 조각을 받고 곧 나가니 밤이었습니다. 끝내 회개하기를 거부하고 영혼까지 사탄에게 사로잡히게 된 배반자 유다가 가는 길은 캄캄한 멸망의 길이었습니다. 가룟 유다는 예수님을 팔아넘길 계획을 실행하기 위해서 산헤드린을 향하여 밤길을 걸어갔습니다. 이것은 곧 빛 되신 예수 그리스도를 등지고 가는 그의 영혼이 사탄의 지배를 받아 칠흑같이 어둡고 절망적인 길로 걸어가고 있음을 암시합니다. 예수 그리스도를 바라보고 나아가는 사람에게는 소망과 생명의 빛이 광명하게 비치지만, 예수 그리스도를 등지고 사는 사람은 어느 곳에 가든지 어두운 절망이 기다릴 뿐이며 결국에는 두렵고 고통스러운 영원한 어둠, 지옥에 떨어지게 되는 것입니다.

3. 예수님의 새 계명(13:31-35)

31. 그가 나간 후에 예수께서 이르시되 지금 인자가 영광을 받았고
하나님도 인자로 말미암아 영광을 받으셨도다 32. 만일 하나님이
그로 말미암아 영광을 받으셨으면 하나님도 자기로 말미암아 그에
게 영광을 주시리니 곧 주시리라 33. 작은 자들아 내가 아직 잠시 너
희와 함께 있겠노라 너희가 나를 찾을 것이나 일찍이 내가 유대인들
에게 너희는 내가 가는 곳에 올 수 없다고 말한 것과 같이 지금 너희

에게도 이르노라 34. 새 계명을 너희에게 주노니 서로 사랑하라 내 가 너희를 사랑한 것같이 너희도 서로 사랑하라 35. 너희가 서로 사랑하면 이로써 모든 사람이 너희가 내 제자인 줄 알리라

31절 그가 나간 후에 예수께서 이르시되 지금 인자가 영광을 받았고 하나님도 인자로 말미암아 영광을 받으셨도다

예수님께서 영광을 받으셨다는 것은 예수님께서 십자가의 수난과 죽음을 당하실 때가 되었다는 말입니다. 가룟 유다의 마음속에 사탄이 들어가서 예수님을 잡아 죽이려는 산헤드린 공회원들을 찾아갔으므로 이제 예수님의 수난과 죽음은 확정된 것입니다. 예수님께서 이 세상에 오신 목적은 하나님의 뜻을 좇아 십자가에 못 박혀 죽으심으로써 인류의 죄를 대속하고 구원을 이루기 위함이었습니다. 예수님께서는 십자가의 수난과 죽음을 통하여 인류를 구원하는 만왕의 왕이요, 만주의 주가 되셨습니다. 뿐만 아니라 하나님의 뜻에 죽기까지 순종하신 예수님께는 그 죽음에서 부활하는 영광도 예비되어 있었습니다. 그러므로 인생에 있어서 가장 저주스럽고 고통스러운 십자가가 예수님에게 있어서는 최대의 영광이 된 것입니다. 그리고 이러한 예수님의 영광은 곧 하나님의 영광이기도 했습니다. 왜냐하면 예수님께서 십자가에 못 박혀 피 흘리시고 죽으심으로 하나님의 뜻을 온전히 이루셨기 때문입니다. 또한 하나님과 예수님은 하나이시기 때문에 예수님의 영광은 곧 하나님의 영광이 됩니다. 이러므로 예수님께서 지셨던 십자가는 예수 그리스도 영광이요, 하나님의 영광이 된 것입니다.

32절 만일 하나님이 그로 말미암아 영광을 받으셨으면 하나님도 자기로 말미암아 그에게 영광을 주시리니 곧 주시리라

하나님께서는 예수님께서 십자가의 고난을 받음으로 인류의 구원이라는 큰 뜻을 이루고 영광을 받으셨습니다. 그래서 하나님께서도 예수님께 영광을 주시리라고 하셨는데, 그 영광은 부활의 영광과 승천하셔서 누릴 영광과 재림하셔서 받을 영광을 가리킵니다. 이에 대하여 성경에는 "이러므로 하나님이 그를 지극히 높여 모든 이름 위에 뛰어난 이름을 주사 하늘에 있는 자들과 땅에 있는 자들과 땅 아래에 있는 자들로 모든 무릎을 예수의 이름에 꿇게 하시고 모든 입으로 예수 그리스도를 주라 시인하여 하나님 아버지께 영광을 돌리게 하셨느니라"(빌 2:9-11)고 기록되어 있습니다. 실제로 예수님께서는 장사된 지 사흘 만에 부활하셔서 영광을 받으시고, 그 후 40일이 지나 승천하셔서 하나님의 보좌 우편에 앉아 영광을 누리고 계십니다. 그리고 장차 재림하실 때, 천사들과 함께 영광 가운데 오셔서 영광의 보좌에 앉으실 것입니다(마 25:31).

33절 작은 자들아 내가 아직 잠시 너희와 함께 있겠노라 너희가 나를 찾을 것이나 일찍이 내가 유대인들에게 너희는 내가 가는 곳에 올 수 없다고 말한 것과 같이 지금 너희에게도 이르노라

'작은 자들아' 라는 호칭은 유대에서 부모가 자녀들을 부를 때에 사용하는 말입니다. 예수님께서는 수난의 때가 임박해진 것을 아시고 마치 사랑하는 자녀들을 부르듯이 제자들을 부르셨습니다. 예수님께서는 잠시 후면 자신과 헤어져 이 세상에 남아 있을 제자들을 측은히 여기시고 그들에게 이별을 고하셨습니다. 예수님께서 가시는 길은 제자들이 함께

갈 수 있는 길이 아니었습니다. 왜냐하면 그 길은 십자가를 통해서만 갈 수 있는 길이기 때문입니다. 그러므로 예수님께서는 "내가 가는 곳에는 너희가 오지 못하리라"(8:21)고 유대인들에게 말씀하셨던 것처럼 제자들에게도 동일한 말씀을 하셨습니다.

34-35절 새 계명을 너희에게 주노니 서로 사랑하라 내가 너희를 사랑한 것같이 너희도 서로 사랑하라 너희가 서로 사랑하면 이로써 모든 사람이 너희가 내 제자인 줄 알리라

예수님께서는 십자가의 수난을 눈앞에 두고 제자들에게 "서로 사랑하라."는 새 계명을 주셨습니다. '새 계명' 은 구약의 십계명과 차이가 있습니다. 십계명은 하나님께서 선민 이스라엘이 실천해야 할 사항들을 명시한 것인데 비해, 예수님께서 주신 새 계명은 예수님을 믿어 그의 백성이 된 모든 성도가 예수님의 희생적인 사랑을 본받아 시대와 민족을 초월하여 실천해야 할 사랑의 계명인 것입니다.

예수님께서는 일찍이 율법 중에 어느 계명이 크냐고 묻는 바리새인 율법사에게 "네 마음을 다하고 목숨을 다하고 뜻을 다하여 주 너의 하나님을 사랑하라 하셨으니 이것이 크고 첫째 되는 계명이요 둘째도 그와 같으니 네 이웃을 네 자신같이 사랑하라 하셨으니 이 두 계명이 온 율법과 선지자의 강령이니라"(마 22:37-40)고 답변하셨습니다. 그리고 사도 바울은 "사랑은 이웃에게 악을 행하지 아니하나니 그러므로 사랑은 율법의 완성이니라"(롬 13:10)고 말했습니다. 이러므로 그리스도인들은 사랑을 실천하여야 할 의무가 있다는 것을 알아야 합니다. 특히 예수 그리스도의 구원의 복음을 전하는 데에는 사랑이 필수적으로 요구됩니다. 우리가 예수

님으로부터 받은 사랑을 실천할 때 세상 모든 사람들이 이를 보고 우리가 예수님의 제자인 줄 알게 되며, 그 사랑에 감동하여 말씀을 들으므로 우리가 성공적으로 복음을 전할 수 있게 되는 것입니다.

4. 베드로의 부인에 대한 예언(13:36-38)

**36. 시몬 베드로가 이르되 주여 어디로 가시나이까 예수께서 대답하
시되 내가 가는 곳에 네가 지금은 따라올 수 없으나 후에는 따라오리
라 37. 베드로가 이르되 주여 내가 지금은 어찌하여 따라갈 수 없나
이까 주를 위하여 내 목숨을 버리겠나이다 38. 예수께서 대답하시
되 네가 나를 위하여 네 목숨을 버리겠느냐 내가 진실로 진실로 네게
이르노니 닭 울기 전에 네가 세 번 나를 부인하리라**

36절 시몬 베드로가 이르되 주여 어디로 가시나이까 예수께서 대답하시되 내가 가는 곳에 네가 지금은 따라올 수 없으나 후에는 따라오리라

베드로는 예수님의 열두 제자들 중에서 첫째 손가락으로 꼽히는 수제자였습니다. 그는 예수님의 제자가 된 이후 예수님과 늘 동행하였습니다. 그러나 아직도 베드로는 영적으로 무지하여 예수님의 말씀이 뜻하

는 바를 전혀 깨닫지 못했습니다. 그래서 그는 예수님께서 어디론가 떠나시겠다는 말씀을 하시자 그곳이 어디인지를 물었습니다. 이에 예수님께서 "내가 가는 곳에 네가 지금은 따라올 수 없으나 후에는 따라오리라." 고 대답해 주셨습니다.

예수님께서는 베드로가 십자가의 수난과 죽음을 감당하기에는 너무 연약하다는 것을 알고 계셨습니다. 그리고 베드로에게는 이 세상에 남아서 해야 할 사명이 있었습니다. 그렇기 때문에 예수님께서는 베드로에게 "네가 지금은 따라올 수 없다." 고 하셨던 것입니다. 그러나 장차 베드로가 성령 침례를 받고 권능을 받아 자신에게 부여된 사명을 완수한 후에는 "내가 가는 곳에 따라오리라." 고 예언하셨습니다. 예수님의 이 예언대로 베드로는 훗날 예수님께서 승천하신 후 오순절 날 마가의 다락방에서 기도하던 중에 성령 침례를 받고 권능을 받아 열심히 복음을 전파하다가 기독교를 박해하던 로마 정부에 체포되어 십자가형을 받고 순교하였습니다.

37절 베드로가 이르되 주여 내가 지금은 어찌하여 따라갈 수 없나이까 주를 위하여 내 목숨을 버리겠나이다

베드로는 자기의 목숨을 버리기까지 예수님을 따르겠다고 말했습니다. 이것은 진심에서 우러나온 말이었습니다. 그러나 베드로는 예수님께서 가시는 길이 어떤 길인지 몰랐을 뿐 아니라 예수님을 위하여 죽는다는 것이 무엇인지 모르고, 단지 인간적인 용기와 열정만을 갖고 말했습니다. 또한 베드로의 마음속에는 예수님과 다른 제자들에게 수제자로 인정받으려는 이기심과 우월감도 있었습니다. 그러나 인간적인 생각에서 기인한 힘과 능력으로는 예수님을 따라갈 수 없습니다. 베드로는 죽기까지 예수님을 따르겠다고 장담했지만, 실제로 예수님께서 위기에 처했을 때에 예수님을 세 번이나 부인하고 말았습니다. 인간적인 생각으로 예수님을 따르려고 할 때에는 낭패를 당할 수밖에 없는 것입니다. 오직 성령의 능력을 의지할 때에만 예수님을 따를 수 있습니다. 그렇기 때문에 예수님께서 제자들에게 "오직 성령이 너희에게 임하시면 너희가 권능을 받고 예루살렘과 온 유대와 사마리아와 땅 끝까지 이르러 내 증인이 되리라"(행 1:8)고 말씀하셨던 것입니다. 이것은 곧 성령 침례를 받아야 비로소 죽음을 불사하고 예수님을 따라갈 수 있는 힘이 주어진다는 말씀입니다. 베드로는 죽기까지 예수님을 따르겠다고 장담했던 말을 성령 침례를 받고 성령께서 주시는 능력을 받고서야 지킬 수 있었습니다.

38절 예수께서 대답하시되 네가 나를 위하여 네 목숨을 버리겠느냐 내가 진실로 진실로 네게 이르노니 닭 울기 전에 네가 세 번 나를 부인하리라

베드로가 죽기까지 예수님을 따르겠다고 자신 있게 말하자, 예수님께서는 "닭 울기 전에 네가 세 번 나를 부인하리라." 고 예언하셨습니다. 이 예언이 있은 지 얼마 있지 아니하여 베드로는 겟세마네 동산에서 예수님을 잡으러 온 무리에게 칼을 휘둘러 예수님을 보호하려는 용기를 보였지만(마 26:51; 막 14:47; 눅 22:50; 요 18:10), 결국 대제사장의 종들 앞에서 예수님을 부인하고 말았습니다. 예수님을 세 번째 부인할 때 닭 우는 소리가 들리자, 베드로는 예수님의 예언을 기억하고 자신의 나약함을 뼈저리게 느끼며 밖에 나가 심히 통곡했습니다. 그러나 예수님께서는 자신

을 철저히 부인한 베드로를 끝까지 버리지 않으셨습니다. 예수님께서는 부활하신 후 디베랴 호수에서 절망감에 싸인 채 물고기를 잡고 있던 베드로를 찾아가셔서 회복시키시고 사도의 사명을 주셨습니다(21:1-17). 이에 베드로는 예수님의 말씀에 순종하여 성령 침례를 받은 후 자신의 사명을 완수하고 예수님을 위하여 목숨을 바칠 수 있었습니다.

오늘날 성령 침례를 받고 사명을 받은 우리도 때로는 육신의 연약함으로 인하여 실패하고 좌절할 때가 있습니다. 그러나 끝까지 붙들어 주시고 다시 회복시켜 사명을 감당할 능력을 공급해 주시는 주님의 손길이 있기에 "내가 약한 그때에 강함이라"(고후 12:10)고 고백하며 승리할 수 있는 것입니다.

제 14 장

제자들을 위로하시는 **예수님**

길이요, 진리요, 생명이신 예수님	14:1-7
성부와 성자와 성령	14:8-21
예수님께서 주시는 평안	14:22-31

A COMMENTARY
ON THE GOSPEL OF
JOHN Ⅱ

본 장은 일명 '예수님의 고별 설교' 또는 '다락방 강화' 라고 불리는 것으로서, 제자들에 대한 예수님의 위로와 권면의 말씀이 전개되고 있습니다.

예수님께서는 자기들을 남겨 두고 떠나신다는 말씀으로 인해 불안에 떠는 제자들에게 예수님 자신만이 하나님께로 통할 수 있는 '길'이요, '진리'요, '생명'이심을 천명하시고, 성부와 성자와 성령에 대해 말씀해 주셨습니다. 또한 예수님께서는 비록 자신이 떠난다고 할지라도 그것은 영원한 이별이 아니며, '또 다른 보혜사' 성령을 보내주셔서 제자들과 늘 함께하시며 평안을 주시겠다고 약속하셨습니다.

1. 길이요, 진리요, 생명이신 예수님(14:1-7)

1. 너희는 마음에 근심하지 말라 하나님을 믿으니 또 나를 믿으라 2. 내 아버지 집에 거할 곳이 많도다 그렇지 않으면 너희에게 일렀으리라 내가 너희를 위하여 거처를 예비하러 가노니 3. 가서 너희를 위하여 거처를 예비하면 내가 다시 와서 너희를 내게로 영접하여 나 있는 곳에 너희도 있게 하리라 4. 내가 어디로 가는지 그 길을 너희가 아느니라 5. 도마가 이르되 주여 주께서 어디로 가시는지 우리가 알지 못하거늘 그 길을 어찌 알겠사옵나이까 6. 예수께서 이르시되 내가 곧 길이요 진리요 생명이니 나로 말미암지 않고는 아버지께로 올 자가 없느니라 7. 너희가 나를 알았더라면 내 아버지도 알았으리로다 이제부터는 너희가 그를 알았고 또 보았느니라

1절 너희는 마음에 근심하지 말라 하나님을 믿으니 또 나를 믿으라

예수님께서 떠나신다는 말씀은 제자들의 마음에 깊은 근심의 그림자

를 드리웠습니다. 제자들은 예수님 없는 삶을 생각해 본 적도 없었으며, 예수님 없이 살 자신도 없었습니다. 이러한 제자들의 마음을 아시는 예수님께서는 그들에게 "너희는 마음에 근심하지 말라. 하나님을 믿으니 또 나를 믿으라." 고 말씀해 주셨습니다.

한 평생을 살면서 한 번도 근심을 하지 않는 사람은 없습니다. 살다 보면 크고 작은 근심들이 생기게 마련입니다. 그런데 우리가 하는 근심에는 두 가지가 있습니다. 그것은 '거룩한 근심' 과 '세속적인 근심' 입니다. '거룩한 근심' 은 신앙과 관련된 문제나 복음 전파에 대한 열정에서 기인한 근심으로서 신앙의 성장과 발전을 이루게 합니다. 그러나 '세속적인 근심' 은 우리를 도둑질하고 죽이고 멸망시키려는 사탄이 가져다주는 근심입니다. 사탄이 권세를 잡고 있는 세상에서 유혹과 불안과 좌절 등으로 근심이 될 때, 우리의 영혼은 기쁨과 평안을 잃고 병들게 됩니다. 그리하여 자신도 모르는 사이에 소망을 잃고 신앙마저 타락하게 되고 마는 것입니다. 이러므로 성경은 "마음의 즐거움은 양약이라도 심령의 근심은 뼈를 마르게 하느니라"(잠 17:22)고 교훈하고 있습니다. 우리는 마음속에 세속적인 근심이 생길 때마다 즉시 하나님 앞에 나아가 그 근심을 고하고 맡겨야 합니다. 이에 대하여 베드로는 "너희 염려를 다 주께 맡기라 이는 그가 너희를 돌보심이라"(벧전 5:7)고 말씀하고 있습니다. 이처럼 모든 근심을 하나님께 맡기고 하나님께서 그 모든 문제를 해결해 주심을 믿을 때, 근심과 이를 유발시킨 문제들이 사라지고 주님께서 주시는 평안과 기쁨을 되찾게 되는 것입니다.

"하나님을 믿으니 또 나를 믿으라". 하나님과 예수님은 하나이시므로 하나님을 믿는 것은 예수님을 믿는 것이고, 예수님을 믿는 것은 하나님을 믿는 것입니다. 예수님께서는 우리가 하나님을 믿고 의지하면 염려와 근심이 사라지고 하나님께서 문제를 근본적으로 해결하시는 역사가 이루어진다고 하셨습니다. 그러나 우리가 염려와 근심을 하나님께 내어 맡겼다고 해서 반드시 우리가 원하는 방법대로 해결되는 것은 아닙니다. 하나님께서는 우리의 생각과 계획을 초월하여 하나님의 방법으로 문제를 해결하시고 우리를 인도해 주십니다.

그 좋은 예로 요셉을 들 수 있습니다. 요셉은 열일곱 살 때에 하나님께서 주시는 두 가지 꿈을 꾸었습니다(창 37:5,9). 이때부터 요셉은 큰 소망을 갖고 하나님께서 자신에게 주신 꿈을 순탄하게 이루어 주시리라고 기대했습니다. 그러나 그의 기대와는 달리 약 13년 동안이나 고난으로 이어진 길이 계속되었습니다. 그렇지만 그 고난은 멸망으로 향한 길이 아니라 하나님의 놀라운 복을 받기 위한 연단의 길이었으며, 오랜 연단이 끝난 후 결국 요셉은 그 꿈대로 애굽의 국무총리가 되어 자기 가족, 친척들을 구원할 수 있는 큰 복을 받았습니다. 오랜 세월 동안 지속되는 고난으로 소망을 가질 수 없는 상태에서도 조금도 낙심하지 않고 꿈을 간직해 온 요셉에게 하나님께서 하나님의 때에 하나님의 방법으로 그 꿈을 이루어 주신 것입니다.

그러므로 우리는 하늘이 땅보다 높음같이 하나님의 생각이 우리의 생각보다 높음을 인정하고(사 55:9), 하나님께서 인도하시는 대로 믿음으로 순종하고 하나님만을 의지하여야 합니다. 이렇게 할 때 합력하여 선을 이루시는 하나님의 역사가 이루어지는 것입니다(롬 8:28).

2절 내 아버지 집에 거할 곳이 많도다 그렇지 않으면 너희에게 일렀

으리라 내가 너희를 위하여 거처를 예비하러 가노니

"내 아버지 집에 거할 곳이 많도다". 예수님께서는 하나님의 나라에 성도들이 영원한 안식을 취할 수 있는 안식처가 많다고 말씀하셨습니다. 자녀들이 아버지의 집에서 부모와 함께 살며 평안을 누리듯이, 예수 그리스도를 믿음으로 말미암아 하나님의 자녀가 된 성도들은 이 세상에서의 나그네 삶이 끝나면 하나님 나라에서 하나님과 함께 거하며 영원한 안식을 누리게 되는 것입니다.

예수님께서는 만일 하나님 나라에 거할 처소가 많지 않다면 제자들에게 말씀하시지 않았을 것이라고 하심으로 하나님 나라에 거할 곳이 많다는 사실을 강조하셨습니다. 그리고 자신이 제자들의 곁을 떠나 하나님께로 가는 목적은 제자들을 위하여 하나님 나라에 처소를 예비하기 위함이라고 하셨습니다.

성경은 "한 번 죽는 것은 사람에게 정해진 것"(히 9:27)이라고 증언하고 있습니다. 이 세상에서 그 누구도 예외 없이 한 번은 죽게 됩니다. 그러므로 사람들은 죽음에 대한 두려움과 염려 속에 살고 있는 것입니다. 아무리 젊고 건강한 사람이라도 느닷없이 닥치는 사고와 질병으로 인하여 부지불식 간에 죽음을 맞게 될 수 있다는 가능성을 인식할 때, 어느 누구도 죽음이라는 문제 앞에서 방관자일 수 없습니다. 이와 같이 인생은 영원할 수 없는 유한적인 것입니다. "모든 육체는 풀이요 그의 모든 아름다움은 들의 꽃과 같으니 풀은 마르고 꽃이 시듦은 야훼의 기운이 그 위에 붊이라"(사 40:6-7)는 성경 말씀처럼 모든 사람은 역사의 어느 한 시점에서 태어나서 수고하며 살다가 죽는 유한한 존재인 것입니다.

세상 사람들은 짧은 인생을 살면서 인생의 근원을 알고 이를 통하여 창조주 하나님을 발견하여 믿기보다는 육신의 정욕과 안목의 정욕과 이 세상 자랑에 삶의 목표를 세우고 죄악 가운데 살다가 죽음을 맞게 됩니다. 그러나 이처럼 하나님을 모르고 세상에 취하여 살던 사람들이 생전에 이룩한 명예와 부와 업적은 흔적 없이 사라지고 말 뿐입니다. 더욱이 그들이 죽은 후에는 심판주 하나님의 준엄한 심판과 불신앙으로 인한 영원한 사망의 고통이 그들을 기다리고 있습니다.

그러나 예수 그리스도를 믿고 하나님의 자녀가 된 성도에게는 이 세상에서의 삶이 끝난 후에 하나님 나라에서 주님과 영원히 행복하게 살 특권이 보장되어 있습니다. 예수님께서 승천하셔서 하나님 나라에 거할 곳을 예비하고 계시기 때문에 성도들은 이 세상에서 맞게 되는 육신의 죽음을 두려워하지 않고 죽음의 자리에서도 하나님께 감사와 영광을 돌릴 수 있는 것입니다.

3절 가서 너희를 위하여 거처를 예비하면 내가 다시 와서 너희를 내게로 영접하여 나 있는 곳에 너희도 있게 하리라

'내가 다시 와서' 는 예수님의 재림을 의미합니다. 예수님께서는 하나님 나라에 성도들이 거할 곳을 예비하신 후 이 세상에 다시 오실 것입니다. 예수님께서는 장차 호령과 천사장의 소리와 하나님의 나팔 소리로 친히 하늘로부터 강림하셔서(살전 4:16) 성도들을 영접하여 하나님 나라에서 함께 살 것을 약속하셨습니다. 성도들은 이와 같은 예수님의 약속이 있기 때문에 하나님 나라에 소망을 두고 하나님의 영광을 위해 살다가 기쁨으로 죽음을 맞을 수 있는 것입니다.

4절 내가 어디로 가는지 그 길을 너희가 아느니라

예수님께서는 일찍이 제자들과 예수님을 따르는 무리에게 "아무든지 나를 따라오려거든 자기를 부인하고 날마다 제 십자가를 지고 나를 따를 것이니라"(눅 9:23)고 일러주셨습니다. 예수님을 따르는 길은 넓고 평탄한 길이 아니라 협착한 고난의 길입니다. 또한 그 길은 이 세상에 대한 욕심을 모두 버리고 자신의 목숨까지도 철저히 포기한 채 세상의 멸시와 모욕을 참고 견디며 가야 하는 길입니다. 그러나 그 길은 영원한 생명과 찬란한 영광과 승리와 맞닿은 길이요, 하나님 나라로 들어갈 수 있는 유일한 길입니다. 그러므로 예수님께서는 하나님 나라를 선포하고 구원의 복음을 전파하실 때 이러한 진리를 증언하셨습니다. 뿐만 아니라 예수님께서는 제자들에게 말씀과 행동으로 이를 가르치셨습니다. 때문에 예수님께서는 자신이 가는 길을 제자들이 알고 있으리라고 생각하셨던 것입니다.

5절 도마가 이르되 주여 주께서 어디로 가시는지 우리가 알지 못하거늘 그 길을 어찌 알겠사옵나이까

예수님께서는 자신이 가는 길을 제자들이 알고 있으리라고 여기셨지만, 정작 제자들은 그 말씀의 의미조차 알아듣지 못하고 있었습니다. 그럼에도 불구하고 제자들은 예수님께 말씀의 의미를 묻지 못하고 있었는데, 이때 제자들 중 하나인 도마가 나서서 예수님께 "주여, 주께서 어디로 가시는지 우리가 알지 못하거늘 그 길을 어찌 알겠삽나이까?"라고 고백했습니다. 훗날 예수님께서 부활하셔서 찾아오셨을 때에도 예수님의 손에 있는 못자국과 창에 찔린 옆구리를 확인하고 난 다음에야 예수님의 부활을 인정할 만큼 현실적이었던 도마는 이때에도 자신이 알지 못하는 것에 대해서 솔직하게 고백하는 용기를 보였던 것입니다.

6절 예수께서 이르시되 내가 곧 길이요 진리요 생명이니 나로 말미암지 않고는 아버지께로 올 자가 없느니라

자신의 무지를 고백하고 예수님께서 가시는 길을 묻는 도마의 질문에 예수님께서는 구체적으로 답변해 주셨습니다. 예수님께서는 자신을 가리켜 "내가 곧 길이요, 진리요, 생명이다." 라고 말씀하셨습니다.

예수님께서 '길' 이라고 하신 것은 예수님을 말미암지 않고는 하나님께로 올 자가 없음을 보여줍니다. 예수님께서는 인류의 죄악을 대속하시기 위해 화목 제물이 되셔서 십자가에 못 박혀 양손과 양발을 찢기고 옆구리를 창에 찔려 온몸의 물과 피를 다 쏟으셨습니다. 그리고 이처럼 하나님께 처참한 심판을 받으심으로 인류의 모든 죄와 허물을 청산하시고 부활의 영광을 받으심으로써 하나님과 인간 사이를 연결하는 유일한 길이 되셨습니다. 그러므로 성경은 우리가 구속된 것은 "은이나 금같이 없어질 것으로 된 것이 아니요 오직 흠 없고 점 없는 어린양 같은 그리스도의 보배로운 피로 된 것이니라"(벧전 1:18-19)고 했으며, "다른 이로써는 구원을 받을 수 없나니 천하 사람 중에 구원을 받을 만한 다른 이름을 우리에게 주신 일이 없음이라"(행 4:12)고 증언하고 있는 것입니다.

또한 예수님께서는 '진리' 이십니다. 거짓이 꽉 들어찬 세상에서 통하는 진리는 영원한 진리가 아닙니다. 성경에는 "풀은 마르고 꽃은 시드나 우리 하나님의 말씀은 영원히 서리라"(사 40:8)고 기록되어 있습니다. 오직 하나님의 말씀이신 예수님만이 영원한 진리입니다.

그리고 예수님께서는 '생명' 이십니다. 예수님 안에는 생명이 있습니다(1:4). 예수님께서 이 세상에 오신 목적은 "양으로 생명을 얻게 하고 더 풍성히 얻게 하려는 것이라"(10:10)고 하였습니다. 예수님께서는 "나는 부활이요 생명이니 나를 믿는 자는 죽어도 살겠고 무릇 살아서 나를 믿는 자는 영원히 죽지 아니하리니"(11:25-26)라고 말씀하셨습니다. 또한 생명이신 예수님께서는 나인 성 과부의 죽은 아들을 살리시고(눅 7:11-16), 베다니 마을의 나사로가 병들어 죽었을 때 그를 다시 살리시는 기적을 행하심으로(11:1-44) 예수 그리스도 안에서 죽음의 문제가 해결되고 생명을 얻게 됨을 실제로 보여 주셨습니다.

이와 같이 예수님께서 길이요, 진리요, 생명이시기 때문에 예수 그리스도를 믿는다는 것은 곧 구원의 길을 찾은 것이고, 영원한 진리를 소유한 것이며, 영생을 얻은 것입니다.

7절 **너희가 나를 알았더라면 내 아버지도 알았으리로다 이제부터는 너희가 그를 알았고 또 보았느니라**

예수님께서는 전 생애와 사역을 통하여 하나님을 계시하셨습니다. 그러므로 예수님을 아는 것은 곧 하나님을 아는 것이고, 예수님을 보는 것은 하나님을 보는 것이라고 할 수 있습니다. 예수님께서는 하나님과 자신이 하나라는 사실을 제자들에게 가르치셨으며, 수많은 기적을 행하심으로 예수님 자신이 하나님의 본체이심을 보여 주셨습니다. 그러나 제자들은 예수님을 정치적인 메시아로 오해하고 있었습니다. 그렇기 때문에 십자가의 수난을 말씀하시는 예수님을 이해하지 못했던 것입니다. 예수님께서는 이와 같은 제자들의 오해를 아시고 이를 바로잡아 주시기 위하여 "너희가 나를 알았더면 내 아버지도 알았으리로다. 이제부터는 너희가 그를 알았고 또 보았느니라." 고 말씀하셨습니다. 예수님께서는 이 말씀을 통하여 제자들이 예수님과 하나님이 하나라는 사실을 깨닫게 되기를 원하셨던 것입니다.

2. 성부와 성자와 성령(14:8-21)

8. 빌립이 이르되 주여 아버지를 우리에게 보여 주옵소서 그리하면
족하겠나이다 9. 예수께서 이르시되 빌립아 내가 이렇게 오래 너희
와 함께 있으되 네가 나를 알지 못하느냐 나를 본 자는 아버지를 보
았거늘 어찌하여 아버지를 보이라 하느냐 10. 내가 아버지 안에 거
하고 아버지는 내 안에 계신 것을 네가 믿지 아니하느냐 내가 너희에
게 이르는 말은 스스로 하는 것이 아니라 아버지께서 내 안에 계셔서
그의 일을 하시는 것이라 11. 내가 아버지 안에 거하고 아버지께서
내 안에 계심을 믿으라 그렇지 못하겠거든 행하는 그 일로 말미암아
나를 믿으라 12. 내가 진실로 진실로 너희에게 이르노니 나를 믿는
자는 내가 하는 일을 그도 할 것이요 또한 그보다 큰 일도 하리니 이
는 내가 아버지께로 감이라 13. 너희가 내 이름으로 무엇을 구하든
지 내가 행하리니 이는 아버지로 하여금 아들로 말미암아 영광을 받
으시게 하려 함이라 14. 내 이름으로 무엇이든지 내게 구하면 내가
행하리라 15. 너희가 나를 사랑하면 나의 계명을 지키리라 16. 내가
아버지께 구하겠으니 그가 또 다른 보혜사를 너희에게 주사 영원토

록 너희와 함께 있게 하리니 17. 그는 진리의 영이라 세상은 능히 그를 받지 못하나니 이는 그를 보지도 못하고 알지도 못함이라 그러나 너희는 그를 아나니 그는 너희와 함께 거하심이요 또 너희 속에 계시겠음이라 18. 내가 너희를 고아와 같이 버려두지 아니하고 너희에게로 오리라 19. 조금 있으면 세상은 다시 나를 보지 못할 것이로되 너희는 나를 보리니 이는 내가 살아 있고 너희도 살아 있겠음이라 20. 그날에는 내가 아버지 안에, 너희가 내 안에, 내가 너희 안에 있는 것을 너희가 알리라 21. 나의 계명을 지키는 자라야 나를 사랑하는 자니 나를 사랑하는 자는 내 아버지께 사랑을 받을 것이요 나도 그를 사랑하여 그에게 나를 나타내리라

8절 빌립이 이르되 주여 아버지를 우리에게 보여 주옵소서 그리하면 족하겠나이다

제자들은 예수님께서 이제껏 말씀해 주신 내용을 전혀 이해하지 못했습니다. 그래서 제자들을 대표하여 빌립이 예수님께 하나님을 보여 달라고 청하였습니다. 제자들 중 누구도 예외 없이 하나님을 직접 보기 원한다는 이 말 속에는 성령 침례를 받기 전의 제자들의 영적 무지가 어느 정도였는지 잘 나타나 있습니다. 이때 제자들이 보였던 영적 무지에서 비롯된 잘못된 신앙은 오늘날의 우리 주변에서도 찾아볼 수 있습니다. 예수 그리스도를 믿는다고 하면서도 순수하게 믿지 않고 하나님을 보기만을 열망하는 것은 어리석고 빗나간 신앙입니다. 보지 못하고 믿는 것이 진정 복된 신앙이요(20:29), 참되고 순수한 신앙임을 명심하여야겠습니다.

9절 예수께서 이르시되 빌립아 내가 이렇게 오래 너희와 함께 있으되 네가 나를 알지 못하느냐 나를 본 자는 아버지를 보았거늘 어찌하여 아버지를 보이라 하느냐

예수님께서는 제자들의 영적 무지를 매우 안타까워하시면서 "내가 이렇게 오래 너희와 함께 있으되 네가 나를 알지 못하느냐?" 라고 반문하심으로 제자들의 어리석음을 깨우쳐 주셨습니다. 그리고 하나님을 보여 달라는 어리석은 요청을 한 빌립에게 자신과 하나님이 하나임을 다시 한 번 설명해 주셨습니다.

하나님은 영이시기 때문에 어느 누구도 하나님을 볼 수 없습니다(4:24). 그런데 하나님의 본체이신 예수 그리스도께서 성육신하셔서 세상에 하나님을 나타내 보이셨습니다. 예수님께서 세상에서 하신 일들은 모두 다 하나님을 계시하고 하나님의 뜻을 이루는 것이었습니다. 그렇기 때문에 예수님에 대해서 아는 것은 곧 하나님께서 어떠한 분이신지를 아는 것이 됩니다. 그리고 예수 그리스도를 본 것은 하나님을 본 것과 같고, 예수 그리스도의 말씀을 들은 것은 하나님의 말씀을 들은 것이며, 예수 그리스도의 행사를 체험한 것은 하나님의 행사를 체험한 것과 마찬가지인 것입니다.

10-11절 내가 아버지 안에 거하고 아버지는 내 안에 계신 것을 네가 믿지 아니하느냐 내가 너희에게 이르는 말은 스스로 하는 것이 아니라 아버지께서 내 안에 계셔서 그의 일을 하시는 것이라 내가 아버지 안에 거하고 아버지께서 내 안에 계심을 믿으라 그렇지 못하겠거든 행하는 그 일로 말미암아 나를 믿으라

예수님께서는 하나님 안에 계시고, 하나님께서는 예수님 안에 계시므로 예수님께서 하시는 말씀과 일은 모두가 결국 하나님의 말씀과 일인 것입니다. 예수님께서 죽은 자를 살리시고, 병든 자를 고치시며, 귀신을 쫓아내시고, 보리떡 다섯 개와 물고기 두 마리로 수많은 사람을 배불리 먹이시고, 거센 파도를 잠잠하게 하신 것은 하나님의 능력으로 이루어진 것입니다. 그러므로 예수님께서는 이러한 기적으로 말미암아서라도 하나님과 자신이 완전히 연합된 하나임을 믿으라고 제자들에게 종용하셨습니다.

12절 내가 진실로 진실로 너희에게 이르노니 나를 믿는 자는 내가 하는 일을 그도 할 것이요 또한 그보다 큰 일도 하리니 이는 내가 아버지께로 감이라

예수님께서는, 예수 그리스도를 믿는 자는 예수님의 하는 일은 물론 그보다 큰 일도 하리라고 말씀하셨습니다. 그리고 그것은 예수님께서 하나님께로 감으로 가능해진다고 부언하셨습니다. 이 말씀은 예수님께서 하나님께로 가신 후에 보혜사 성령을 보내 주실 것을 암시해 주고 있습니다. 성령께서 오시면, 성도들은 성령의 권능을 받아 복음을 전파하고 귀신을 쫓아내며 병든 자를 치료하고 저주를 물리쳐 하나님의 뜻을 이루며 하나님 나라를 확장시킬 수 있는 것입니다. 이러므로 예수님께서 하나님께로 가시는 것은 비록 제자들에게 슬픈 일이기는 하지만 실제로는 유익한 일인 것입니다(16:7). 과연 예수님의 이 말씀대로 예수님께서 승천하신 후 성령 충만함을 받고 성령의 권능을 받은 제자들은 예수님께서 하셨던 사역과 기적을 능력 있게 행할 수 있었으며, 나아가 예수님께서 사역

하실 때보다 더 폭발적인 구령 사업을 할 수 있었습니다. 이러한 역사는 예수 그리스도를 믿고 성령 침례를 받은 성도들을 통하여 지금도 계속되고 있으며, 예수님께서 재림하실 때까지 지속될 것입니다.

13-14절 너희가 내 이름으로 무엇을 구하든지 내가 행하리니 이는 아버지로 하여금 아들로 말미암아 영광을 받으시게 하려 함이라 내 이름으로 무엇이든지 내게 구하면 내가 행하리라

예수 그리스도의 이름으로 하나님께 기도하면 예수님께서 시행해 주시겠다고 약속하셨습니다. 성도들이 예수 그리스도의 이름으로 기도하여 응답받는 것은 하나님께 영광이 됩니다. 그러므로 우리가 예수 그리스도를 믿고 그 이름으로 필요한 것들을 구하면, 하늘과 땅의 모든 권세를 갖고 계신 예수님께서 하나님의 영광을 위해서 시행해 주시는 것입니다.

그러나 예수님의 이름으로 구한다고 해서 예수님께서 모든 기도에 응답해 주시는 것은 아닙니다. 하나님과의 사이에 죄의 장벽이 가로막고 있거나(사 59:2), 정욕으로 쓰려고 잘못 구하는(약 4:3) 기도에는 응답하지 않으십니다. 오직 죄를 회개하고, 욕심을 버리고, 하나님의 뜻에 따라 예수 그리스도의 이름으로 구할 때 응답해 주시는 것입니다.

15절 너희가 나를 사랑하면 나의 계명을 지키리라

예수님께서는 제자들에게 사랑을 실천할 것을 가르치셨으며, 몸소 실천해 보이셨습니다. 특히 예수님께서는 마음과 목숨과 뜻을 다하여 하나님을 사랑하고 이웃을 자신처럼 사랑하는 것이 온 율법과 선지자의 강령이라고 하셨으며(마 22:37-40), "내가 너희를 사랑한 것같이 너희도 서

로 사랑하라"(13:34)는 새 계명을 제자들에게 주셨습니다. '사랑의 계명' 이라고도 할 수 있는 예수님의 이 새 계명은 그리스도인이라면 누구나 예외 없이 지켜야 할 의무이자, 예수님께 대한 사랑의 표현입니다.

지금 예수님께서는 다시 한 번 제자들에게 사랑을 실천할 것을 권면하고 계십니다. 왜냐하면 머지않아 예수님의 뒤를 이어 사역을 감당할 제자들에게는 무엇보다도 사랑이 필요했기 때문입니다. 예수님께서 이토록 강조하신 사랑의 중요성에 대하여 훗날 사도 바울은 사랑에 의한 것이 아니라면 어떤 은사도 쓸모없는 것이 될 뿐임을 강조하며, "믿음, 소망, 사랑 이 세 가지는 항상 있을 것인데 그중의 제일은 사랑이라"(고전 13:13)고 결론지었습니다. 우리가 누군가를 사랑하면 말로만 사랑을 고백하는 것이 아니라 행동으로써 자신의 사랑을 표현하게 됩니다. 하나님께 대한 사랑도 마찬가지입니다. 우리가 진심으로 하나님을 사랑한다면 실천으로써 그 사랑을 보이게 됩니다. 강요나 의무 때문에 마지못해 하는 것이 아니라 자원하여 기쁘게 사랑을 실천하게 되는 것입니다. 하나님을 전심으로 사랑하고 또 그 사랑으로 내 이웃을 사랑하는 것입니다. 이러한 사랑의 실천이야말로 하나님 앞에 진정한 사랑의 고백으로 열납되며, 하나님께서 맡겨 주신 사역을 감당하는 원동력이 되는 것입니다.

16절 내가 아버지께 구하겠으니 그가 또 다른 보혜사를 너희에게 주사 영원토록 너희와 함께 있게 하리니

예수님께서는 하나님께 간구하여 '또 다른 보혜사' 를 주게 하시겠다고 약속하셨습니다. '보혜사' 는 헬라어로 "파라클레토스"(*παράκλητος*)라고 표기되며, '도와주기 위해 곁에 부름을 받은 자' 라는 뜻입니다. 그

런데 여기서 예수님께서 성령을 가리켜 '또 다른 보혜사' 라고 말씀하신 까닭은 예수님 자신이 보혜사이시기 때문입니다. 예수님께서는 제자들과 함께 계시면서 가르치시고 깨우치시고 위로하시고 권면하시는 등 그들을 도와주심으로 보혜사의 면모를 보이셨습니다. 이와 마찬가지로 예수님께서 승천하신 후 강림하신 또 다른 보혜사 성령께서는 우리 곁에서 우리를 감찰하시고, 진리를 가르쳐 깨닫게 하시고 기억나게 하시며, 회개시키시고 위로하시며 거룩하게 하시는 분이신 것입니다.

예수님께서는 보혜사 성령을 "영원토록 너희와 함께 있게 하리라." 고 말씀하셨습니다. 예수님의 예고대로 이 세상에 강림하신 보혜사 성령께서는 마가 다락방에서 기도하고 있던 120문도에게 처음 임하신 이래로 계속 성도들의 마음을 성전 삼고 거하시면서 우리의 연약함을 도우시고 우리를 위해 간구하십니다(롬 8:26; 고전 6:19). 그렇기 때문에 우리는 성령의 도우심을 받아 날마다 승리하는 삶을 살 수 있는 것입니다.

17절 그는 진리의 영이라 세상은 능히 그를 받지 못하나니 이는 그를 보지도 못하고 알지도 못함이라 그러나 너희는 그를 아나니 그는 너희와 함께 거하심이요 또 너희 속에 계시겠음이라

'진리의 영' 이신 성령께서는 예수님께서 메시아이심을 증언하시며, 성도들이 하나님의 뜻대로 살아갈 수 있도록 인도하시고 도와주십니다. 그러나 세상은 능히 진리의 영을 받지 못합니다. 왜냐하면 마귀의 지배 아래 있는 세상은 거짓의 영에게 사로잡혀 있기 때문입니다. 예수님께서는 마귀에 대하여 "그는 처음부터 살인한 자요 진리가 그 속에 없으므로 진리에 서지 못하고 거짓을 말할 때마다 제 것으로 말하나니 이는 그

가 거짓말쟁이요 거짓의 아비가 되었음이라"(8:44)고 말씀하셨습니다. 이처럼 거짓의 아비인 마귀의 지배 아래 있는 세상은 성령을 보지도 못하고 알지도 못합니다.

그러나 성도들은 성령께서 그들과 함께 계시므로 성령을 압니다. 성령은 무소 부재하신 분입니다. '성령' 을 뜻하는 헬라어 '프뉴마'(πνεῦμα)에는 '공기의 움직임', 즉 '바람' 이라는 뜻이 있습니다. 공기가 우리를 둘러싸고 있을 뿐 아니라 호흡기를 통하여 우리의 몸 안에도 들어와 있는 것처럼 성령도 우리 곁 어디에나 계실 뿐 아니라 우리 속에도 들어와 계십니다. 그러므로 예수 그리스도를 믿어 마귀의 지배로부터 해방된 사람들은 자신의 마음을 성전 삼아 함께 거하시며 역사하시는 성령을 알고 성령의 도우심을 받으며 사는 것입니다.

18절 내가 너희를 고아와 같이 버려두지 아니하고 너희에게로 오리라

예수님께서는 제자들에게 그들을 고아와 같이 버려두지 아니하고 다시 오시겠다고 약속하셨는데, 예수님의 이 약속은 두 가지 의미로 해석될 수 있습니다. 하나는 예수님께서 성령으로 제자들과 함께하시겠다는 의미이고, 다른 하나는 예수님의 재림을 말합니다. 실제로 오순절 날 성령께서 강림하신 후 제자들은 예수 그리스도의 영인 성령과 더불어 살았으며, 지금 우리 그리스도인들도 우리의 마음을 성전 삼고 내주하시는 성령과 함께 살면서 예수님의 재림을 기다리고 있습니다. 한편 예수님의 이 약속은 예수님께서 재림하실 때 궁극적으로 이루어질 것입니다.

19절 조금 있으면 세상은 다시 나를 보지 못할 것이로되 너희는 나를

보리니 이는 내가 살아 있고 너희도 살아 있겠음이라

조금 있으면 예수님께서 십자가에 못 박혀 죽으시고 장사되셨다가 부활하셔서 승천하실 것이기 때문에 세상은 예수님을 보지 못하게 됩니다. 그러나 제자들은 예수님을 볼 수 있습니다. 실제로 제자들은 부활하신 예수님을 직접 보았을 뿐만 아니라 예수님께서 승천하신 후에는 성령으로 그 마음속에 와 계시기 때문에 예수님을 볼 수 있었습니다. 나아가 장차 예수님께서 재림하실 때에는 그리스도 안에서 죽은 자들이 부활하고 살아남은 자들도 그들과 함께 구름 속으로 끌어 올려 공중에서 예수님을 영접하고 항상 예수님과 함께 있게 됩니다(살전 4:16-17).

"이는 내가 살아 있고 너희도 살아 있겠음이라". 예수님께서는 예수님 자신이 살아 있고 제자들도 살아 있을 것이므로 제자들이 예수님을 다시 볼 수 있다고 말씀하셨습니다. 예수 그리스도를 믿기를 거부하는 세상은 그 안에 생명이 없어서 죽을 수밖에 없지만, 그리스도인들은 그 안에 그리스도의 생명이 있기 때문에 주님과 함께 영원히 살 소망이 있는 것입니다.

20절 그날에는 내가 아버지 안에, 너희가 내 안에, 내가 너희 안에 있는 것을 너희가 알리라

성부 하나님과 성자 예수님과 보혜사 성령은 한 분 하나님이십니다. 삼위가 일체로 연합되어 있는 것입니다. 이러므로 예수님께서는 성부 하나님과 자신이 하나라는 사실을 강조하셨습니다(10:38; 14:10-11; 17:21-23). 그런데 본 절에서 예수님께서는 "그날에는 내가 아버지 안에, 너희가 내 안에, 내가 너희 안에 있는 것을 너희가 알리라." 고 말씀하셨습니

다. 예수님의 이 말씀은 성부와 성자의 연합뿐 아니라 삼위일체 하나님과 성도도 연합된다는 것을 의미합니다. 여기서 '그날'은 '성령께서 강림하시는 날' 또는 '마지막 부활의 날'을 가리킵니다. 즉, 성령께서 강림하셔서 성도들의 마음에 거하심으로 말미암아 성도들이 하나님과 직접 대면하고(계 22:4) 진정한 연합을 이루게 되는 것입니다.

21절 나의 계명을 지키는 자라야 나를 사랑하는 자니 나를 사랑하는 자는 내 아버지께 사랑을 받을 것이요 나도 그를 사랑하여 그에게 나를 나타내리라

'나의 계명'은 예수님의 새 계명(13:34)을 가리킵니다. 예수님께서는 사랑의 계명을 늘 마음속에 간직하고 매일의 생활 가운데 행동으로 실천하는 자라야 진정 예수님을 사랑하는 자라고 강조하셨습니다. 그리고 이러한 자는 하나님에게서 사랑을 받을 것이며, 예수님께서도 사랑하여 자신을 그에게 나타내시겠다고 말씀하셨습니다.

그런데 우리는 이 말씀을 자칫 잘못 이해하여 우리가 예수님을 먼저 사랑하여 계명을 지켜야 비로소 하나님의 사랑을 받을 수 있다고 잘못 생각할 수 있습니다. 하나님께서는 예수님께 대한 우리의 사랑을 조건으로 하여 조건부적인 사랑을 베푸시는 분이 아닙니다. 오히려 하나님께서는 우리가 하나님을 대적하며 죄를 짓고 있을 때에도 무조건적인 사랑과 은혜를 베푸셨습니다. 뿐만 아니라 하나님께서는 우리를 사랑하셔서 우리의 죄를 대속하기 위하여 그 아들을 화목 제물로 주시기까지 하셨습니다(요일 4:10). 그래서 요한은 "우리가 사랑함은 그가 먼저 우리를 사랑하셨음이라"(요일 4:19)고 증언하고 있는 것입니다. 또한 예수님께서도 우리가

아직 죄인이던 때에 우리를 사랑하셔서 인간의 몸으로 이 세상에 오시고 십자가 대속의 죽음으로 그 사랑의 절정을 보이셨습니다(롬 5:8). 이러한 예수님의 사랑의 희생이 있었기에 우리는 예수 그리스도를 믿어 값없이 구원받고 예수님의 보혈로 죄 씻음을 받은 것입니다. 그러므로 우리는 사랑에 빚진 자로서 예수님의 계명을 지켜 그 사랑에 보답하여야 합니다. 이와 같이 우리가 예수님의 사랑의 계명을 실천할 때, 하나님께서는 더욱 큰 사랑을 우리에게 베푸시며 예수님을 체험하는 은혜를 주시는 것입니다.

3. 예수님께서 주시는 평안(14:22-31)

22. 가룟인 아닌 유다가 이르되 주여 어찌하여 자기를 우리에게는 나
타내시고 세상에는 아니하려 하시나이까 23. 예수께서 대답하여 이
르시되 사람이 나를 사랑하면 내 말을 지키리니 내 아버지께서 그를
사랑하실 것이요 우리가 그에게 가서 거처를 그와 함께 하리라 24.
나를 사랑하지 아니하는 자는 내 말을 지키지 아니하나니 너희가 듣
는 말은 내 말이 아니요 나를 보내신 아버지의 말씀이니라 25. 내가
아직 너희와 함께 있어서 이 말을 너희에게 하였거니와 26. 보혜사
곧 아버지께서 내 이름으로 보내실 성령 그가 너희에게 모든 것을 가
르치고 내가 너희에게 말한 모든 것을 생각나게 하리라 27. 평안을
너희에게 끼치노니 곧 나의 평안을 너희에게 주노라 내가 너희에게

주는 것은 세상이 주는 것과 같지 아니하니라 너희는 마음에 근심하
지도 말고 두려워하지도 말라 28. 내가 갔다가 너희에게로 온다 하는
말을 너희가 들었나니 나를 사랑하였더라면 내가 아버지께로 감을 기
뻐하였으리라 아버지는 나보다 크심이라 29. 이제 일이 일어나기 전
에 너희에게 말한 것은 일이 일어날 때에 너희로 믿게 하려 함이라
30. 이 후에는 내가 너희와 말을 많이 하지 아니하리니 이 세상의 임
금이 오겠음이라 그러나 그는 내게 관계할 것이 없으니 31. 오직 내
가 아버지를 사랑하는 것과 아버지께서 명하신 대로 행하는 것을 세
상이 알게 하려 함이로라 일어나라 여기를 떠나자 하시니라

22절 가룟인 아닌 유다가 이르되 주여 어찌하여 자기를 우리에게는 나타내시고 세상에는 아니하려 하시나이까

'가룟인 아닌 유다' 는 예수님의 열두 제자 가운데 한 사람으로서 야고보의 아들이며(눅 6:16; 행 1:13) 성경의 다른 곳에는 '다대오'(마 10:3; 막 3:18)라는 이름으로도 소개되어 있습니다. 성경에는 유다라는 이름이 많이 나오는데, 본 서를 기록한 요한이 본 서에서 '가룟인 아닌 유다' 라고 한 것은, 유다라는 이름을 가진 다른 사람들로 혼동하는 것을 피하고 특히 가룟 유다와 구별하기 위해서였습니다.

유다는 앞서 예수님께 질문했던 도마와 빌립처럼 예수님의 말씀이 뜻하는 영적 의미를 이해하지 못했습니다. 유다 역시 다른 제자들과 마찬가지로 예수님께서 이 세상을 통치하실 정치적인 메시아로 믿고 있었습니다. 이처럼 예수님을 영적 메시아가 아닌 정치적인 메시아로 믿고 있는 유다는 예수님께서 온 세상에 공개적으로 나타내지 않으시고 예수님

의 계명을 지키고 사랑하는 자에게만 나타내시겠다는 말씀을 도무지 이해할 수 없었습니다. 그래서 예수님에게 "주여, 어찌하여 자기를 우리에게는 나타내시고 세상에는 아니하려 하시나이까?" 라고 질문한 것입니다. 유다는 이 질문을 함에 있어서 '우리' 라는 말을 사용했는데, 이는 유다 자신뿐 아니라 다른 제자들도 모두 예수님의 말씀과 사역을 올바로 파악하지 못하고 있다는 것을 보여 줍니다. 제자들은 이제껏 예수님께서 수없이 말씀해 주셨음에도 불구하고 영적 메시아로서의 예수님의 사역과 성령 강림에 대해 전혀 이해하지 못했던 것입니다.

23-24절 예수께서 대답하여 이르시되 사람이 나를 사랑하면 내 말을 지키리니 내 아버지께서 그를 사랑하실 것이요 우리가 그에게 가서 거처를 그와 함께 하리라 나를 사랑하지 아니하는 자는 내 말을 지키지 아니하나니 너희가 듣는 말은 내 말이 아니요 나를 보내신 아버지의 말씀이니라

유다의 질문에 예수님께서는 "나를 사랑하는 자는 계명을 지키고, 나를 사랑하지 않는 자는 계명을 지키지 아니한다." 라고 답변하셨습니다.

예수님을 사랑하는 자는 예수님의 사랑의 계명을 늘 마음속에 간직하고 생활하는 가운데 실천하게 됩니다. 그리고 이로 인하여 하나님의 사랑을 받고 예수님과 연합되어 '예수님께서 내 안에 계시고 내가 예수님 안에 있는' 체험을 하게 됩니다. 이러한 체험은 성령께서 강림하심으로써 구체화되었습니다. 제자들은 예수님의 말씀을 이해할 수 없었지만, 훗날 성령 침례를 받고 난 후에는 밝히 알 수 있었습니다. 그래서 사도 요한은 그의 서신에 "그의 계명은 이것이니 곧 그 아들 예수 그리스도의 이

름을 믿고 그가 우리에게 주신 계명대로 서로 사랑할 것이니라 그의 계명을 지키는 자는 주 안에 거하고 주는 그의 안에 거하시나니 우리에게 주신 성령으로 말미암아 그가 우리 안에 거하시는 줄을 우리가 아느니라" (요일 3:23-24)고 기록하였습니다.

반면에 예수님을 사랑하지 아니하는 자는 예수님의 계명을 지키지 않습니다. 에덴동산에서의 첫 범죄 이후 인간은 죄 중에서 잉태되어서 죄악 중에서 출생하여(시 51:5) 하나님을 대적하며 살다가 죄악 가운데 죽어 멸망받게 되었습니다. 그런데 하나님께서 인간을 사랑하셔서 그들을 구원할 예수 그리스도를 보내 주신 것입니다. 그리하여 누구든지 예수 그리스도를 믿기만 하면 구원받게 된 것입니다. 그러나 마음이 완악하고 강퍅하여 끝내 예수님을 믿기를 거부하고 나아가 예수님과 성도들을 미워하고 대적하는 자들은, 예수님의 말씀에 대한 불순종과 불신앙으로 인하여 구원받지 못하고 멸망할 수밖에 없습니다. 그러므로 성경에 "우리는 형제를 사랑함으로 사망에서 옮겨 생명으로 들어간 줄을 알거니와 사랑하지 아니하는 자는 사망에 머물러 있느니라"(요일 3:14)고 기록되어 있는 것입니다.

"너희가 듣는 말은 내 말이 아니요 나를 보내신 아버지의 말씀이니라". 예수님께서는 자신의 하는 말이 모두 하나님의 말씀임을 밝히셨습니다. 예수님께서는 하나님의 보내심을 받은 자로서 하나님의 뜻대로만 말씀하시고 행동하셨으며, 예수님 스스로가 하나님의 말씀이시며 하나님과 하나로 연합된 분이시기 때문에 예수님의 말씀이 곧 하나님의 말씀인 것입니다.

25-26절 내가 아직 너희와 함께 있어서 이 말을 너희에게 하였거니와 보혜사 곧 아버지께서 내 이름으로 보내실 성령 그가 너희에게 모든 것을 가르치고 내가 너희에게 말한 모든 것을 생각나게 하리라

제자들과 함께 계시면서 그들에게 하나님의 여러 가지 진리의 말씀을 해 주시던 예수님께서 승천하시면 보혜사 성령께서 강림하십니다. 성부 하나님께서 예수 그리스도의 이름으로 보내실 성령은 자기 자신에 대해서 말씀하시지 않으시고 오직 예수 그리스도에 대해서 말씀하십니다. 즉, 성령께서는 예수 그리스도의 십자가 보혈의 공로와 구원에 대해서 증언하십니다.

또한 보혜사 성령께서는 성도들에게 진리를 가르치시고 깨우쳐 주십니다. 성령께서 조명해 주셔야 비로소 성경 말씀이 마음속에 분명하게 깨달아지고 꿀송이보다 더 달게 되는 것입니다. 이처럼 성령께서 가르쳐 주시고 깨우쳐 주심으로 인간의 이성이나 생각으로는 도저히 이해할 수 없던 영적인 지식을 깨닫게 되면 마음속에 기쁨이 넘쳐 나게 됩니다. 그렇기 때문에 우리가 늘 기쁨으로 충만한 삶을 살기 위해서는 말씀과 성령으로 충만하여야 하는 것입니다.

그리고 성령께서는 필요할 때 적절한 하나님의 말씀을 기억나게 해 주십니다. 그리고 성령께서는 우리로 하여금 진심으로 죄를 통회하고 자복하며 회개하게 하시고 우리를 위로해 주십니다. 슬퍼하고 절망하고 낙심할 수밖에 없는 처지에 있을지라도 성령께서 함께하시면 마음에 위로를 받고 시험과 환난을 이겨낼 수 있는 큰 힘을 얻게 되는 것입니다.

나아가 성령께서는 우리를 거룩하게 해 주십니다. 세상의 더럽고 추

악한 죄에서 우리를 분리시켜 주시는 것은 성령의 역사밖에 없습니다. 하나님의 영인 성령께서는 먼지와 티끌을 태우듯이 우리 가운데서 죄악과 정욕을 태워 정결하게 해 주십니다.

뿐만 아니라 성령께서는 우리에게 열심과 능력을 주시고 우리의 앞길을 인도해 주십니다. 성령께서는 말씀, 소원, 꿈, 환경 등을 통해 우리를 인도해 주십니다. 이러므로 신앙생활을 하는 데 있어서 성령의 중요성을 간과할 수 없습니다. 사도 바울은 에베소 지방을 방문했을 때 그곳의 성도들에게 "너희가 믿을 때에 성령을 받았느냐?"라고 물어보고, 성령에 대해 무지한 그들에게 안수하여 성령 침례를 베풀었으며(행 19:1-7), 그 후 에베소 교회에 보내는 그의 서신에서 "오직 성령으로 충만함을 받으라"(엡 5:18)고 당부했는데, 이는 신앙생활에 있어서의 성령의 필요성과 중요성을 보여 줍니다. 우리가 말세에 세상의 거센 세파와 육신의 연약함을 이기고 승리하는 신앙생활을 하려면 반드시 성령 충만함을 받아야 하는 것입니다.

27절 평안을 너희에게 끼치노니 곧 나의 평안을 너희에게 주노라 내가 너희에게 주는 것은 세상이 주는 것과 같지 아니하니라 너희는 마음에 근심하지도 말고 두려워하지도 말라

세상이 주는 평안은 재물, 지위, 명예, 권세 등 외적인 요인에 기인한 일시적인 평안입니다. 그렇기 때문에 시간이 지나고 그 조건이 없어지면 마음의 평안이 사라지고 그 대신 불안과 공포가 다가오게 됩니다. 그러나 예수님께서 주시는 평안은 영원하고 조건 없는 절대적인 평안입니다. 이러한 예수 그리스도의 평안은 성령 충만할 때 누릴 수 있습니다. 자신

의 힘과 수단과 능력을 의지하는 자에게는 근심과 염려가 다가오지만, 구원의 확신을 갖고 하나님을 믿고 의지하며 성령의 인도하심을 받는 사람은 성령께서 주시는 그리스도의 평안이 그 마음속에 충만하게 되는 것입니다.

근심과 두려움은 하나님으로부터 온 것이 아닙니다(딤후 1:7). 성경에는 "너희 염려를 다 주께 맡기라 이는 그가 너희를 돌보심이라"(벧전 5:7)고 기록되어 있습니다. 이 말씀은 염려를 예수님께 맡기면 예수님께서 돌보아 주신다는 것입니다. 또한 사도 바울은 "아무 것도 염려하지 말고 다만 모든 일에 기도와 간구로, 너희 구할 것을 감사함으로 하나님께 아뢰라 그리하면 모든 지각에 뛰어난 하나님의 평강이 그리스도 예수 안에서 너희 마음과 생각을 지키시리라"(빌 4:6-7)고 하였습니다. 우리가 근심과 염려를 모두 주님께 맡기고 하나님께 기도할 때 모든 문제가 해결되어 사라지고 마음에 평안을 얻게 되는 것입니다.

28절 내가 갔다가 너희에게로 온다 하는 말을 너희가 들었나니 나를 사랑하였더라면 내가 아버지께로 감을 기뻐하였으리라 아버지는 나보다 크심이라

"내가 갔다가 너희에게로 온다."는 예수님의 말씀에는 두 가지 의미가 담겨 있습니다. 첫째, 예수님께서 성령으로 성도들의 마음에 와 계시겠다는 것을 의미합니다. 성령은 예수님의 영이시기 때문에 비록 성령을 눈으로 직접 볼 수 없을지라도 성령 침례를 받은 사람은 그 마음속에 예수님께서 함께하고 계심을 알 수 있습니다.

둘째, 예수님의 재림을 의미합니다. 예수님께서 호령과 천사장의 소

리와 하나님의 나팔 소리로 친히 하늘로부터 강림하실 때, 그리스도 안에서 죽은 자들이 먼저 일어나고 그 후에 살아남은 자들도 신령한 몸으로 변화되어 공중에서 주님을 만나 영접하게 될 것입니다(살전 4:16-17).

예수님께서는 자신이 하나님께로 다시 돌아갈 것을 제자들에게 여러 번 말씀하셨습니다(7:33; 14:12; 16:5, 28). 예수님께서는 이 세상에서 이루어야 할 구원 사역을 다 마치신 후에 더 이상 이 땅에 머물러 계실 필요가 없었습니다. 이제 예수님께서는 하나님 나라로 돌아가 영광을 받을 일이 남아 있는 것입니다. 그러나 제자들은 예수님을 단지 정치적인 메시아로 믿고 사랑하였기에 예수님께서 떠나신다는 말에 모두 낙심하고 슬퍼했습니다. 이에 예수님께서는 제자들에게 그들이 예수님을 영적 메시아로 믿고 사랑했다면 예수님과의 이별을 기뻐하였으리라고 지적하셨습니다.

"아버지는 나보다 크심이라". 이 말씀은 성부 하나님의 뜻에 대해 절대 복종하는 성자 예수님의 순종적이며 겸손한 자세를 보여 줍니다. 예수님께서는 근본 하나님의 본체이시나 하나님과 동등됨을 취할 것으로 여기지 아니하시고 오히려 자기를 비어 종의 형체를 가져 사람들과 같이 되셨습니다(빌 2:6-7). 예수님께서는 하나님의 뜻에 순종하여 성부 하나님의 보내심을 받고 그분의 뜻을 이루시기 위해 하나님의 영광을 버리고 비천한 인간으로 오셔서 십자가의 모진 수모와 고통을 당하신 것입니다. 이와 같이 예수님의 생애는 하나님의 영광을 위한 것이었으며, 스스로를 낮추는 겸손의 모범을 보인 삶이었습니다.

29절 이제 일이 일어나기 전에 너희에게 말한 것은 일이 일어날 때에 너희로 믿게 하려 함이라 지금까지 예수님께서 제자들에게 장차 있을 일들에 대해서 자세히 말씀해 주신 이유는 '일이 일어날 때에 믿게 하려 함' 이었습니다. 비록 제자들이 지금 당장은 예수님의 말씀을 알아듣지 못하였지만, 앞으로 예수님께서 자신의 말씀대로 체포되어 십자가에 못 박혀 죽으셨다가 부활, 승천하시고 성령께서 강림하시는 일련의 사건을 겪으면서 제자들은 예수님의 말씀을 기억하고 예수님을 영적인 메시아로 믿게 될 것이었습니다. 예수님께서는 제자들이 장차 이러한 일들을 겪을 때 낙심하거나 실족하지 않게 하기 위해서 장래의 일들을 예언해 주심으로써 그들로 하여금 마음의 준비를 하도록 해 주셨습니다.

30절 이 후에는 내가 너희와 말을 많이 하지 아니하리니 이 세상의 임금이 오겠음이라 그러나 그는 내게 관계할 것이 없으니

예수님께서는 제자들과 많은 대화를 나눌 시간이 없다는 것을 알고 계셨습니다. 이제는 고난받을 때가 임박했기 때문에 예수님께서는 이를 묵묵히 감당하기 위해 마음의 준비를 하시려고 했습니다. 그래서 예수님께서는 "이 후에는 내가 너희와 말을 많이 하지 아니하리니 이 세상의 임금이 오겠음이라." 고 말씀하셨습니다. 여기서 '이 세상의 임금' 은 공중의 권세 잡은 사탄을 가리킵니다. 예수님께서는 사탄이 유대인들의 마음을 선동하고 가룟 유다의 마음을 사로잡아 예수님을 십자가에 못 박아 죽이려고 역사하는 것을 알고 계셨습니다. 사탄은 예수님을 죽이면 자기가 승리하는 줄로 착각하고 있었습니다. 그러나 예수님께서는 오히려 이 죽음이 인류의 구원을 이루기 위해 반드시 거쳐야 할 과정이며, 죽음에서 다시 살아남으로써 궁극적으로 사탄에게서 승리를 거둘 것이라

는 사실을 잘 알고 계셨습니다. 그러기에 예수님께서는 죽음과 저주의 쓴 잔을 피하시지 않고 기꺼이 받아 마심으로 구원 사역을 다 이루시고 영광을 받으신 것입니다. 이는 "내가 너로 여자와 원수가 되게 하고 네 후손도 여자의 후손과 원수가 되게 하리니 여자의 후손은 네 머리를 상하게 할 것이요 너는 그의 발꿈치를 상하게 할 것이니라"(창 3:15)는 하나님의 구원 약속이 이루어졌음을 알게 해 줍니다. 하나님의 약속대로 여자의 후손으로 오신 예수님께서 십자가 죽음과 부활을 통해서 사탄의 권세를 깨뜨리신 것입니다.

한편 예수님께서는 이 후에는 말을 많이 하지 않으시겠다고 말씀하셨는데, 과연 그 말씀대로 그 후 십자가에 못 박혀 운명하실 때까지 별로 말씀하시지 않았습니다. 심지어 자신을 심문하는 대제사장과 빌라도 총독과 헤롯 앞에서도 꼭 필요한 대답 외에는 침묵을 지키셨습니다. 이는 "그가 곤욕을 당하여 괴로울 때에도 그의 입을 열지 아니하였음이여 마치 도수장으로 끌려가는 어린 양과 털 깎는 자 앞에서 잠잠한 양같이 그의 입을 열지 아니하였도다"(사 53:7)라고 기록한 이사야 선지자의 예언을 성취하였음을 보여 줍니다.

"그는 내게 관계할 것이 없으니". 이 말씀은, 사탄은 예수님께서 갖고 계신 속성 중 하나라도 취할 수 없다는 뜻입니다. 근본 하나님이신 예수님과 하나님의 대적자인 사탄은 모든 면에서 상반되고 무관할 수밖에 없습니다. 예수님의 죽음조차 예수님 스스로 하나님의 뜻에 절대 순종하여 택하신 것이었을 뿐, 사탄과는 아무 상관이 없는 일이었습니다.

31절 오직 내가 아버지를 사랑하는 것과 아버지께서 명하신 대로 행

> 하는 것을 세상이 알게 하려 함이로라 일어나라 여기를 떠나자 하시니라

예수님께서 죽음을 당하신 것은 사탄에게 패배하였음을 의미하는 것이 아니라 성부 하나님께 대한 예수님의 사랑과 순종에서 기인한 것이었습니다. 그러나 세상은 예수님께서 하시는 말씀을 듣고 수많은 기적을 행하시는 것도 목격했지만, 예수님께서 하나님의 보내심을 받고 이 세상에 구원을 주시기 위해 오신 하나님의 아들 메시아라는 사실을 전혀 몰랐습니다. 그렇기 때문에 예수님께서는 하나님께 대한 사랑의 표현인 순종을 보이심으로써 세상에 자신을 증거하셨습니다. 예수님께서는 하나님을 사랑하셔서 하나님의 명하신 대로 십자가에 못 박혀서 몸 찢기고 피 흘리고 죽으셨습니다. 그러므로 이러한 예수님의 사랑과 순종으로 말미암아 구원의 뜻을 이루시고 영광 받으신 하나님께서는 예수님에게 부활의 영광과 권세를 주셨으며, 죄인 되었던 우리에게 구원의 문을 열어 주신 것입니다.

"일어나라 여기를 떠나자". 이제 예수님께서는 제자들에게 함께 떠나자고 권유하시고 계십니다. '여기' 는 마가 요한의 다락방을 가리킵니다. 예수님께서는 가룟 유다를 제외한 열한 명의 제자들과 함께 마가 요한의 다락방을 떠나 겟세마네 동산을 향하여 발걸음을 옮기고 계십니다. 그곳은 죽음을 준비할 곳이요, 또한 죽음으로 이어진 고난이 시작될 곳이며, 예수님의 예언이 성취되기 시작하고 있음을 보여 줄 곳이므로 예수님께서는 제자들을 데리고 가서 이를 확인시켜 주시려고 하셨습니다.

제 15 장

포도나무 비유

A COMMENTARY
ON THE GOSPEL OF
JOHN Ⅱ

'포도나무 비유의 장' 으로 잘 알려진 본 장은 예수 그리스도와 성도들의 관계, 성도들 상호간의 관계, 성도들과 세상과의 관계를 보여 줍니다.

예수님께서는 하나님을 농부로, 자신을 참포도나무로, 성도들을 그 가지로 비유하여 말씀하셨습니다. 예수님께서는 이 비유를 통해, 참포도나무인 예수님과 그 가지인 성도들은 사랑으로 연합되어 있음을 강조하셨습니다. 그리고 예수님과 더불어 사랑의 연합체를 이룬 성도들은 사랑을 실천할 의무가 있으며, 마귀가 권세를 잡고 있는 이 세상으로부터 미움을 받게 된다는 것을 가르쳐 주셨습니다.

1. 참포도나무와 가지의 비유(15:1-11)

1. 나는 참포도나무요 내 아버지는 농부라 2. 무릇 내게 붙어 있어
열매를 맺지 아니하는 가지는 아버지께서 그것을 제거해 버리시고
무릇 열매를 맺는 가지는 더 열매를 맺게 하려 하여 그것을 깨끗하게
하시느니라 3. 너희는 내가 일러준 말로 이미 깨끗하여졌으니 4. 내
안에 거하라 나도 너희 안에 거하리라 가지가 포도나무에 붙어 있지
아니하면 스스로 열매를 맺을 수 없음 같이 너희도 내 안에 있지 아
니하면 그러하리라 5. 나는 포도나무요 너희는 가지라 그가 내 안
에, 내가 그 안에 거하면 사람이 열매를 많이 맺나니 나를 떠나서는
너희가 아무것도 할 수 없음이라 6. 사람이 내 안에 거하지 아니하
면 가지처럼 밖에 버려져 마르나니 사람들이 그것을 모아다가 불에
던져 사르느니라 7. 너희가 내 안에 거하고 내 말이 너희 안에 거하
면 무엇이든지 원하는 대로 구하라 그리하면 이루리라 8. 너희가 열
매를 많이 맺으면 내 아버지께서 영광을 받으실 것이요 너희는 내 제
자가 되리라 9. 아버지께서 나를 사랑하신 것같이 나도 너희를 사랑
하였으니 나의 사랑 안에 거하라 10. 내가 아버지의 계명을 지켜 그

의 사랑 안에 거하는 것같이 너희도 내 계명을 지키면 내 사랑 안에 거하리라 11. 내가 이것을 너희에게 이름은 내 기쁨이 너희 안에 있어 너희 기쁨을 충만하게 하려 함이라.

1절 나는 참포도나무요 내 아버지는 농부라

포도나무는 팔레스타인 지역에서 흔히 볼 수 있으므로 유대인들에게 친숙한 식물입니다. 특히 성경에서 포도나무는 종종 이스라엘을 상징하는 것으로 표현됩니다(시 80:8; 사 5:1; 27:2; 렘 2:21; 12:10; 겔 17:6; 호 10:1; 마 21:33; 막 12:1; 눅 20:9). 일찍이 하나님께서는 이스라엘을 '순전한 참종자, 곧 귀한 포도나무'로 심으셨으나, 이스라엘은 하나님을 배반하여 악한 들포도나무의 가지가 되었습니다(렘 2:21). 하나님의 구원 사역을 위해서 특별히 택함받은 이스라엘이 자신의 사명과 본분을 망각하고 이방인들과 마찬가지로 우상을 숭배하고 죄악의 길로 치달았던 것입니다. 이에 하나님께서는 선지자들을 통해 이스라엘과 새 언약을 맺으실 것과 메시아를 보내 주실 것을 약속하시고, 약속하신 대로 때가 되자 그의 독생자이신 예수님을 이 세상에 참포도나무로 보내셨습니다. 그리고 하나님께서 친히 농부가 되셔서 참포도나무가 되신 예수님을 통하여 농사를 짓고 계십니다. 농부 되신 하나님께서는 이 세상이라는 밭에 참포도나무인 예수님을 심으시고 그 가지된 그리스도인들을 통하여 열매를 많이 맺도록 관리하시는 것입니다.

2절 무릇 내게 붙어 있어 열매를 맺지 아니하는 가지는 아버지께서 그것을 제거해 버리시고 무릇 열매를 맺는 가지는 더 열매를 맺

게 하려 하여 그것을 깨끗하게 하시느니라

우리는 예수 그리스도를 믿음으로써 참포도나무 되신 예수님께 접붙은 가지가 되었습니다. 우리는 죄악으로 가득한 세상에 속해 있지만 하나님의 부르심을 받고 택하심을 입어서 세상에서 끊어져 예수님께 접붙임 받은 것입니다.

과실나무의 가지에 열매가 열리듯이, 참포도나무의 가지된 우리는 참포도 열매를 맺을 의무가 있습니다. 열매 맺지 못하는 가지는 잘려 버려질 뿐입니다. 농부는 쓸모없는 가지를 쳐버림으로써 다른 가지들이 더 많은 양분을 공급받고 더욱 풍성히 결실할 수 있도록 합니다. 이와 마찬가지로 농부 되신 하나님께서는 열매 맺지 못하는 가라지 교인들을 제해 버리시고 열매를 주렁주렁 잘 맺는 성도들이 열매를 더욱 풍성히 맺을 수 있도록 보살펴 주시는 것입니다. 그러므로 가지된 우리는 좋은 열매를 풍성히 맺어 하나님을 기쁘시게 해 드려야 합니다.

그러면 하나님께서 우리로 하여금 맺기를 원하시는 열매는 어떤 것일까요? 우리가 맺어야 하는 열매는 크게 내적인 열매와 외적인 열매, 이렇게 두 종류가 있습니다.

내적인 열매는 각 개인이 하나님 앞에서 맺는 열매로서 고린도전서 1장 30절에 잘 나타나 있습니다. "너희는 하나님으로부터 나서 그리스도 예수 안에 있고 예수는 하나님으로부터 나와서 우리에게 지혜와 의로움과 거룩함과 구원함이 되셨으니". 이 말씀을 보면, 우리가 예수님께 접붙임 받음으로써 맺게 되는 네 가지 열매가 언급되어 있습니다. 첫째, 우리는 지혜의 열매를 맺게 됩니다. 예수 그리스도에게 접붙임 받으면 예수님께서 우리의 지혜가 되어 주셔서 우리의 생각과 언행이 지혜롭게 되는 것입니다. 둘째, 예수 그리스도 안에서 우리는 의로움의 열매를 맺게 됩니다. 예수 그리스도로 말미암아 과거의 죄, 현재의 죄, 미래의 죄를 다 탕감받고, 하나님으로부터 한 번도 죄를 짓지 않은 의인으로 인정받고, 의롭게 살게 되는 것입니다. 셋째, 거룩함의 열매를 맺게 됩니다. 예수님께서 우리 속에 들어오시면 음란하고 방탕하고 추하고 더러운 생활에서 멀어지게 됨으로 우리의 생활이 밝고 맑고 깨끗하며 거룩해지는 것입니다. 넷째, 우리는 구원함의 열매를 맺게 됩니다. 첫 사람 아담의 범죄로 인하여 아담의 후손으로 태어난 이 세상의 모든 사람은 죄의 종, 마귀의 종으로 살게 되었습니다. 그러나 예수 그리스도께서 십자가에서 흘리신 보혈을 믿는 자는 누구든지 마귀에게서 놓여나게 되는 것입니다. 우리가 예수님께 접붙임 받음으로써 맺는 구원함의 열매는 죄에서의 구원에만 한정되는 것이 아닙니다. 연약함과 질병과 저주와 죽음에서도 구원함을 받게 됩니다. 그리하여 병 고침 받고 강건해지며 축복과 영생의 열매를 맺게 되는 것입니다.

외적인 열매는 내적인 열매와 달리 겉으로 드러나는 것으로 예수 그리스도를 믿지 않는 사람들에게 전도하여 그 영혼을 주님께로 인도하는 전도의 열매입니다. 성경에는 "하나님은 업신여김을 받지 아니하시나니 사람이 무엇으로 심든지 그대로 거두리라"(갈 6:7)고 기록되어 있습니다. 우리가 예수 그리스도를 믿지 않는 영혼을 주님께로 인도하면 하나님께서는 우리에게 그만큼 더 은혜를 부어 주십니다. 다른 사람들을 구원의 길로 인도할수록 우리의 신앙은 더욱 굳어지고 강해지며 힘이 생겨나게 되는 것입니다. 그리고 이처럼 많은 사람을 의로운 길로 인도할 때 우리가 하늘의 별과 같이 빛나는 복을 받게 되는 것입니다(단 12:3).

나무는 열매를 보고 압니다. 좋은 나무에서는 좋은 열매가 맺히고, 악한 나무에서는 악한 열매가 맺힙니다(마 7:16-18; 눅 6:43-44). 그러므로 예수님께 접붙은 가지된 우리는 이 세상에서 사는 동안에 하나님께서 원하시는 열매를 풍성히 맺어야 합니다. 오직 믿음과 순종의 자세를 견지하고 예수님께서 공급해 주시는 수액을 받아서 내적인 열매, 외적인 열매를 풍성히 맺어야 하는 것입니다.

3절 너희는 내가 일러준 말로 이미 깨끗하여졌으니

본 절의 말씀은, 예수님의 말씀을 들을 때 깨끗하게 된다는 말입니다. 우리가 말씀을 사모하며 들을 때 그 말씀이 영적인 생수가 되어서 우리의 마음속에 있는 염려, 근심, 불안, 초조, 절망, 음란, 방탕, 추악 등 온갖 더럽고 부정적인 요소들을 씻어 냅니다. 말씀을 듣고 읽을 때 우리의 속사람은 깨끗하게 씻기고, 나아가 하나님 앞에 더욱 많은 열매를 맺을 수 있게 되는 것입니다. 그러므로 우리는 말씀 대하기를 등한히 하면 안 됩니다. 우리가 말씀을 읽고 듣는 일을 등한히 하면 자신도 모르는 사이에 마음속에 세상 것들이 들어와 더럽힘으로 말미암아 마음이 둔하여지고 점점 타락하게 되는 것입니다. 그러므로 마음을 깨끗하게 지키기 위해서 우리는 항상 말씀을 읽고, 듣고, 묵상해야 합니다.

4절 내 안에 거하라 나도 너희 안에 거하리라 가지가 포도나무에 붙어 있지 아니하면 스스로 열매를 맺을 수 없음 같이 너희도 내 안에 있지 아니하면 그러하리라

가지가 나무에서 떨어진 채로 열매를 맺을 수 없습니다. 가지는 나무

에 붙어 있음으로써 나무로부터 물과 양분을 공급받아 꽃을 피우고 열매도 맺는 것입니다. 이와 마찬가지로 가지된 성도들은 포도나무 되신 예수님 안에 연합해 있을 때 비로소 열매를 맺을 수 있습니다. 그래서 예수님께서 "내 안에 거하라" 고 말씀하신 것입니다.

그러면 우리가 예수님 안에 거하기 위해서 어떻게 해야 할까요?

우리가 예수님 안에 거하기 위해 가장 먼저 해야 할 일은 예수님을 나의 구주로 영접하는 것입니다. 그리고 우리는 예수님 안에 거하기 위해서 성령 충만함을 받아야 합니다. 뿐만 아니라 우리의 생활이 믿음과 순종의 생활이 될 때 우리가 예수님 안에 거할 수 있습니다. 믿음과 순종의 생활이란 하나님의 말씀에 절대 믿음을 갖고 순종하며 하나님 중심으로 사는 것을 의미합니다. 우리가 하나님 중심으로 바로 서서 하나님의 영광을 위하여 믿음과 순종의 자세로 살아갈 때, 우리는 예수님 안에 거하고, 예수님께서 우리 안에 거하시게 되는 것입니다.

5절 나는 포도나무요 너희는 가지라 그가 내 안에, 내가 그 안에 거하면 사람이 열매를 많이 맺나니 나를 떠나서는 너희가 아무것도 할 수 없음이라

가지는 나무에 붙어 있어야 생명을 유지할 수 있습니다. 나무에 붙어 있어 충분한 수분과 양분을 공급받을 때 그 가지에 아름다운 꽃과 잎이 피고 열매도 맺히는 것입니다. 이와 마찬가지로 가지된 우리가 포도나무 되신 예수님 안에 거하고 예수님께서 우리 안에 계실 때 우리는 많은 열매를 맺을 수 있습니다. 뿐만 아니라 우리가 믿음과 순종으로 예수님과 연합해 있으면 무엇이든지 할 수 있게 됩니다. 그것은 우리 안에 계신 성

령께서 우리가 예수님 안에서 하는 모든 일을 능히 감당할 수 있도록 능력을 공급해 주시기 때문입니다. 그래서 우리가 사도 바울처럼 "내게 능력 주시는 자 안에서 내가 모든 것을 할 수 있느니라"(빌 4:13)고 담대히 외치며 능력 있는 신앙생활을 할 수 있는 것입니다.

6절 사람이 내 안에 거하지 아니하면 가지처럼 밖에 버려져 마르나니 사람들이 그것을 모아다가 불에 던져 사르느니라

가지는 나무에 붙어 있지 않으면 더 이상 가지로서의 역할을 할 수 없습니다. 나무에서 꺾여 생명력을 잃은 쓸모없는 가지는 땔감밖에 되지 못합니다. 이와 마찬가지로 성도도 예수님 안에 거하지 않으면 나무에서 잘려 나간 가지와 같은 신세가 됩니다. 예수님께서 재림하실 때, 예수님과 연합하지 않은 불신자들은 영원히 꺼지지 않는 지옥 불에 던져져서 영원토록 죽음의 고통을 당하게 될 것입니다(마 13:37-42).

7절 너희가 내 안에 거하고 내 말이 너희 안에 거하면 무엇이든지 원하는 대로 구하라 그리하면 이루리라

예수님께서는 우리가 예수님 안에 거하고 예수님의 말씀이 우리 안에 거하면 기도의 응답을 받는다고 말씀하셨습니다. 예수님 안에서 말씀이 마음속에 깨달아지고 말씀에 대한 믿음이 생길 때 그 말씀을 붙잡고 기도하면 하나님께서 응답해 주신다는 것입니다. 이것은 곧 예수 그리스도 안에서 성령께서 우리에게 주시는 마음의 소원은 무엇이든지 구하는 대로 하나님께서 다 이루어 주신다는 약속입니다. 이러한 약속의 말씀은 시편에서도 언급되어 있습니다. 하나님의 마음에 합한 자였던 다윗

은 그의 시편에서 "야훼를 기뻐하라 그가 네 마음의 소원을 네게 이루어 주시리로다"(시 37:4)라고 노래하였습니다. 우리의 마음에 소원을 주고 기도하게 하는 것은 주님의 말씀으로만 말미암습니다. 그러므로 우리가 신앙생활을 하면서 기도의 응답을 받기 원한다면 예수님과 연합하여 그분의 말씀을 늘 읽고 묵상하며 그 말씀이 우리의 마음을 지배하도록 해야 하는 것입니다.

8절 너희가 열매를 많이 맺으면 내 아버지께서 영광을 받으실 것이요 너희는 내 제자가 되리라

나무에 든든히 붙어 있는 건강한 나뭇가지는 싱그러운 잎을 내고 아름다운 꽃을 피우며 충실한 열매를 풍성히 맺습니다. 그리고 이러한 개화와 결실은 그 나뭇가지가 건재하는 동안 계속적으로 반복됩니다. 이러한 자연의 법칙은 예수님과 성도 사이에서도 동일하게 적용됩니다. 마치 포도나무로부터 물과 양분을 공급받아 그 가지에 포도송이가 탐스럽게 열리듯이, 성도는 예수님께 연합됨으로써 충실한 열매를 풍성히 맺을 수 있습니다.

신앙의 열매는 단번에 맺어지는 것이 아니라 성도의 일생을 통하여 계속적으로 맺어집니다. 예수님과 연합하여 계속적으로 결실할 때, 우리는 점점 더 예수님의 형상대로 닮아 가는 참 제자가 됩니다. 뿐만 아니라 충실한 열매를 풍성히 맺는 성도를 통하여 하나님께서는 영광을 받으십니다. 이러므로 우리는 하나님께 영광을 돌리고 예수님의 참제자가 되기 위해서 오직 믿음, 오직 순종으로 우리의 생활 가운데 지혜의 열매, 의의 열매, 거룩함의 열매, 죄 사함의 열매, 성령 충만의 열매, 건강의 열매, 축

복의 열매, 영생의 열매, 영혼 구원의 열매를 주렁주렁 맺어야겠습니다.

9절 아버지께서 나를 사랑하신 것같이 나도 너희를 사랑하였으니 나의 사랑 안에 거하라

기독교의 근본정신은 사랑입니다. 왜냐하면 하나님께서는 사랑이시기 때문입니다(요일 4:16). 사랑이신 하나님께서는 그분의 독생자인 예수님을 측량할 수 없을 정도로 지극히 사랑하셨습니다. 그런데 성부 하나님께서 예수님을 사랑하신 것같이 예수님께서도 우리를 사랑하신다고 하셨습니다. 그리고 이러한 예수님의 사랑은 예수님의 성육신과 구원 사역을 통하여 증명되었습니다. 예수님께서는 우리를 위하여 영광스러운 하늘 보좌를 버리시고 인간의 몸으로 이 땅에 오셨습니다. 그리고 죄로 인하여 죽음 가운데 있는 우리의 죄를 대신 짊어지시고 십자가에 못 박혀 죽기까지 우리를 사랑하셨습니다. 이러한 예수님의 사랑과 희생이 있었기 때문에 우리에게 구원의 문이 열린 것입니다. 바로 이 예수님의 사랑 안에 거할 때, 우리가 영혼이 잘됨같이 범사에 잘되고 강건한 복을 받아 누리게 됩니다(요삼 1:2).

10절 내가 아버지의 계명을 지켜 그의 사랑 안에 거하는 것같이 너희도 내 계명을 지키면 내 사랑 안에 거하리라

참된 사랑의 관계에는 순종과 희생이 뒤따릅니다. 사랑을 베푸시는 성부 하나님께 대하여 예수님께서는 계명을 지킴으로써 전적으로 순종하는 생애를 사셨습니다. 그리고 예수님께서는 산상 수훈에서 "내가 율법이나 선지자를 폐하러 온 줄로 생각하지 말라 폐하러 온 것이 아니요

완전하게 하려 함이라"(마 5:17)고 말씀하셨습니다. 이 말씀은 이 세상에서의 예수님의 생애가 하나님의 뜻에 순종하고 계명을 완전하게 한 것이었음을 일깨워 줍니다. 뿐만 아니라 예수님께서는 인간을 사랑하셔서 자신의 목숨까지 희생하셨습니다. 예수님의 이러한 순종과 희생이 있었기에 우리가 하나님과 화목하게 된 것입니다. 그러므로 우리가 예수 그리스도를 믿고 하나님의 은혜를 받으면, 예수님께서 하나님께 순종하셨듯이 우리도 주님께 순종하는 생활을 하여야 합니다. 그것은 곧 주님의 계명을 지킴으로써 우리의 생활 가운데 의를 드러내어야 한다는 것입니다. 예수님께서는 우리가 계명을 지킬 때 비로소 예수님의 사랑 안에 거할 수 있다고 말씀하셨습니다. 그러므로 우리는 우리의 생활 전체를 예수님의 사랑의 계명에서 어그러지지 않도록 늘 유의하고 순종하는 삶을 살아야겠습니다.

11절 내가 이것을 너희에게 이름은 내 기쁨이 너희 안에 있어 너희 기쁨을 충만하게 하려 함이라

예수님께서 이제까지 '포도나무 비유'를 말씀하신 목적이 밝혀지고 있습니다. 그것은 예수님의 기쁨이 우리 안에 있어 우리의 기쁨을 충만하게 하기 위함이라고 했습니다.

사랑을 하는 사람은 그 마음속에 기쁨이 충만하게 됩니다. 그리고 그 사랑을 받는 사람 역시 마음에 가득 차고 넘치는 기쁨을 느낍니다. 이와 같이 참 기쁨은 사랑에서 옵니다. 그러므로 서로 연합되어 있는 예수님과 성도는 사랑을 주고받음으로 기쁨이 충만하게 됩니다. 성도는 예수님의 계명을 지킴으로써 예수님께 기쁨이 되고, 예수님께서는 그 기쁨을

사랑하는 성도들에게 공급해 주심으로 예수님과 성도가 동일한 기쁨을 누리게 되는 것입니다.

2. 사랑의 계명(15:12-17)

12. 내 계명은 곧 내가 너희를 사랑한 것같이 너희도 서로 사랑하라
하는 이것이니라 13. 사람이 친구를 위하여 자기 목숨을 버리면 이
보다 더 큰 사랑이 없나니 14. 너희는 내가 명하는 대로 행하면 곧 나
의 친구라 15. 이제부터는 너희를 종이라 하지 아니하리니 종은 주
인이 하는 것을 알지 못함이라 너희를 친구라 하였노니 내가 내 아버
지께 들은 것을 다 너희에게 알게 하였음이라 16. 너희가 나를 택한
것이 아니요 내가 너희를 택하여 세웠나니 이는 너희로 가서 열매를
맺게 하고 또 너희 열매가 항상 있게 하여 내 이름으로 아버지께 무
엇을 구하든지 다 받게 하려 함이라 17. 내가 이것을 너희에게 명함
은 너희로 서로 사랑하게 하려 함이라

12절 내 계명은 곧 내가 너희를 사랑한 것같이 너희도 서로 사랑하라 하는 이것이니라

"내가 너희를 사랑한 것같이 너희도 서로 사랑하라". 예수님께서 주신 새 계명은 '사랑' 의 계명입니다. 예수님의 이 계명은 시내 산에서 모세가

받았던 십계명을 총괄한 것이라고 할 수 있습니다. 예수님께서는 마지막 유월절 식사 때 제자들에게 사랑의 새 계명을 말씀해 주셨습니다(13:34). 그런데 본 절에서 다시 한 번 언급하신 것은 특별한 이유가 있기 때문입니다. 그것은 장차 예수님의 뒤를 이어 복음을 땅 끝까지 전파할 제자들이 '사랑' 으로 사역을 감당해야 함을 일깨워 주시기 위함이었습니다.

13-14절 사람이 친구를 위하여 자기 목숨을 버리면 이보다 더 큰 사랑이 없나니 너희는 내가 명하는 대로 행하면 곧 나의 친구라

예수님께서는 친구를 위하여 자기 목숨을 버리는 사랑이 가장 큰 사랑이라고 말씀하셨습니다. 아무 대가 없이 단순히 친구를 위하여 자신의 목숨을 희생할 사람은 없을 것입니다. 그러나 예수님께서는 우리를 친구로 삼아 주시고, 우리를 위하여 자신의 목숨을 버리셨습니다. 이는 우리를 향한 예수님의 사랑이 더할 나위 없이 큰 사랑임을 증명해 줍니다. 우리는 예수님으로부터 받은 사랑만큼 큰 사랑의 빚을 진 자들입니다. 그러므로 우리는 사랑에 빚진 자로서 예수님께서 명하신 대로 이웃 사랑을 실천해야 하는 것입니다. 우리가 진정으로 이웃 사랑하기를 실천할 때, 예수님께서 우리를 친구로 인정해 주십니다.

15절 이제부터는 너희를 종이라 하지 아니하리니 종은 주인이 하는 것을 알지 못함이라 너희를 친구라 하였노니 내가 내 아버지께 들은 것을 다 너희에게 알게 하였음이라

종은 주인이 시키는 일만 할 뿐, 마음속에 있는 생각을 주인과 함께 대화하지는 않습니다. 반면에 친구끼리는 마음속의 생각이나 계획이나 비

밀까지도 서로 이야기합니다.

구약 시대에 하나님과 이스라엘의 관계는 주종 관계였다고 할 수 있습니다. 왜냐하면 하나님과 이스라엘은 언약을 맺음으로써 하나님께서는 이스라엘의 하나님이 되시고 이스라엘은 하나님의 백성이 되었지만, 이스라엘은 하나님의 뜻을 완전히 알지도 못한 채 맹목적으로 율법을 지켜야 했기 때문입니다.

그러나 예수님께서 이 세상에 오셔서 하나님께 들은 것을 다 우리에게 알게 하셨으므로 예수님과 우리는 친구 관계가 되었습니다. 구약 시대에 이스라엘은 마치 모세가 수건으로 자신의 얼굴을 가린 것처럼 하나님의 뜻을 부분적으로만 알 수 있었습니다. 그런데 예수님께서 오신 후 사람들은 예수님과 연합함으로써 "수건을 벗은 얼굴로 거울을 보는 것 같이" 하나님의 뜻을 알게 된 것입니다(고후 3:13-18). 한편 이와 같이 예수님과 친구 관계에 있음에도 불구하고 초대 교회 시대의 사도들은 물론 오늘날의 교역자들은 자신을 가리켜 '그리스도의 종'이라고 하는데, 이는 스스로 예수 그리스도를 섬기며 그분의 말씀에 전적으로 순종하는 삶을 살고자 헌신하였다는 의미로 하는 말입니다.

16절 너희가 나를 택한 것이 아니요 내가 너희를 택하여 세웠나니 이는 너희로 가서 열매를 맺게 하고 또 너희 열매가 항상 있게 하여 내 이름으로 아버지께 무엇을 구하든지 다 받게 하려 함이라

"너희가 나를 택한 것이 아니요 내가 너희를 택하여 세웠나니". 예수님께서는 제자들이 예수님을 택한 것이 아니라 예수님께서 제자들을 직접 택하셨다는 것을 상기시킴으로써 하나님의 주권을 강조하셨습니다.

믿음은 인간의 지식과 능력과 의지로 가질 수 있는 것이 아닙니다. 오로지 하나님의 주권적인 선택을 받음으로써 믿음이 생기는 것입니다. 오늘날 우리가 믿는 것도 성령께서 우리의 눈과 귀와 마음을 밝혀 주셨기 때문에 예수님을 구주로 깨닫고 믿는 것입니다. 그러므로 예수님께서 "나를 보내신 아버지께서 이끌지 아니하시면 아무도 내게 올 수 없으니 오는 그를 내가 마지막 날에 다시 살리리라 선지자의 글에 그들이 다 하나님의 가르치심을 받으리라 기록되었은즉 아버지께 듣고 배운 사람마다 내게로 오느니라"(6:44-45)고 말씀하신 것입니다.

예수님께서 제자들을 택하여 세우신 이유는 그들로 하여금 열매를 맺게 하기 위함입니다. 즉, 예수님께서는 제자들이 내면적으로 사랑과 희락과 화평과 오래 참음과 자비와 양선과 충성과 온유와 절제의 열매를 맺고, 외적으로 전도의 열매를 맺게 하기 위해서 제자들을 택하여 세우신 것입니다. 그리고 그 열매를 항상 있게 하여 예수님의 이름으로 구하는 모든 것을 다 받게 하려고 제자들을 택하여 세웠다고 하셨습니다. "너희로 가서 열매를 맺게 하고 또 너희 열매가 항상 있게 하여"라는 말은, 우리가 하루 이틀 또는 인생의 어느 특정 기간에만 열매를 맺는 것이 아니라 일평생 계속해서 열매를 맺어야 함을 보여줍니다. 열매를 많이 맺으려면 무엇보다도 예수님과 연합되어 끊임없이 주님과 교통해야 합니다. 우리가 주님과 교통하는 수단은 기도입니다. 우리가 마음을 찢고 주님께 간절히 부르짖어 기도할 때 성령께서 역사하셔서 우리의 믿음이 점점 성장하고, 사랑이 깊어지고, 소망이 선명해지고, 삶 가운데 내적인 열매, 외적인 열매가 주렁주렁 맺히게 되는 것입니다. 그러므로 예수님의 제자로 부름 받은 우리는 열매를 많이 맺고, 우리의 평생에 걸쳐 더욱 풍성한 결실을 맺을 수 있도록 기도에 열심을 내어야 하는 것입니다.

17절 내가 이것을 너희에게 명함은 너희로 서로 사랑하게 하려 함이라

예수님께서는 이제껏 제자들에게 말씀하신 것이 '서로 사랑하게 하려 함' 이라고 하셨습니다. 앞에서도 언급되었듯이(13:34; 15:12) 사랑의 계명을 실천할 것을 또다시 강조하시는 예수님의 명령은 그리스도인이면 어느 누구도 예외 없이 모두가 지켜야 하는 것입니다. 우리는 이웃 사랑을 실천함으로써 예수님의 사랑 안에 거할 수 있습니다. 그리고 예수님의 사랑 안에 거함으로써 하나님께 영광과 기쁨이 되는 열매를 많이 맺을 수 있게 되는 것입니다.

3. 세상의 미움(15:18-27)

**18. 세상이 너희를 미워하면 너희보다 먼저 나를 미워한 줄을 알라
19. 너희가 세상에 속하였으면 세상이 자기의 것을 사랑할 것이나 너희는 세상에 속한 자가 아니요 도리어 내가 너희를 세상에서 택하였기 때문에 세상이 너희를 미워하느니라
20. 내가 너희에게 종이 주인보다 더 크지 못하다 한 말을 기억하라 사람들이 나를 박해하였은즉 너희도 박해할 것이요 내 말을 지켰은즉 너희 말도 지킬 것이라
21. 그러나 사람들이 내 이름으로 말미암아 이 모든 일을 너희에게**

하리니 이는 나를 보내신 이를 알지 못함이라 22. 내가 와서 그들에게 말하지 아니하였더라면 죄가 없었으려니와 지금은 그 죄를 핑계할 수 없느니라 23. 나를 미워하는 자는 또 내 아버지를 미워하느니라 24. 내가 아무도 못한 일을 그들 중에서 하지 아니하였더라면 그들에게 죄가 없었으려니와 지금은 그들이 나와 내 아버지를 보았고 또 미워하였도다 25. 그러나 이는 그들의 율법에 기록된바 그들이 이유 없이 나를 미워하였다 한 말을 응하게 하려 함이라 26. 내가 아버지께로부터 너희에게 보낼 보혜사 곧 아버지께로부터 나오시는 진리의 성령이 오실 때에 그가 나를 증언하실 것이요 27. 너희도 처음부터 나와 함께 있었으므로 증언하느니라

18절 세상이 너희를 미워하면 너희보다 먼저 나를 미워한 줄을 알라

여기서 '세상'은 사탄의 권세 아래 있는 세계로, 죄악과 불의가 가득하여 하나님을 대적하는 세상을 말합니다. 원래 하나님께서는 첫 사람 아담에게 하나님의 피조 세계를 정복하고 다스릴 권세를 주셨습니다(창 1:28). 그러나 아담은 하나님께 범죄하였고, 그 결과 하나님의 저주를 받고 권세도 잃어버렸습니다. 아담의 범죄 이후, 인간은 아담으로부터 물려받은 원죄로 인하여 죄인으로 태어나 사탄의 권세 아래 있는 이 세상에서 죄의 종 노릇을 하며 살게 되었습니다. 하나님과의 사이에 두터운 죄의 벽이 가로막혀 있음으로 인하여 하나님과 분리되어 살아가는 인간들에게 소망이란 있을 수 없었습니다. 그러나 인간을 포기할 수 없었던 하나님의 사랑은 이처럼 절대 절망 가운데 있는 인간들에게 메시아를 보내주심으로 구현되었습니다. 인류를 구원할 메시아로서 이 세상에 오신 예수님께서는 천국 복음을 전파하시고, 수많은 병자를 치료하시고, 교훈을

주시고, 제자들을 훈련시키셨습니다. 그러나 이처럼 선한 사역을 하시는 예수님은 인간들에게 미움의 대상이 될 뿐이었습니다. 죄악과 불의가 가득한 세상에서 하나님을 대적하며 살아온 죄인들에게 있어서 예수님의 복음은 적대감을 팽배하게 하였던 것입니다. 그렇기 때문에 예수님은 물론 예수님을 진심으로 믿고 따르는 제자들은 세상 사람들로부터 아무런 까닭 없이 미움을 받았습니다. 세상 사람들은 그리스도인들이 하나님의 뜻대로 의롭고 성결하게 살려고 노력하는 것을 비웃고, 심지어 이를 이용하여 박해하기까지 하였습니다.

그런데 예수님께서는 이처럼 그리스도인들이 세상의 미움을 받는 것은 세상이 먼저 예수님을 미워하기 때문이라고 말씀하셨습니다. 예수님께서는 베뢰아 지역에서도 제자들에게 "내가 진실로 너희에게 이르노니 나와 복음을 위하여 집이나 형제나 자매나 어머니나 아버지나 자식이나 전토를 버린 자는 현세에 있어 집과 형제와 자매와 어머니와 자식과 전토를 백 배나 받되 박해를 겸하여 받고 내세에 영생을 받지 못할 자가 없느니라"(막 10:29-30)고 말씀하셨습니다. 그러므로 그리스도인들은 예수 그리스도를 믿음으로 인하여 복도 받지만 박해도 겸하여 받는다는 것을 각오해야 합니다.

우리 그리스도인들이 박해를 받는 것은, 우리가 세상 풍속을 좇아 살지 않고 하나님 나라의 풍속을 좇아 살기 때문입니다. 그러므로 신앙생활을 올바로 하다 보면 애매하게 박해를 받기도 하는 것입니다. 그러나 우리가 예수 그리스도를 믿음으로 인하여 박해를 받을 때에 오히려 하나님께 더욱 감사하며 참고 견디면 신앙의 승리를 거두고 하늘나라의 상급도 받게 됩니다. 예수님께서는 "의를 위하여 박해를 받은 자는 복이 있나니 천국이 그들의 것임이라 나로 말미암아 너희를 욕하고 박해하고 거짓으로 너희를 거슬러 모든 악한 말을 할 때에는 너희에게 복이 있나니 기뻐하고 즐거워하라 하늘에서 너희의 상이 큼이라"(마 5:10-12)고 말씀하셨습니다. 그리고 사도 바울도 "내가 그리스도를 위하여 약한 것들과 능욕과 궁핍과 박해와 곤고를 기뻐하노니 이는 내가 약한 그때에 강함이라"(고후 12:10)고 말하였고, 빌립보 교인들에게 보낸 그의 서신을 통해서도 "주 안에서 항상 기뻐하라"(빌 4:4)고 권면하였습니다. 그러므로 우리는 박해를 받을 때에 이상하게 생각하지 말고 그럴수록 하나님께 더욱 감사하며 참고 견뎌 우리의 믿음을 견고하게 하고, 마음속에 늘 기쁨과 평안이 넘치게 해야 하겠습니다.

19절 너희가 세상에 속하였으면 세상이 자기의 것을 사랑할 것이나 너희는 세상에 속한 자가 아니요 도리어 내가 너희를 세상에서 택하였기 때문에 세상이 너희를 미워하느니라

성도들은 이 세상에서 살고 있지만 이 세상에 속한 존재는 아닙니다. 예수님을 영접하기 이전에는 세상에 속한 자였지만, 예수님을 믿고 새로운 피조물로 변화되어 예수님께 속한 자가 된 것입니다. 예수님께 택함받아 세상과 구별된 사람은 세상 풍조를 따라 살지 않습니다. 세상 사람들처럼 육신의 정욕과 안목의 정욕과 이 세상 자랑을 따라 죄와 불의와 타협하며 살지 않는 것입니다. 그러므로 세상 사람들과 성도들은 서로 부딪칠 수밖에 없습니다. 세상과 타협하지 않고 하나님의 말씀대로 살려고 노력하는 성도들이 이 세상 사람들에게는 어리석고 밉게 보입니다. 그래서 세상이 올바른 신앙생활을 하려는 성도들을 미워하고 박해하는

것입니다.

20절 내가 너희에게 종이 주인보다 더 크지 못하다 한 말을 기억하라 사람들이 나를 박해하였은즉 너희도 박해할 것이요 내 말을 지켰은즉 너희 말도 지킬 것이라

주인이 미움을 받고 박해를 당하면 종도 당연히 미움과 박해를 받게 됩니다. 주님께서 이 세상에서 박해를 받으셨듯이 제자들도 박해를 받게 되는 것은 피할 수 없는 일입니다. 그러나 종이 주인보다 더 크지 못한 것처럼 제자들이 받는 박해는 예수님께서 받으신 박해만큼 크지는 않습니다.

"사람들이 나를 박해하였은즉 너희도 박해할 것이요 내 말을 지켰은즉 너희 말도 지킬 것이라". 예수님께서 사역을 하실 때 예수님에 대한 사람들의 반응은 상반되는 두 가지로 나타났습니다. 하나는 박해였고, 다른 하나는 예수님의 말씀을 청종하는 것이었습니다. 예수님께서는 이 두 가지 반응이 제자들의 사역에서도 동일하게 있을 것이라고 말씀하셨습니다. 이러한 예수님의 말씀은 교회사에 나타난 기독교 박해를 볼 때 실제로 이루어져 오고 있음이 뚜렷이 증명됩니다.

21절 그러나 사람들이 내 이름으로 말미암아 이 모든 일을 너희에게 하리니 이는 나를 보내신 이를 알지 못함이라

예수님을 믿고 따르는 자들이 세상 사람들에게 미움과 박해를 받는 이유는 '예수님의 이름' 으로 인한 것입니다. 세상 사람들은 하나님을 알지 못하고 하나님께서 보내 주신 예수 그리스도를 인정하지 않습니다. 그

러므로 '예수 이름으로' 하나님의 뜻을 준행하는 성도들은 세상으로부터 박해를 받게 되는 것입니다.

22절 내가 와서 그들에게 말하지 아니하였더라면 죄가 없었으려니와 지금은 그 죄를 핑계할 수 없느니라

하나님께서는 모든 사람에게 양심을 주셨습니다. 그래서 율법이 주어지기 이전의 사람들이나 복음을 전혀 접해보지 못한 사람들은 '심판의 날'에 그들의 양심이 증거가 되어 주님의 심판을 받게 됩니다(롬 2:14-15). 양심뿐만 아니라 자연과 역사를 통해서도 하나님께서는 자신을 계시하셨습니다. 이러한 하나님의 계시는 예수님의 사역을 통해서 그 절정을 이루었습니다. 구약에 계시된 대로 이 땅에 성육신하셔서 십자가에 못 박혀 죽으셨다가 부활, 승천하시기까지 예수님께서 행하신 사역과 말씀은 하나님의 존재와 하나님의 구속사를 명백히 보여 주고 있습니다. 그러나 사람들은 예수님을 영접하지 않고 복음을 받아들이기를 거부했습니다. 더욱이 사람들은 예수님과 그의 제자들을 멸시하고 박해하기까지 했습니다. 이와 같은 사람들의 반응은 하나님을 대적하는 것이기 때문에 심판을 면할 수 없습니다.

23절 나를 미워하는 자는 또 내 아버지를 미워하느니라

예수님의 생애와 사역은 하나님을 계시한 것이라고 할 수 있습니다. 예수님께서는 이 세상에 오셔서 하나님의 사랑을 보여 주시고 구원의 길을 열어 주셨습니다. 그러나 유대인들은 예수님을 영접하기는커녕 오히려 예수님을 미워하고 급기야 죽이기까지 하였습니다. 이것은 곧 하나님

을 미워하고 철저히 반역한 것이라고 할 수 있습니다. 그런데 예수님 시대에 유대인들이 범한 이러한 반역죄는 시대와 민족을 초월하여 오늘날에도 여전히 행하여지고 있습니다. 복음을 들었음에도 불구하고 이를 거부하고 그리스도인들을 박해하는 행위는 곧 예수님과 하나님을 미워하고 대적하는 죄된 행위인 것입니다.

24절 내가 아무도 못한 일을 그들 중에서 하지 아니 하였더라면 그들에게 죄가 없었으려니와 지금은 그들이 나와 내 아버지를 보았고 또 미워하였도다

예수님께서는 그의 생애 전체를 통하여 하나님을 계시하셨습니다. 특히 예수님께서는 공생애 기간에 수많은 기사와 이적을 행하심으로써 하나님의 사랑과 구원을 보여 주셨습니다. 귀신들린 자들과 병자들을 고치시고, 죽은 자를 살리시고, 떡 다섯 개와 물고기 두 마리로 5천 명을 배불리 먹이시고, 말씀만으로 자연을 다스리시는 등 예수님께서 행하신 기적은 무수히 많습니다. 그러나 유대인들은 이처럼 놀라운 기적들을 보고 들었음에도 불구하고 그것이 뜻하는 바를 이해하지 못했습니다. 단지 그들은 "표적을 본 까닭이 아니요 떡을 먹고 배부른 까닭"(6:26)으로 예수님을 찾았습니다. 나아가 유대인들은 예수님께서 자신들이 바라는 정치적인 메시아가 아니라는 사실을 알게 되자 예수님을 미워하고 죽이려고 하였습니다. 이러한 유대인들의 이기적이고 완악한 행위는 하나님께 대한 배반 행위였습니다. 예수님께서 기적을 통해서 예수님과 하나님이 하나임을 보여 주셨는데, 그러한 예수님을 미워한다는 것은 하나님을 미워하는 것과 같은 것입니다. 그러므로 유대인들은 스스로 죄

가 없다고 핑계할 수 없는 것입니다.

25절 **그러나 이는 그들의 율법에 기록된바 그들이 이유 없이 나를 미워하였다 한 말을 응하게 하려 함이라**

유대인들은 아무런 이유 없이 예수님을 미워하고 박해하였습니다. 유대인들은 스스로 하나님께 택함 받은 민족이라는 우월감에 젖어서 엄격한 신앙생활을 하고 있었습니다. 그럼에도 불구하고 그들이 하나님의 뜻을 계시하시고 실천하시는 예수님을 까닭 없이 미워하는 것은 이해할 수 없는 모순된 일이라고 할 수 있습니다. 그러나 예수님께서는 이에 대하여 "이는 그들의 율법에 기록된바 그들이 이유 없이 나를 미워하였다 한 말을 응하게 하려 함이라"고 말씀하심으로써 유대인들의 불가해한 행위를 설명하셨습니다. 다윗이 노래한 시편 35편 19절과 69편 4절을 보면, "까닭 없이 나를 미워한다."고 기록되어 있습니다. 예수님께 대한 유대인들의 적대 행위는 바로 이 말씀을 이루기 위한 하나님의 섭리로 말미암은 것입니다.

26절 **내가 아버지께로부터 너희에게 보낼 보혜사 곧 아버지께로부터 나오시는 진리의 성령이 오실 때에 그가 나를 증언하실 것이요**

예수님께서는 이 세상에서의 사역을 모두 마치시고 승천하신 후 보혜사를 보내 주시겠다고 약속하셨습니다. 그런데 본 절에서 예수님께서는 보혜사를 가리켜 '예수님을 증언하는 진리의 성령'이라고 하셨습니다. 예수님의 약속대로 예수님께서 승천하신 후 강림하신 성령께서는 '진리의 영'으로서 우리 가운데서 예수님을 증언하십니다. 성령께서는 우리를 모든 진리 가운데로 인도하시고, 자의로 말씀하시지 않고 오직 듣는 것으로 말씀하시며, 장래 일을 우리에게 알려 주고 계십니다(16:13). 그러므로 그 마음에 성령을 모시고 있는 성도들은 성령의 도우심을 받아 주님의 말씀의 깊은 뜻을 깨닫고 그 뜻대로 살 수 있는 것입니다.

27절 너희도 처음부터 나와 함께 있었으므로 증언하느니라

예수님을 증언하는 것은 성령의 사역 중 하나인 동시에 예수님의 제자들의 사명이기도 합니다. 예수님의 제자들은 처음부터 예수님과 함께 있었으므로 예수님의 증인이 될 수 있었습니다. 그런데 예수님을 증언하는 증인으로서의 사명은 예수님 당시에 예수님을 따랐던 제자들뿐만 아니라 오늘날 예수 그리스도를 믿는 우리들에게도 동일하게 있습니다. 비록 실제로 예수님을 보고 그분과 함께 지내며 말씀을 듣고 배우지 못했고, 예수님께서 행하시는 이적과 기사를 보지 못했을지라도 '그리스도의 영' 인 성령께서 우리 안에 계시고 우리에게 깨우침을 주시기 때문에 우리는 예수님을 증언할 수 있는 것입니다. 그러므로 오늘날 예수님의 제자 된 우리 그리스도인들은 성령과 연합하여 전도에 힘씀으로써 능력 있는 증인, 즉 복음 증거자의 사명을 감당하여야겠습니다.

제 16 장

성령께서 하시는 일

박해에 대한 경고 16:1-4

성령의 사역 16:5-15

예수님의 죽음과 부활에 대한 예언 16:16-33

A COMMENTARY
ON THE GOSPEL OF
JOHN Ⅱ

본 장은 13장부터 계속된 예수님의 고별 설교의 마지막 부분입니다. 예수님께서는 임박한 박해와 죽음과 부활에 대하여 예언하셨습니다. 그리고 보혜사 성령께서 강림하셔서 하실 일에 관하여 자세히 말씀해 주셨습니다.

제자들은 예수님의 죽음에 대한 예언으로 인하여 근심하였으나, 예수님의 위로를 받고 믿음의 고백을 하였습니다. 이때 제자들이 고백한 믿음은 비록 불완전한 것이었지만, 예수님께서는 "세상에서는 너희가 환난을 당하나 담대하라. 내가 세상을 이기었노라."고 승리를 선언하셨습니다. 이와 같은 예수님의 선언은 세상의 박해가 아무리 극심할지라도 최후의 승리는 그리스도의 것임을 확신시켜 줍니다.

1. 박해에 대한 경고(16:1-4)

1. 내가 이것을 너희에게 이름은 너희로 실족하지 않게 하려 함이니 2. 사람들이 너희를 출교할 뿐 아니라 때가 이르면 무릇 너희를 죽이는 자가 생각하기를 이것이 하나님을 섬기는 일이라 하리라 3. 그들이 이런 일을 할 것은 아버지와 나를 알지 못함이라 4. 오직 너희에게 이 말을 한 것은 너희로 그때를 당하면 내가 너희에게 말한 이것을 기억나게 하려 함이요 처음부터 이 말을 하지 아니한 것은 내가 너희와 함께 있었음이라

1절 내가 이것을 너희에게 이름은 너희로 실족하지 않게 하려 함이니

어떠한 일이든지 그 일에 대하여 만반의 준비를 하고 있으면 막상 그 일이 실제로 다가오더라도 아무 염려가 없습니다. 그러나 전혀 준비되어 있지 않은 상태에서 예상하지 못했던 일이 발생하면 낭패하고 절망하

게 됩니다. 예수님께서는 장차 제자들이 세상으로부터 미움을 받고 박해당할 것이라고 예고하셨습니다. 또한 제자들로 하여금 실족하지 않게 하기 위해서 보혜사 성령을 보내 주시겠다고 말씀하셨습니다. '실족하다'는 헬라어로 '스칸달리조'(σκανδαλίζω)인데, '거침돌을 놓다, 방해하다, 죄를 짓게 하다'라는 뜻을 가지고 있습니다. 예수님께서는 제자들이 예수님의 말씀을 들음으로써 마음의 준비를 단단히 하여 세상으로부터 어떠한 환난과 박해가 다가올지라도 신앙을 포기하지 않고 죄를 짓지 않게 하기 위해 장래의 일을 미리 말씀해 주신 것입니다.

2절 사람들이 너희를 출교할 뿐 아니라 때가 이르면 무릇 너희를 죽이는 자가 생각하기를 이것이 하나님을 섬기는 일이라 하리라

예수님께서는 제자들에게 장차 그들이 예수님에 대한 신앙을 지키기 위하여 받게 될 고난과 박해에 대하여 설명해 주셨습니다.

먼저 예수님께서는 제자들이 신앙을 지키기 위하여 출교당할 것이라고 말씀하셨습니다. '출교'란 유대교 내에서 행해지던 종교적인 형벌로써 회당으로부터 파문당하는 것을 말합니다. 그런데 출교된 자는 사회에서도 추방되어 결국 유대 공동체로부터 완전히 분리됩니다. 그렇기 때문에 유대인들에게 있어서 출교는 가장 무서운 형벌이었습니다. 이처럼 유대인이라면 누구나 두려워하는 형벌을 예수 그리스도를 믿고 따른다는 이유 때문에 받게 된다는 것입니다.

뿐만 아니라 예수님께서는 제자들이 예수님에 대한 신앙을 지키기 위하여 생명까지 잃게 될 것이라고 말씀하셨습니다. 이것은 유대인들이 예수 그리스도를 믿음으로 구원을 받는다는 기독교 교리를 이단으로 규정

하여 유대 사회에서 몰아내고, 그 추종자들을 박해해서 죽이는 것이 하나님을 잘 섬기는 예라고 생각하여 그리스도인들을 잡아서 죽일 것이기 때문입니다.

실제로 유대인들은 메시아로서 이 세상에 오신 예수님을 알아보지 못하고 오히려 예수님께 신성 모독이라는 죄목을 붙여 십자가에 못 박아 죽였습니다. 그리고 그들은 예수님께서 부활 승천하신 후에 예수님의 제자들은 물론 예수 그리스도를 믿는 초대 교회 성도들까지 박해하였습니다. 그 좋은 예로 바울을 들 수 있습니다. 바울은 예수님을 만나 변화받기 전에 교회를 훼파하고 그리스도인들을 박해하고 잡아 죽이는 것이 하나님의 일을 하는 것이라고 생각했습니다. 그래서 그는 예루살렘 교회를 초토화하는 데 앞장섰으며, 나아가 외국의 성읍에까지 찾아다니면서 그리스도인들을 색출하여 잡아들이는 일에 열심을 내었던 것입니다.

예수 그리스도를 믿음을 인하여 성도들이 죽임을 당하리라는 예수님의 말씀은 유대인뿐 아니라 이방인들을 통해서도 이루어졌습니다. 초대 교회의 일곱 집사 중 한 사람이었던 스데반의 순교를 시발점으로 하여 본격적으로 시작된 순교자의 행렬은 나라와 민족, 시대를 초월하여 복음의 씨가 뿌려지는 곳마다 이어졌습니다. 그리하여 수많은 순교자들의 피가 기독교 역사를 물들였습니다.

예수님께서는 제자들에게 이처럼 극심한 환난과 박해가 다가올 것을 미리 아시고 이에 대하여 미리 말씀해 주셨는데, 이는 그러한 일들이 실제로 다가올 때 제자들이 예수님의 말씀을 떠올림으로써 용기를 갖고 인내하여 신앙의 승리를 거두기를 원하셨기 때문입니다.

3절 그들이 이런 일을 할 것은 아버지와 나를 알지 못함이라

유대인들이 예수 그리스도를 믿는 사람들을 출교하고 박해하고 죽이는 이유는 성부 하나님과 성자 예수님을 알지 못했기 때문입니다. 성경에는 "아들을 부인하는 자에게는 또한 아버지가 없으되 아들을 시인하는 자에게는 아버지도 있느니라"(요일 2:23)고 기록되어 있습니다. 또한 예수님께서는 "내가 곧 길이요 진리요 생명이니 나로 말미암지 않고는 아버지께로 올 자가 없느니라"(14:6)고 말씀하셨으며, "나를 본 자는 아버지를 보았거늘"(14:9)이라고 말씀하심으로 자신이 하나님께로 나아가는 통로이며 하나님의 계시자임을 밝히셨습니다.

이러므로 하나님을 진실로 아는 자는 예수님을 압니다. 또한 예수 그리스도를 영접하고 인격적으로 체험하는 것은 곧 하나님을 영접하고 체험하는 것입니다. 그러나 유대인들은 하나님을 알고 섬긴다고 하면서도 예수님을 알아보지 못하고 배척하였습니다. 그들이 하나님을 올바로 알았더라면 예수님을 영접했을 것입니다. 그런데 그들은 하나님을 단지 형식적으로 섬길 뿐 제대로 알지 못했기 때문에 예수님을 박해한 것입니다.

4절 오직 너희에게 이 말을 한 것은 너희로 그때를 당하면 내가 너희에게 말한 이것을 기억나게 하려 함이요 처음부터 이 말을 하지 아니한 것은 내가 너희와 함께 있었음이라

예수님께서 제자들에게 박해에 대하여 예고하신 이유는 제자들이 장차 박해받게 될 때 예수님의 말씀을 기억할 수 있게 하려는 의도 때문이었습니다.

"처음부터 이 말을 하지 아니한 것은 내가 너희와 함께 있었음이라".

예수님께서 제자들과 같이 지내는 동안에는 유대인들의 박해를 예수님 혼자서 다 받으셨습니다. 그러나 예수님께서 십자가에 못 박혀 죽으셨다가 부활하셔서 승천하신 후에는 예수님께 집중되었던 박해가 제자들에게로 향하게 되는 것입니다. 그렇기 때문에 예수님께서는 앞으로 제자들이 모진 고통과 모욕을 당할 때 예수님에게서 들었던 말을 기억하고 낙심하지 않게 하기 위하여 미리 마음의 준비를 시키신 것입니다.

2. 성령의 사역(16:5-15)

5. 지금 내가 나를 보내신 이에게로 가는데 너희 중에서 나더러 어디
로 가는지 묻는 자가 없고 6. 도리어 내가 이 말을 하므로 너희 마음
에 근심이 가득하였도다 7. 그러나 내가 너희에게 실상을 말하노니
내가 떠나가는 것이 너희에게 유익이라 내가 떠나가지 아니하면 보
혜사가 너희에게로 오시지 아니할 것이요 가면 내가 그를 너희에게
로 보내리니 8. 그가 와서 죄에 대하여, 의에 대하여, 심판에 대하여
세상을 책망하시리라 9. 죄에 대하여라 함은 그들이 나를 믿지 아니
함이요 10. 의에 대하여라 함은 내가 아버지께로 가니 너희가 다시
나를 보지 못함이요 11. 심판에 대하여라 함은 이 세상 임금이 심판
을 받았음이라 12. 내가 아직도 너희에게 이를 것이 많으나 지금은
너희가 감당하지 못하리라 13. 그러나 진리의 성령이 오시면 그가
너희를 모든 진리 가운데로 인도하시리니 그가 스스로 말하지 않고

오직 들은 것을 말하며 장래 일을 너희에게 알리시리라 14. 그가 내 영광을 나타내리니 내 것을 가지고 너희에게 알리시겠음이라 15. 무릇 아버지께 있는 것은 다 내 것이라 그러므로 내가 말하기를 그가 내 것을 가지고 너희에게 알리시리라 하였노라

5-6절 지금 내가 나를 보내신 이에게로 가는데 너희 중에서 나더러 어디로 가는지 묻는 자가 없고 도리어 내가 이 말을 하므로 너희 마음에 근심이 가득하였도다

자신의 사역이 막바지에 이른 것을 알고 계신 예수님께서는 하나님께로 가신다고 말씀하셨습니다. 그러자 이 말씀을 들은 제자들은 근심에 잠겼습니다. 제자들의 마음속에는 예수님께서 자신들을 버려두고 혼자서 떠나신다는 절망감으로 인해 근심이 가득했던 것입니다. 제자들의 이러한 반응은 영적인 무지에서 비롯된 것이었습니다. 그들은 예수님께서 떠나시는 목적을 알지 못하고 단지 이별의 슬픔과 절망감에 낙심하였던 것입니다.

7절 그러나 내가 너희에게 실상을 말하노니 내가 떠나가는 것이 너희에게 유익이라 내가 떠나가지 아니하면 보혜사가 너희에게로 오시지 아니할 것이요 가면 내가 그를 너희에게로 보내리니

'실상' 은 헬라어로 '알레데이아'(*ἀλήθεια*)인데, '진리' 라는 뜻입니다. 예수님께서는 제자들에게 실상을 말씀해 주셨는데, 그것은 예수님께서 떠나가시는 것이 제자들에게 유익하다는 것이었습니다. 왜냐하면 예수님께서 떠나가시면 보혜사 성령께서 오실 것이기 때문입니다.

인간의 몸으로 이 세상에 오신 예수님께서는 그의 사역을 함에 있어 시간과 공간의 제한을 받으셨습니다. 특정 기간에 특정 지역에서 그곳 사람들을 대상으로 사역을 하셨던 것입니다. 그러나 영으로 이 세상에 오신 성령께서는 시간과 공간을 초월하여 아무런 제한을 받지 않고 세계 각지의 그리스도인들의 마음을 성전 삼아 늘 함께 계시며 도와주십니다. 뿐만 아니라 성령께서는 예수님을 믿지 않는 사람들에게도 역사하셔서 중생하게 하시므로 보혜사 성령께서 오시는 것이 유익한 것입니다.

8절 그가 와서 죄에 대하여, 의에 대하여, 심판에 대하여 세상을 책망하시리라

본 절부터 11절까지는 성령의 사역에 대한 설명입니다. 성령께서는 성도들에게는 예수님의 말씀을 생각나게 하시고, 위로하시고, 격려하시고, 용기를 주시지만 세상에 대해서는 책망하십니다. '책망하다' 는 헬라어로 '엘렝코'(ἐλέγχω)인데, '죄를 깨닫게 하다, 잘못을 꾸짖다' 라는 뜻을 가지고 있습니다.

성령께서는 세상의 죄를 깨닫게 하시고 꾸짖으십니다. 에덴 동산에서의 범죄 이후, 인간은 사탄의 권세 아래 있는 세상에서 육신의 정욕과 안목의 정욕과 이 세상의 자랑에 사로잡혀 온갖 죄를 지으면서 살고 있습니다. 그렇기 때문에 성령께서는 하나님의 뜻에 어긋난 죄로 가득한 인간 세상을 책망하시는 것입니다.

또한 성령께서는 의에 대하여 세상을 책망하십니다. 하나님께 등을 돌린 채 스스로 의롭다고 자처하며 온갖 죄악을 서슴지 않고 행하는 세

상의 거짓된 의는 책망받을 수밖에 없는 것입니다.

뿐만 아니라 성령께서는 심판에 대하여 세상을 책망하십니다. 하나님께서는 예수 그리스도를 믿음으로써 심판을 면할 수 있게 해 주셨습니다. 그러나 세상은 하나님을 대적하고 예수 그리스도를 거부함으로써 여전히 심판 가운데 있는 것입니다.

성도들의 마음속에는 성령께서 거하시기 때문에 세상적으로 사는 것이 용납되지 않습니다. 우리의 마음속에 세상적인 것들이 들어오고 세속에 빠져 들어가면 성령께서 책망하시므로 마음의 평안이 사라지고 고통이 다가와 괴로움을 당하게 됩니다. 그러므로 우리는 세상과 타협하지 말고 오직 하나님 중심으로 마음을 지키고 성령의 인도하심에 순종하며 살아야겠습니다.

9절　죄에 대하여라 함은 그들이 나를 믿지 아니함이요

성령께서 세상에 대하여 책망하실 첫 번째 대상은 '죄' 입니다. '죄' 는 헬라어로 '하마르티아'(ἁμαρτία)인데, '빗나감' 이라는 뜻으로서 인간이 하나님의 뜻에 합당하지 못한 생활을 하여 빗나가는 것을 의미합니다. 성령께서 책망하시는 세상의 죄는 예수 그리스도를 믿지 않는 불신앙입니다.

오랜 세월 동안 메시아의 강림을 바라고 기다려 온 유대인들은 막상 예수 그리도께서 이 세상에 오셨을 때, 그분을 영접하기는커녕 오히려 박해하였습니다. 유대인들은 아무 까닭 없이 예수님을 미워하고 박해하였으며 급기야 죽이기까지 하였습니다. 그들은 예수님을 직접 보고 그분의 말씀을 들었음에도 불구하고 예수님을 알아보지 못하고 철저히 저버린 것입니다. 유대인들이 저지른 이러한 불신앙의 죄는 이방인들 사이에서도 마찬가지로 범하여졌습니다. 복음을 들었음에도 불구하고 예수님을 믿지 않고 거부하는 것은 큰 죄입니다. 이처럼 예수 그리스도를 믿지 않는 자는 성령의 책망을 받게 됩니다.

죄로 어두워진 세상은 스스로 어두움을 깨닫지 못합니다. 오직 성령께서 빛을 비추어 주실 때에 비로소 어두움 가운데 있던 영혼들이 죄를 깨닫고 회개할 수 있는 것입니다. 그러나 이를 거부하고 불신을 고수하는 자는 멸망하게 됩니다. 오직 예수 그리스도를 믿는 자만이 영원한 생명을 얻고 성령의 도우심을 받을 수 있는 것입니다.

10절 의에 대하여라 함은 내가 아버지께로 가니 너희가 다시 나를 보지 못함이요

성령께서 세상에 대하여 책망하실 두 번째 대상은 '의' 입니다. '의'란 하나님 앞에 부끄러움 없이 설 수 있는 자격이며, 죄를 한 번도 범하지 않은 상태를 말합니다. 의인은 죄의 삯인 사망을 당하지 않고(롬 6:23) 영생을 얻습니다. 예수님께서는 의의 첫 열매가 되셨습니다. 예수님께서 죽음을 이기시고 부활하셨다는 것은 예수님께서 의인이시라는 사실에 대한 분명한 증거가 됩니다. 참하나님이시요, 참인간이신 예수님께서는 이 세상에 오셔서 죄 없이 사시다가 인류의 죄를 대신 짊어지시고 십자가에 못 박혀 대속의 죽음을 당하셨습니다. 그러나 예수님께서는 죄가 전혀 없는 의인이시기 때문에 죽음이 붙잡아 놓을 수 없었습니다. 예수님께서는 사흘 동안 무덤에 머물러 계시면서 인류의 죄를 청산하시고 사망의 권세를 깨뜨리신 다음 부활하셨습니다. 이러므로 예수님의 무덤은

빈 채로 발견되었는데(마 28:1-8; 막 16:1-8; 눅 24:1-12; 요 20:1-10), 이는 예수님의 부활과 예수님께서 의인이시라는 사실을 입증하는 증거입니다.

유대인들은 율법을 준수함으로써 의인이 되는 것으로 착각하였습니다. 또한 세상에는 다른 사람들에게 드러내 보이기 위해서 의로운 행동을 하는 사람들도 있습니다. 그러나 이러한 것들은 인본주의에서 기인한 자기의 의요, 자기 자랑이지 결코 참된 의는 아닙니다. 참된 의는 예수님께만 있습니다. 의로우신 예수님을 믿음으로써 우리는 하나님께 의롭다고 인정을 받습니다. 우리는 예수님의 의를 덧입어 값없이 의인으로 인정받는 것입니다. 예수님으로 말미암지 않고는 결코 참된 의를 얻을 수 없는 것입니다.

11절 심판에 대하여라 함은 이 세상 임금이 심판을 받았음이라

성령께서 세상에 대하여 책망하실 세 번째 대상은 '심판' 입니다. 예수님께서는 그 심판받을 주체를 '이 세상 임금' 이라고 말씀하셨는데, 이는 세상 권세를 쥐고 있는 사탄을 가리킵니다. 원래 이 세상 임금은 아담이었습니다. 하나님께서는 세상 만물을 다 만드시고 난 후, 아담에게 "생육하고 번성하여 땅에 충만하라, 땅을 정복하라, 바다의 물고기와 하늘의 새와 땅에 움직이는 모든 생물을 다스리라"(창 1:28)고 말씀하셨습니다. 그런데 아담이 스스로 하나님께 불순종하고 사탄의 말을 따름으로 말미암아 그 왕권이 사탄에게 넘어간 것입니다. 그러므로 성경을 보면, 사탄이 예수님을 시험할 때에 천하만국을 보이며 "이 모든 권위와 그 영광을 내가 네게 주리라 이것은 내게 넘겨 준 것이므로 내가 원하는 자에게 주노라"(눅 4:6)고 유혹한 것을 발견할 수 있습니다.

사탄은 이 세상에서 임금 노릇을 하면서 우리를 도둑질하고 죽이고 멸망시키며, 우리로 하여금 더욱더 하나님을 반역하게 합니다. 그러나 예수님께서 십자가에 못 박혀 죽으심으로써 죄를 다 청산하시고 사망의 권세를 잡은 사탄을 심판하셨습니다.

"내가 너로 여자와 원수가 되게 하고 네 후손도 여자의 후손과 원수가 되게 하리니 여자의 후손은 네 머리를 상하게 할 것이요 너는 그의 발꿈치를 상하게 할 것이니라"(창 3:15)는 하나님의 말씀이 여자의 후손으로 이 세상에 오신 예수님을 통하여 성취된 것입니다. 이러므로 예수 그리스도를 믿는 성도는 더 이상 사탄의 지배를 받으며 죄의 종노릇을 하지 않고, 이제는 왕 같은 제사장으로서 살 수 있습니다.

12절 내가 아직도 너희에게 이를 것이 많으나 지금은 너희가 감당하지 못하리라

예수님께서 제자들에게 말씀해 주실 것이 많음에도 불구하고 하시지 않는 이유는, 아직 그들이 말씀의 의미를 이해하지 못하기 때문이었습니다. 예수님의 진리의 말씀은 성령의 도우심 없이는 깨달을 수 없습니다.

하나님 나라의 진리는 인간의 이성으로 깨달을 수 있는 논리적이고, 과학적이고, 철학적인 지식이 아니라 계시적인 지식이므로 성령께서 조명하실 때에만 조금씩 깨달아지는 것이기 때문입니다. 이러므로 아직 성령 침례를 받지 않은 제자들은 진리를 깨달을 수 없었던 것입니다.

13절 그러나 진리의 성령이 오시면 그가 너희를 모든 진리 가운데로 인도하시리니 그가 스스로 말하지 않고 오직 들은 것을 말하며

장래 일을 너희에게 알리시리라

성령께서는 모든 것, 곧 하나님의 깊은 것까지도 통달하시는 진리의 영이십니다(고전 2:10). 그렇기 때문에 성령께서 함께하시지 않으면 진리를 깨달을 수 없습니다. 성령 충만할 때에만 하나님의 계시를 받고 진리를 깨닫게 되는 것입니다. 그런데 성령께서는 자기 마음대로 말씀하시지 않습니다. 오직 성부 하나님과 성자 예수님으로부터 들은 말씀만 전달해 주시고 장래 일을 알려 주십니다. 여기서 '장래 일' 은 예수님의 죽음과 부활과 승천과 장차 예수님께서 재림하셔서 세상을 심판하실 것을 말합니다.

영적으로 무지하여 진리를 깨닫지 못하던 제자들은 오순절 날 마가 다락방에서 성령 체험을 한 후에 성령의 역사하심으로 예수 그리스도의 진리를 깨닫고 진정한 믿음을 갖게 되었습니다. 이때부터 이 세상에서 역사해 오신 성령께서는 오늘날도 동일하게 역사하셔서 우리에게 믿음을 주시고 우리를 모든 진리 가운데로 인도하고 계십니다.

14절 그가 내 영광을 나타내리니 내 것을 가지고 너희에게 알리시겠음이라

성령께서는 이 세상에 오셔서 세상을 책망하시고(8절), 제자들을 모든 진리 가운데로 인도하실 뿐만 아니라(13절), 예수 그리스도의 영광을 나타내십니다.

예수님께서는 정치적인 왕으로서의 메시아의 강림을 고대하던 유대인들의 기대와는 달리 비천한 몸으로 성육신하셨습니다. 유대인들은 영적인 메시아로 오신 예수님을 거부하고 예수님을 미워하여 십자가에 못 박

아 죽이고 말았습니다. 그러나 예수님께서는 장사된 지 사흘 만에 부활하셔서 영광을 받으셨습니다. 죽음은 인간에게 있어서는 인생의 실패이지만, 예수님께 있어서는 영광스런 승리를 이루는 관문이었던 것입니다.

성령께서는 우리로 하여금 예수님의 가르침과 인격을 가지고 예수 그리스도 중심으로 살게 함으로써 예수님의 영광을 나타내시는 것입니다.

15절 무릇 아버지께 있는 것은 다 내 것이라 그러므로 내가 말하기를 그가 내 것을 가지고 너희에게 알리시리라 하였노라

"무릇 아버지께 있는 것은 다 내 것이라". 예수님과 하나님께서는 하나이십니다. 성경에는 "태초에 말씀이 계시니라 이 말씀이 하나님과 함께 계셨으니 이 말씀은 곧 하나님이시니라"(1:1)고 기록되어 있으며, "말씀이 육신이 되어 우리 가운데 거하시매 우리가 그의 영광을 보니 아버지의 독생자의 영광이요 은혜와 진리가 충만하더라"(1:14)고 기록되어 있습니다.

예수님께서는 하나님의 말씀으로서 하나님과 일체이시며, 하나님 안에 있는 비밀을 모두 알고 계십니다. 그러므로 예수님의 것은 다 하나님의 것이고, 하나님의 것은 다 예수님의 것입니다. 그럼에도 불구하고 예수님께서는 하나님의 뜻에 순종하여 인간의 몸으로 이 세상에 오셔서 하나님의 구원 사역을 성취시키셨으며, 자신을 낮추시고 하나님의 영광을 드러내셨습니다. 이와 마찬가지로 성령께서도 이 세상에서 자신을 드러내지 않으시고 예수 그리스도를 드러내십니다. 예수님께서 이루신 구원의 의미와 영광을 드러내시고, 사람들이 예수님을 믿고 구원받도록 역사하시는 것입니다.

3. 예수님의 죽음과 부활에 대한 예언(16:16-33)

16. 조금 있으면 너희가 나를 보지 못하겠고 또 조금 있으면 나를 보
리라 하시니 17. 제자 중에서 서로 말하되 우리에게 말씀하신 바 조
금 있으면 나를 보지 못하겠고 또 조금 있으면 나를 보리라 하시며 또
내가 아버지께로 감이라 하신 것이 무슨 말씀이냐 하고 18. 또 말하
되 조금 있으면이라 하신 말씀이 무슨 말씀이냐 무엇을 말씀하시는
지 알지 못하노라 하거늘 19. 예수께서 그 묻고자 함을 아시고 이르
시되 내 말이 조금 있으면 나를 보지 못하겠고 또 조금 있으면 나를
보리라 하므로 서로 문의하느냐 20. 내가 진실로 진실로 너희에게
이르노니 너희는 곡하고 애통하겠으나 세상은 기뻐하리라 너희는 근
심하겠으나 너희 근심이 도리어 기쁨이 되리라 21. 여자가 해산하게
되면 그때가 이르렀으므로 근심하나 아기를 낳으면 세상에 사람 난
기쁨으로 말미암아 그 고통을 다시 기억하지 아니하느니라 22. 지금
은 너희가 근심하나 내가 다시 너희를 보리니 너희 마음이 기쁠 것이
요 너희 기쁨을 빼앗을 자가 없으리라 23. 그날에는 너희가 아무것
도 내게 묻지 아니하리라 내가 진실로 진실로 너희에게 이르노니 너
희가 무엇이든지 아버지께 구하는 것을 내 이름으로 주시리라 24.
지금까지는 너희가 내 이름으로 아무것도 구하지 아니하였으나 구하
라 그리하면 받으리니 너희 기쁨이 충만하리라 25. 이것을 비유로
너희에게 일렀거니와 때가 이르면 다시는 비유로 너희에게 이르지
않고 아버지에 대한 것을 밝히 이르리라 26. 그날에 너희가 내 이름
으로 구할 것이요 내가 너희를 위하여 아버지께 구하겠다 하는 말이
아니니 27. 이는 너희가 나를 사랑하고 또 내가 하나님께로부터 온

줄 믿었으므로 아버지께서 친히 너희를 사랑하심이라 28. 내가 아버지에게서 나와 세상에 왔고 다시 세상을 떠나 아버지께로 가노라 하시니 29. 제자들이 말하되 지금은 밝히 말씀하시고 아무 비유로도 하지 아니하시니 30. 우리가 지금에야 주께서 모든 것을 아시고 또 사람의 물음을 기다리시지 않는 줄 아나이다 이로써 하나님께로부터 나오심을 우리가 믿사옵나이다 31. 예수께서 대답하시되 이제는 너희가 믿느냐 32. 보라 너희가 다 각각 제 곳으로 흩어지고 나를 혼자 둘 때가 오나니 벌써 왔도다 그러나 내가 혼자 있는 것이 아니라 아버지께서 나와 함께 계시느니라 33. 이것을 너희에게 이르는 것은 너희로 내 안에서 평안을 누리게 하려 함이라 세상에서는 너희가 환난을 당하나 담대하라 내가 세상을 이기었노라

16절 조금 있으면 너희가 나를 보지 못하겠고 또 조금 있으면 나를 보리라 하시니

앞서 수차례에 걸쳐 죽음을 예고하셨음에도 불구하고(7:33; 8:21; 13:33; 14:28; 16:5,10) 예수님께서는 잡혀가시던 날에 "조금 있으면 너희가 나를 보지 못하리라." 고 또다시 말씀하셨습니다. 이처럼 예수님께서 자신의 죽음이 임박했음을 거듭거듭 말씀하신 것은 제자들로 하여금 각성하게 하기 위함이었습니다.

"또 조금 있으면 나를 보리라". 예수님께서는 죽음으로 인한 이별이 영원하지 않을 것이라고 말씀하셨습니다. 제자들이 예수님을 보지 못하는 기간은 불과 사흘이었습니다. 예수님께서는 장사된 지 사흘 만에 부활하셔서 제자들과 다시 만날 것과 장차 승천하신 후에는 성령을 통하여 자신을 나타내실 것을 예고하신 것입니다.

17-18절 제자 중에서 서로 말하되 우리에게 말씀하신 바 조금 있으면 나를 보지 못하겠고 또 조금 있으면 나를 보리라 하시며 또 내가 아버지께로 감이라 하신 것이 무슨 말씀이냐 하고 또 말하되 조금 있으면이라 하신 말씀이 무슨 말씀이냐 무엇을 말씀하시는지 알지 못하노라 하거늘

영적으로 무지하기는 제자들도 유대인들과 마찬가지였습니다. 예수님께서 유대인들에게 자신의 죽음을 예고하셨을 때에 유대인들이 그 말씀의 의미를 깨닫지 못했던 것처럼(7:35) 제자들도 예수님의 말씀을 알아듣지 못했습니다.

그래서 제자들은 서로 예수님의 말씀의 의미를 물어 보았습니다. 그러나 그들 가운데 단 한 사람도 예수님의 말씀이 뜻하는 바를 아는 사람이 없었습니다.

19절 예수께서 그 묻고자 함을 아시고 이르시되 내 말이 조금 있으면 나를 보지 못하겠고 또 조금 있으면 나를 보리라 하므로 서로 문의하느냐

예수님께서는 제자들이 수군거리는 것을 보시고 그 이유를 금방 알아차리셨습니다. 제자들이 수군거리고 있는 말을 제대로 듣지는 못하셨지만, 그들의 마음속에 가득 찬 의심을 감지하셨던 것입니다. 이에 예수님께서는 제자들에게 그들이 의심하는 것에 대해 상세히 설명해 주셨습니다.

20절 내가 진실로 진실로 너희에게 이르노니 너희는 곡하고 애통하

겠으나 세상은 기뻐하리라 너희는 근심하겠으나 너희 근심이 도리어 기쁨이 되리라

"내가 진실로 진실로 너희에게 이르노니 너희는 곡하고 애통하겠으나 세상은 기뻐하리라". 이 말씀은 예수님께서 십자가에 못 박혀 죽으실 것에 대한 예언입니다. 제자들은 3년 반 동안 예수님을 따라다니면서 생사고락을 함께했습니다. 그런데 이제 예수님께서 제자들을 남겨 두고 십자가에 못 박혀 처참하게 죽으시게 된 것입니다.

예수님의 죽음은 예수님을 대적하던 대제사장들과 사두개인들과 바리새인들과 유대인들에게는 기쁜 일이었습니다. 그들은 예수님이 백성들을 미혹시켜 유대교를 위태롭게 하는 자라고 생각하였기 때문에 예수님의 죽음을 기뻐하고 즐거워한 것입니다.

반면에 제자들은 예수님의 죽음으로 인하여 슬픔과 절망에 잠겼으며, 낙심하여 뿔뿔이 흩어져서 애통하고 근심하였습니다.

그러나 예수님께서는 죽으시고 장사된 지 사흘 만에 부활하셔서 제자들을 회복시켜 주셨습니다. 예수님의 부활로 제자들의 근심은 변하여 기쁨이 되고, 절망은 변하여 소망이 되고, 눈물은 변하여 찬송이 되고, 탄식은 변하여 춤이 되었습니다.

21절 여자가 해산하게 되면 그때가 이르렀으므로 근심하나 아기를 낳으면 세상에 사람 난 기쁨으로 말미암아 그 고통을 다시 기억하지 아니하느니라

예수님께서는 자신의 죽음과 부활을 여인이 아이를 낳는 것에 비유하여 말씀하셨습니다. 예수님께서 십자가에 못 박혀 죽어서 무덤에 장사

되자, 예수님을 믿고 따르던 사람들은 근심하고 절망에 빠졌습니다. 그러나 그들의 근심과 슬픔은 일시적인 것이었습니다. 왜냐하면 예수님께서 장사된 지 불과 사흘 만에 다시 살아나셨기 때문입니다.

예수님께서 죽은 자 가운데서 부활해서 나타나시자, 그들의 근심과 슬픔은 씻은 듯이 사라지고 기쁨이 충만하게 되었습니다. 마치 출산을 앞둔 여인이 출산의 고통을 염려하다가 막상 아이를 낳은 후에는 크게 기뻐하는 것같이, 예수님께서 죽으심으로 인하여 겪었던 마음의 고통이 예수 그리스도의 부활로 말미암아 모두 사라지고 기쁨이 넘치게 된 것입니다.

예수님 당시에 예수님을 믿고 따르던 사람들이 누렸던 이러한 부활의 기쁨은 오늘날 성도들의 마음에도 충만합니다. 예수님의 대속의 죽음과 부활을 믿고 구원받은 그리스도인들의 마음속에는 부활하신 그리스도의 영이 거하시기 때문에, 아무리 환경이 칠흑같이 어둡고 우울해도 성도들의 마음속에는 언제나 소망의 기쁨이 넘치는 것입니다.

22절 지금은 너희가 근심하나 내가 다시 너희를 보리니 너희 마음이 기쁠 것이요 너희 기쁨을 빼앗을 자가 없으리라

"지금은 너희가 근심하나". 제자들은 예수님께서 그들을 떠나서 죽을 것이라는 말씀을 듣고 모두 근심하였습니다. 그러나 예수님께서는 지금 제자들의 마음에 가득 차 있는 근심은 예수님의 부활로 인하여 사라지고 그 대신에 아무도 빼앗을 수 없는 크고 영원한 기쁨이 넘치게 될 것이라고 말씀하셨습니다. 예수님께서는 이 약속대로 훗날 부활하셔서 제자들을 찾아오셨습니다(마 28:9,16-20; 막 16:9,12,14; 눅 24:13-53; 요 20:14-29; 21:1-23). 그리고 제자들은 예수님께서 부활하신 것을 직접 목격함으로써

가슴 벅찬 기쁨을 얻었습니다.

23-24절 그날에는 너희가 아무것도 내게 묻지 아니하리라 내가 진실로 진실로 너희에게 이르노니 너희가 무엇이든지 아버지께 구하는 것을 내 이름으로 주시리라 지금까지는 너희가 내 이름으로 아무것도 구하지 아니하였으나 구하라 그리하면 받으리니 너희 기쁨이 충만하리라

"그날에는 너희가 아무것도 내게 묻지 아니하리라". 여기서 '그날'은 성령께서 강림하실 때를 말합니다. 성령께서 오신 후에는 성령께서 가르쳐 주시고 깨달음을 주시기 때문에 예수님께 질문할 것이 없습니다. 그리고 그때에는 '예수님의 이름으로' 구하는 것마다 하나님으로부터 받게 됩니다. 하나님께서는 '예수님의 이름으로' 구하는 자에게 '예수님의 이름으로' 응답해 주십니다. 부활하신 예수님께서 승천하여 하나님 우편에서 우리를 위하여 간구하시고(롬 8:34; 히 7:25) 우리는 예수님과 연합했으므로 무엇이든지 '예수님의 이름으로' 하나님께 기도하면 응답받을 수 있는 것입니다.

그러나 '예수님의 이름으로' 구했음에도 불구하고 응답받지 못하는 경우도 있습니다. 그것은 정욕으로 쓰려고 잘못 구했기 때문입니다(약 4:3). 그렇기 때문에 우리는 정욕으로 구하지 말고 참된 기도를 해야 합니다. 참된 기도는 하나님의 뜻을 알고 그 뜻이 이루어지도록 기도하는 것입니다. 하나님의 뜻을 알기 위해서는 늘 말씀을 읽어야 합니다. 우리가 말씀을 통하여 하나님의 뜻을 깨닫고 '예수님의 이름으로' 기도할 때에 하나님께서 응답해 주심으로 하나님의 뜻이 이 땅에서 이루어지는 것입

니다.

25절 이것을 비유로 너희에게 일렀거니와 때가 이르면 다시는 비유로 너희에게 이르지 않고 아버지에 대한 것을 밝히 이르리라

"이것을 비유로 너희에게 일렀거니와". 여기서 '비유'는 헬라어로 '파로미아'(*παροιμία*)인데, '은유, 불명확한 이야기, 격언' 등의 뜻을 가지고 있습니다. 예수님께서는 공생애 기간 동안에 제자들에게 항상 비유로 말씀하셨습니다. 왜냐하면 제자들이 영적으로 무지하여 진리를 알아듣지 못했기 때문입니다.

"때가 이르면 다시는 비유로 너희에게 이르지 않고 아버지에 대한 것을 밝히 이르리라". 여기서 '때'는 성령 강림의 때를 가리킵니다. 예수님께서는 성령께서 오시면 비유로 말씀하시지 않고 하나님에 대한 것을 밝히 이르신다고 말씀하셨습니다. 성령께서는 믿는 자의 마음속에 계시면서 그들로 하여금 하나님을 체험하고 진리를 깨닫게 해 주십니다.

26-27절 그날에 너희가 내 이름으로 구할 것이요 내가 너희를 위하여 아버지께 구하겠다 하는 말이 아니니 이는 너희가 나를 사랑하고 또 내가 하나님께로부터 온 줄 믿었으므로 아버지께서 친히 너희를 사랑하심이라

예수님께서는 이 세상에 계시는 동안 제자들을 위하여 기도하셨습니다. 그러나 성령께서 오시면 이러한 기도를 더 이상 하시지 않습니다. 왜냐하면 제자들이 성령 침례를 받으면 성령에 의해 어떻게 기도해야 하는지를 깨닫고 예수님의 이름으로 직접 기도할 수 있기 때문입니다.

제자들이 예수님의 이름으로 하나님께 직접 구할 수 있는 이유는 예수님을 사랑하고 믿는 자들을 하나님께서 사랑하시기 때문입니다.

그 마음에 성령께서 거하시는 사람은 하나님의 자녀가 됩니다(롬 8:14-16). 하나님께서는 예수 그리스도를 통하여 하나님과 화목하게 된 성도들을 자녀로 삼아 주시고, 마치 부모가 자기 자녀를 사랑하고 필요로 하는 것들을 채워 주듯이 성도의 기도에 응답하시고 사랑으로 돌보아 주시는 것입니다.

28절 내가 아버지에게서 나와 세상에 왔고 다시 세상을 떠나 아버지께로 가노라 하시니

예수님께서는 자신이 하나님으로부터 나와서 세상에 있다가 다시 하나님께로 간다고 말씀하셨습니다. 예수님의 이 말씀은 근본 하나님이신 성자 예수님께서 성부 하나님의 뜻에 순종하여 이 세상에 성육신하셔서 인류의 구원이라는 막중한 사명을 다 마치신 후 승천하셔서 하나님의 보좌 우편에 계심을 알게 해 줍니다.

29-30절 제자들이 말하되 지금은 밝히 말씀하시고 아무 비유로도 하지 아니하시니 우리가 지금에야 주께서 모든 것을 아시고 또 사람의 물음을 기다리시지 않는 줄 아나이다 이로써 하나님께로부터 나오심을 우리가 믿사옵나이다

예수님께서 "내가 아버지에게서 나와 세상에 왔고 다시 세상을 떠나 아버지께로 가노라."고 분명하게 말씀하시자, 그제서야 제자들이 예수님의 말씀을 알아들었습니다. 이에 제자들은 예수님께서 비유로 말씀하

시지 않고 밝히 말씀해 주시니까 깨달을 수 있다고 말하였습니다.

그러나 실제로 제자들은 그들이 말한 것처럼 예수님의 말씀을 완전히 깨달은 것은 아니었습니다. 단지 그들은 예수님께서 모든 것을 아신다는 것을 알고 예수님께서 하나님으로부터 나오셨다는 것을 믿었을 뿐입니다. 그들은 스스로 예수님의 가르침을 완전히 이해한다고 생각하였지만, 그것이 그들의 착각이었다는 것은 그날 밤에 그들이 취한 행동을 통해 명백히 드러납니다. 그날 밤에 예수님께서 체포되실 때, 그들은 하나같이 예수님을 버리고 도망가기에 급급했던 것입니다(마 26:56; 막 14:50).

31절 예수께서 대답하시되 이제는 너희가 믿느냐

제자들은 예수님께서 하신 말씀의 뜻을 이해하고 믿게 되었다고 고백하였지만, 예수님께서는 그들이 아직 완전히 이해하지도, 믿지도 못하고 있음을 알고 계셨습니다. 제자들의 믿음은 그들의 고백과는 달리 여전히 불완전한 상태에 있었던 것입니다. 그래서 예수님께서는 "이제는 너희가 믿느냐?"라고 말씀하심으로써 제자들의 믿음이 연약함을 지적하셨습니다.

32절 보라 너희가 다 각각 제 곳으로 흩어지고 나를 혼자 둘 때가 오나니 벌써 왔도다 그러나 내가 혼자 있는 것이 아니라 아버지께서 나와 함께 계시느니라

구약 성경에 보면, 스가랴 선지자가 "칼아 깨어서 내 목자, 내 짝 된 자를 치라 목자를 치면 양이 흩어지려니와 작은 자들 위에는 내가 내 손을 드리우리라"(슥 13:7)고 예언한 것을 찾아볼 수 있습니다. 예수님께서는

바로 이 예언을 인용하여 제자들이 다 각각 흩어질 것이라고 말씀하셨는데, 예수님의 이 말씀은 그날 밤에 실제로 이루어졌습니다. 그날 밤에 겟세마네 동산에서 예수님께서 체포당하시자, 제자들은 모두 예수님을 버리고 뿔뿔이 흩어져 도망갔습니다(마 26:56; 막 14:50).

심지어 베드로는 끝까지 예수님을 따르겠다고 호언장담했음에도 불구하고 위기가 닥치자 예수님을 모른다고 세 번이나 부인했습니다(마 26:69-75; 막 14:66-72; 눅 22:54-62; 요 18:15-18,25-27). 이처럼 제자들이 모두 예수님을 혼자 남겨놓은 채 각각 자신의 안전을 위해 도망간 것은 그들의 믿음이 아직 지극히 연약한 상태였기 때문입니다.

예수님께서는 제자들이 모두 흩어져 도망가고 없을지라도 예수님 혼자 있는 것이 아니라고 말씀하셨습니다. 하나님께서 예수님과 함께 계시기 때문에 예수님께서는 제자들이 모두 배신하고 떠나도 혼자가 아닌 것입니다.

예수님께서 그러셨듯이, 오늘날 성령 침례를 받은 성도들도 혼자 있는 것이 아닙니다. 성령께서 성도들의 마음을 성전 삼고 늘 함께 하시기 때문에 주변 사람들이 모두 등을 돌릴지라도 외롭지 않은 것입니다.

33절 이것을 너희에게 이르는 것은 너희로 내 안에서 평안을 누리게 하려 함이라 세상에서는 너희가 환난을 당하나 담대하라 내가 세상을 이기었노라

예수님께서는 이제까지 제자들에게 말씀하신 이유가 그들로 하여금 예수 그리스도 안에서 평안을 누리게 하기 위함이라고 말씀하셨습니다. 예수님께서 세상을 이기셨기 때문에 제자들은 세상에서 환난을 당하더

라도 평안을 누릴 수 있는 것입니다.

'세상'은 헬라어로 '코스모스'(κόσμος)인데, '불신적인 집단, 하나님에게서 분리된 사람들의 모든 무리, 죄로 파멸되고 하나님과 적대 관계에 있는 세상'을 의미합니다.

아담과 하와가 타락한 후 인간은 사탄의 권세 아래 있는 세상에서 사는 동안 누구도 예외 없이 환난을 당하게 됩니다. 사람이 이 세상에 태어나 살면서 환난을 전혀 당하지 않을 수 없는 것입니다. 그런데 환난이 다가왔을 때 그것을 극복하느냐 못하느냐에 따라서 인생에서 성공을 거두기도 하고 실패를 하기도 합니다. 이처럼 환난을 통하여 인생의 성패가 결정되기 때문에 사람들이 환난을 극복하기 위해 노력하는 것입니다.

그런데 그리스도인들은 인생을 살아가면서 무시로 경험하는 이러한 환난뿐만 아니라 예수 그리스도를 믿음으로 인한 환난도 당하게 됩니다. 그러나 그리스도인들이 신앙으로 말미암아 세상에서 당하는 환난은 승리를 전제하고 있습니다. 왜냐하면 예수님께서 이미 세상을 이기셨고, 성령께서 도와주시며, 환난 가운데 있을수록 더욱 하나님을 의지하고 열심히 기도하기 때문입니다. 그러므로 그리스도인들은 환난을 당할수록 신앙이 더욱 성숙해지고 굳건해지며, 소망과 사랑도 자라고, 그리스도인의 인격도 자라는 것입니다.

사도 바울은 "우리가 이 보배를 질그릇에 가졌으니 이는 심히 큰 능력은 하나님께 있고 우리에게 있지 아니함을 알게 하려 함이라 우리가 사방으로 욱여쌈을 당하여도 싸이지 아니하며 답답한 일을 당하여도 낙심하지 아니하며 박해를 받아도 버린 바 되지 아니하며 거꾸러뜨림을 당하여도 망하지 아니하고 우리가 항상 예수의 죽음을 몸에 짊어짐은 예수의 생명이 또한 우리 몸에 나타나게 하려 함이라 우리 살아 있는 자가 항상 예수를 위하여 죽음에 넘겨짐은 예수의 생명이 또한 우리 죽을 육체에 나타나게 하려 함이라"(고후 4:7-11)고 말하였습니다. 우리는 질그릇같이 보잘것없는 존재이지만 우리 안에 예수 그리스도께서 계시기 때문에 세상에서 어떠한 환난이 다가와도 그것을 극복하고 이전보다 더욱 위대한 인생을 살게 되는 것입니다.

제 17 장

예수님의 대제사장적 중보 기도

자신을 위한 기도	17:1-5
제자들을 위한 기도	17:6-19
성도들을 위한 기도	17:20-26

A COMMENTARY
ON THE GOSPEL OF
JOHN Ⅱ

고별 설교를 마치고 난 뒤, 예수님께서는 십자가 고난을 앞두고 제사장적 중보 기도를 하셨습니다. 이 기도는 주기도문과 겟세마네 동산에서의 기도와 함께 예수님의 대표적인 기도로 손꼽힙니다. 특히 공관복음서에는 기록되지 않은 것으로 본 서에만 유일하게 기록되어 있는 예수님의 이 기도는, 그 내용이 예수님 자신을 위한 기도로 시작하여 제자들을 위한 기도, 나아가 성도들을 위한 기도로 점차 확대되고 있습니다.

1. 자신을 위한 기도(17:1-5)

1. 예수께서 이 말씀을 하시고 눈을 들어 하늘을 우러러 이르시되 아버지여 때가 이르렀사오니 아들을 영화롭게 하사 아들로 아버지를 영화롭게 하게 하옵소서 2. 아버지께서 아들에게 주신 모든 사람에게 영생을 주게 하시려고 만민을 다스리는 권세를 아들에게 주셨음이로소이다 3. 영생은 곧 유일하신 참 하나님과 그가 보내신 자 예수 그리스도를 아는 것이니이다 4. 아버지께서 내게 하라고 주신 일을 내가 이루어 아버지를 이 세상에서 영화롭게 하였사오니 5. 아버지여 창세전에 내가 아버지와 함께 가졌던 영화로써 지금도 아버지와 함께 나를 영화롭게 하옵소서

1절 예수께서 이 말씀을 하시고 눈을 들어 하늘을 우러러 이르시되 아버지여 때가 이르렀사오니 아들을 영화롭게 하사 아들로 아버지를 영화롭게 하게 하옵소서

예수님께서는 제자들에게 교훈을 말씀하시고 나서 눈을 들어 하늘을 보시며 하나님께 기도하셨습니다.

"아버지여 때가 이르렀사오니 아들을 영화롭게 하사 아들로 아버지를 영화롭게 하게 하옵소서". 여기서 '때'는 예수님께서 십자가에 못 박혀 죽으시고 다시 부활하심으로써 이 세상에 오신 목적을 이루실 때를 의미합니다. '때'는 하나님께서 역사하심에 있어서 매우 중요합니다. 이에 대해 예수님께서는 때와 시기는 하나님께서 자신의 권한에 두셨다고 말씀하셨으며(행 1:7), 성경에는 "범사에 기한이 있고 천하 만사가 다 때가 있나니"(전 3:1)라고 기록되어 있습니다. 하나님께서는 때를 어기지 않으시고, 반드시 때를 따라 아름답게 역사하십니다. 하나님께서는 하나님의 계획대로 예정하신 때에 역사하시는 것입니다. 이러한 하나님의 때는 예수님의 사역에도 동일하게 적용되었습니다. "때가 차매"(갈 4:4) 예수님께서 이 세상에 성육신하셨고, 수난의 때가 되자 십자가에 못 박혀 죽으심으로써 인류의 죄를 대속하시고 구원을 완성하신 것입니다.

"아들을 영화롭게 하사". 이 말은 '은혜를 주다, 하나님께서 영광을 나타내 주다'라는 뜻입니다. 마음속에 하나님의 증거가 충만하고 하나님의 살아 계신 영광이 충만하여 담대해지면 하나님께 영광이 되는 삶을 살 수 있습니다. 그런데 하나님의 아들이신 예수님께서 하늘을 우러러 하나님께 은혜를 구한 것을 볼 때, 십자가에 못 박혀 대속의 죽임을 당한다는 것이 얼마나 고통스럽고 용기가 필요한 일인지를 짐작할 수 있습니다. 그리고 이처럼 고통스러운 예수님의 대속의 죽음과 부활은 곧 하나님께 영광이 된다는 것을 알 수 있습니다.

2절 아버지께서 아들에게 주신 모든 사람에게 영생을 주게 하시려고 만민을 다스리는 권세를 아들에게 주셨음이로소이다

하나님께서는 구원받기로 예정된 모든 자에게 영생을 주게 하시려고 예수님에게 만민을 다스리는 권세를 주셨습니다. 그런데 우리는 여기서 이 세상 사람 모두가 하나님의 구원을 받는 것이 아니라는 것을 알 수 있습니다. 하나님께서 창세전에 택하신 자들만이 하나님의 부르심을 받아 예수 그리스도를 믿고 구원받게 되는 것입니다. 그러나 하나님께 택함 받은 자라고 할지라도 복음을 듣지 못한다면 예수님을 믿고 구원받을 기회가 없습니다. 하나님께서는 "전도의 미련한 것으로"(고전 1:21) 택한 자의 구원을 이루십니다. 그래서 예수님께서도 훗날 바울이 고린도에 있을 때 환상 가운데 나타나셔서 "이 성 중에 내 백성이 많음이라"(행 18:10)고 말씀하시면서 열심히 전도할 것을 촉구하셨던 것입니다. 이러므로 우리는 때를 얻든지 못 얻든지 성령의 인도하심을 받아 전도에 힘써서 하나님의 택함을 받은 사람들이 구원받을 수 있도록 하여야겠습니다.

3절 영생은 곧 유일하신 참하나님과 그가 보내신 자 예수 그리스도를 아는 것이니이다

'영생' 은 헬라어로 '헤 아이오니오스 조에'(*ἡ αἰώνιος ζωή*)인데, 이는 '하나님의 생명' 을 뜻합니다. 예수님께서는 영생, 즉 하나님의 생명은 '곧 유일하신 참하나님과 그가 보내신 자 예수 그리스도를 아는 것' 이라고 말씀하셨습니다. 죄로 인하여 타락한 후, 인간은 자신의 지혜로 하나님을 알지 못하게 되었습니다(고전 1:21). 죄에 눈이 가리워져서 하나님을 알아보지 못하고 대적하게 된 것입니다. 그렇기 때문에 하나님께서는

죄 가운데 빠져 있는 인간들을 구원하시기 위하여 여러 가지 방법으로 스스로를 계시하셨습니다. 그중 하나님의 아들이신 예수 그리스도의 성육신은 계시의 절정을 이룬 사건이라고 할 수 있습니다. 예수 그리스도를 통해 구원 사역을 완성하신 하나님께서는 누구든지 예수 그리스도를 믿기만 하면 구원받고 영생을 얻게 하십니다. 한편 하나님과 예수님께서는 하나이시기 때문에 예수 그리스도를 알고 믿는다는 것은 곧 그를 이 세상에 보내신 참하나님을 알고 믿는 것이기도 합니다. 이와 같이 참 하나님과 예수 그리스도를 아는 자에게는 영생이 주어지는 것입니다.

4-5절 아버지께서 내게 하라고 주신 일을 내가 이루어 아버지를 이 세상에서 영화롭게 하였사오니 아버지여 창세전에 내가 아버지와 함께 가졌던 영화로써 지금도 아버지와 함께 나를 영화롭게 하옵소서

하나님께서는 예수님에게 세상에 가서 인류의 구원을 위하여 하나님의 뜻을 펼치고 대속의 죽임을 당할 것을 부탁하셨습니다. 그래서 예수님께서는 하나님의 뜻에 순종하여 하늘 영광을 버리시고 이 세상에 육신을 입고 오셔서 하나님의 뜻을 나타내시고 구원 사역을 완성시키셨습니다. 예수님께서 죄인에게는 용서의 뜻을, 반역한 자에게는 화목의 뜻을, 속박당한 자에게는 마귀와 질병으로부터 해방의 뜻을, 저주받은 자에게는 하나님의 복의 뜻을, 죽어 가는 자에게는 영생의 뜻을 펼쳐 주시고 하나님의 뜻을 다 이루셨기 때문에 하나님께서 영화로움을 얻으셨습니다.

그런데 우리는 여기서 하나의 모순점을 발견할 수 있습니다. 그것은 아직 예수님께서는 자신의 사역이 다 끝나지 않으셨음에도 불구하고 다 이

루었다고 고백하고 계시다는 것입니다. 그러나 하나님께서는 미쁘셔서 자신의 뜻을 반드시 이루신다는 점을 감안할 때(살전 5:24), 이것은 모순이 아니라는 것을 알 수 있습니다. 시간적으로 볼 때 예수님의 사역은 아직 끝나지 않았지만, 예수님께서 이 세상에서 마귀의 권세를 깨뜨리고 승리하실 것은 이미 하나님의 약속으로 명문화되어 있기 때문입니다(창 3:15).

"아버지여 창세전에 내가 아버지와 함께 가졌던 영화로써 지금도 아버지와 함께 나를 영화롭게 하옵소서". 삼위일체 하나님께서는 창세전부터 함께 계셨습니다. 성부 하나님과 성자 예수님과 보혜사 성령께서는 하늘 영광을 함께 누리고 계셨습니다. 그런데 예수님께서 하늘 영광을 버리시고 비천한 인간으로 이 세상에 오셨던 것입니다. 그리고 십자가에 못 박혀 죽으심으로써 인류에게 구원의 길이 되어 주시고 하나님을 영화롭게 하셨습니다. 그러므로 이제 이 세상에서의 사역을 끝내고 승천하실 예수님께서는 다시 하나님과 함께 영광을 누리게 되기를 기도하신 것입니다.

2. 제자들을 위한 기도(17:6-19)

6. 세상 중에서 내게 주신 사람들에게 내가 아버지의 이름을 나타내었나이다 그들은 아버지의 것이었는데 내게 주셨으며 그들은 아버

지의 말씀을 지키었나이다 7. 지금 그들은 아버지께서 내게 주신 것
이 다 아버지로부터 온 것인 줄 알았나이다 8. 나는 아버지께서 내게
주신 말씀들을 그들에게 주었사오며 그들은 이것을 받고 내가 아버
지께로부터 나온 줄을 참으로 아오며 아버지께서 나를 보내신 줄도
믿었사옵나이다 9. 내가 그들을 위하여 비옵나니 내가 비옵는 것은
세상을 위함이 아니요 내게 주신 자들을 위함이니이다 그들은 아버
지의 것이로소이다 10. 내 것은 다 아버지의 것이요 아버지의 것은
내 것이온데 내가 그들로 말미암아 영광을 받았나이다 11. 나는 세상
에 더 있지 아니하오나 그들은 세상에 있사옵고 나는 아버지께로 가
옵나니 거룩하신 아버지여 내게 주신 아버지의 이름으로 그들을 보
전하사 우리와 같이 그들도 하나가 되게 하옵소서 12. 내가 그들과
함께 있을 때에 내게 주신 아버지의 이름으로 그들을 보전하고 지키
었나이다 그중의 하나도 멸망하지 않고 다만 멸망의 자식뿐이오니
이는 성경을 응하게 함이니이다 13. 지금 내가 아버지께로 가오니
내가 세상에서 이 말을 하옵는 것은 그들로 내 기쁨을 그들 안에 충만
히 가지게 하려 함이니이다 14. 내가 아버지의 말씀을 그들에게 주
었사오매 세상이 그들을 미워하였사오니 이는 내가 세상에 속하지
아니함같이 그들도 세상에 속하지 아니함으로 인함이니이다 15. 내
가 비옵는 것은 그들을 세상에서 데려가시기를 위함이 아니요 다만
악에 빠지지 않게 보전하시기를 위함이니이다 16. 내가 세상에 속하
지 아니함같이 그들도 세상에 속하지 아니하였사옵나이다 17. 그들
을 진리로 거룩하게 하옵소서 아버지의 말씀은 진리니이다 18. 아버
지께서 나를 세상에 보내신 것같이 나도 그들을 세상에 보내었고 19.
또 그들을 위하여 내가 나를 거룩하게 하오니 이는 그들도 진리로 거
룩함을 얻게 하려 함이니이다

6절 세상 중에서 내게 주신 사람들에게 내가 아버지의 이름을 나타

내었나이다 그들은 아버지의 것이었는데 내게 주셨으며 그들은 아버지의 말씀을 지키었나이다

"세상 중에서 내게 주신 사람들에게". 하나님께서는 당신의 절대 주권적 의지로 창세전에 하나님의 자녀를 택하시고 세상 중에서 그들을 예수님에게 주셨습니다. 그리고 예수님께서는 이 세상에서 그들에게 하나님의 이름, 즉 하나님의 인격과 능력과 구원의 뜻을 보여 주셨습니다. 또한 예수님께서는 몸소 하나님의 말씀을 온전히 지키셨으며, 제자들에게 예수님의 말씀이 곧 하나님의 말씀임을 밝히시고 예수님의 말씀을 지키라고 명하셨습니다(14:24). 예수님께서 지키라고 명하신 말씀은 구약의 율법과 계명이 아닙니다. 말씀으로서 육신을 입고 오신 예수 그리스도를 영접하여 믿고, 그의 말씀을 믿고 지켜 행하라는 것입니다. 제자들은 예수 그리스도를 믿고 그 말씀을 준행함으로써 하나님과 화목하게 되었습니다. 예수님께서는 바로 이러한 점을 들어 제자들을 하나님 앞에 칭찬하고 계신 것입니다.

7절 지금 그들은 아버지께서 내게 주신 것이 다 아버지로부터 온 것인 줄 알았나이다

제자들은 예수님과 3년 반 동안 함께 지내면서 예수님의 말씀을 듣고 수많은 기적을 목격하였습니다. 그러나 그들은 예수님께서 행하시는 모든 일과 말씀이 하나님으로부터 온 것임을 알지 못하고 있었습니다. 그런데 이제는 예수님께서 하시는 말씀은 예수님 스스로 하시는 것이 아니라 하나님께서 하시는 말씀이며, 예수님께서 행하시는 기적도 하나님께서 행하시는 것임을 깨달았다는 것입니다.

8절 나는 아버지께서 내게 주신 말씀들을 그들에게 주었사오며 그들은 이것을 받고 내가 아버지께로부터 나온 줄을 참으로 아오며 아버지께서 나를 보내신 줄도 믿었사옵나이다

예수님께서는 하나님으로부터 말씀을 받아 사람들에게 교훈을 주시고 말씀을 선포하셨습니다. 그러나 사람들은 예수님의 말씀을 깨닫고 믿기는커녕 오히려 예수님을 이유 없이 미워하고 심지어 죽이려고 하였습니다. 이처럼 예수님의 말씀을 깨닫지 못하기는 제자들도 마찬가지였습니다. 제자들은 예수님과 늘 동행하면서 예수님의 말씀을 들었지만, 이제껏 예수님께서 메시아이시라는 사실을 확실히 깨닫지 못하고 믿지 않았습니다. 그러나 이제 그들은 예수님께서 하나님의 보내심을 받고 하나님으로부터 오신 분이라는 것을 깨닫고 믿음의 고백을 하기에 이른 것입니다(16:30). 그러므로 예수님께서는 제자들의 이러한 깨달음과 믿음에 대하여 하나님께 감사하신 것입니다.

9-10절 내가 그들을 위하여 비옵나니 내가 비옵는 것은 세상을 위함이 아니요 내게 주신 자들을 위함이니이다 그들은 아버지의 것이로소이다 내 것은 다 아버지의 것이요 아버지의 것은 내 것이온데 내가 그들로 말미암아 영광을 받았나이다

예수님께서는 제자들로 인하여 하나님께 감사드리신 후, 제자들을 위하여 기도하기 시작하셨습니다.

"내 것은 다 아버지의 것이요 아버지의 것은 내 것이온데". 예수님의 이 말씀은 성부 하나님과 성자 예수님께서 하나이시며 동등한 관계임을 보여 줍니다. 하나님께서는 예수님에게 만민을 다스리는 권세를 주셨고,

예수님께서는 자신이 받은 권세를 하나님의 영광만을 위하여 사용하셨습니다. 이와 같이 성부 하나님과 성자 예수님의 사역은 구별되어 있지만, 성부 하나님과 성자 예수님은 보혜사 성령과 더불어 한 분 하나님이십니다.

한편 예수님께서는 제자들로 말미암아 영광을 받으셨다고 말씀하셨습니다. 이 말씀은 예수님께서 제자들에게 '하나님으로부터 오신 메시아' 로 인정받으심으로 영광을 받으셨다는 것을 보여 주는 동시에, 장차 제자들이 성령 충만함을 받고 그리스도의 사역자가 되어 예수님께 영광을 드리게 될 것임을 암시해 줍니다. 예수님께서는 제자들의 장래를 미리 보고 아셨기 때문에 이처럼 확신을 가지고 말씀하실 수 있었던 것입니다.

11절 나는 세상에 더 있지 아니하오나 그들은 세상에 있사옵고 나는 아버지께로 가옵나니 거룩하신 아버지여 내게 주신 아버지의 이름으로 그들을 보전하사 우리와 같이 그들도 하나가 되게 하옵소서

십자가의 고난과 부활의 때가 눈앞에 다가와 있음을 아시는 예수님의 마음에는 자신이 승천한 후 이 세상에 남아 있을 제자들의 안전에 대한 생각으로 가득했습니다. 그래서 예수님께서는 하나님의 이름으로 악한 세상에서 제자들을 보전해 달라고 기도하셨습니다. '보전하다' 는 헬라어로 '테레오'(*τηρέω*)인데, '조심스럽게 돌보다, 굳게 붙들다, 보호하다' 라는 뜻입니다. 즉, 예수님께서는 제자들이 세상의 죄악을 물리치고 거룩히 구별되어 살며, 이 세상에 사는 동안 수행하게 될 그들의 사역을

잘 감당할 수 있도록 하나님께서 그들을 돌보시고 붙들어 보호하여 주실 것을 기도하신 것입니다.

예수님께서 하나님께 제자들을 보전해 달라고 기도하신 궁극적인 목적은, 하나님과 예수님께서 하나인 것같이 그들도 하나가 되게 하는 것이었습니다. 예수님의 이 기도를 통해 우리는 예수님께서 원하시는 것은 분열이 아니라 하나가 되는 것임을 분명히 알 수 있습니다. 예수님 안에서 형제 자매된 자들이 서로 분열하는 것은 결코 바람직한 일이 아닙니다. 그러므로 예수님의 보혈로 씻음받고 영생을 얻고 성령으로 하나 된 우리는 절대로 분쟁하지 말아야 합니다. 설령 교리가 조금 다르고 믿는 방법에 차이가 있을지라도 그러한 차이점들을 서로 용납하고, 예수 그리스도 안에서 한 믿음을 가지고 하나로 뭉쳐야 하는 것입니다.

12절 내가 그들과 함께 있을 때에 내게 주신 아버지의 이름으로 그들을 보전하고 지키었나이다 그중의 하나도 멸망하지 않고 다만 멸망의 자식뿐이오니 이는 성경을 응하게 함이니이다

예수님께서는 이 세상에 계시는 동안 제자들을 하나님의 이름으로 보전하여 지켰다고 말씀하셨습니다. 단지 멸망의 자식 한 사람만 잃어 버렸을 뿐 나머지 열한 명의 제자는 보전했다고 하셨습니다. 여기서 '멸망의 자식' 은 가룟 유다를 가리킵니다. 가룟 유다는 스스로 대제사장들을 찾아가서 예수님을 은 삼십에 팔아 넘겼습니다(마 26:14-16; 막 14:10-11; 눅 22:3-6). 이러한 가룟 유다의 배신행위는 자신의 주관적인 결정에 의한 것이었지만, 궁극적으로는 성경의 예언을 이루는 결과가 되었습니다. 가룟 유다의 배신은 "내가 신뢰하여 내 떡을 나눠 먹던 나의 가까운 친구도 나

를 대적하여 그의 발꿈치를 들었나이다"(시 41:9)라는 구약의 예언을 성취시킨 것입니다.

13절 지금 내가 아버지께로 가오니 내가 세상에서 이 말을 하옵는 것은 그들로 내 기쁨을 그들 안에 충만히 가지게 하려 함이니이다

예수님께서 지금 기도하시는 것은 예수님의 기쁨을 제자들이 충만히 받아 누리기를 원하기 때문이라고 하셨습니다. 예수님께서 이 세상에 계시는 동안 수많은 박해와 고난을 당하셨음에도 불구하고 그것을 다 참으실 수 있었던 것은 기쁨 때문이었습니다. 이에 대하여 성경에는 "그는 그 앞에 있는 기쁨을 위하여 십자가를 참으사 부끄러움을 개의치 아니하시더니 하나님 보좌 우편에 앉으셨느니라"(히 12:2)고 기록되어 있습니다.

인간이 누릴 수 있는 기쁨에는 두 가지가 있습니다. 하나는 세상이 주는 기쁨이고, 다른 하나는 하나님으로부터 오는 기쁨입니다. 세상이 주는 기쁨은 순간적으로 왔다가 금방 사라져 버립니다. 반면에 예수님 안에서 성령을 통해 공급받는 기쁨은 영원합니다. 이 세상을 사는 동안 성령을 통해 하나님의 보호를 받는 기쁨은 그 무엇과도 바꿀 수 없을 정도로 귀한 것입니다. 그런데 이러한 기쁨은 중생하고 성령 침례를 받은 사람만이 누릴 수 있습니다. 그렇기 때문에 진정한 그리스도인들은 세상 사람들이 알지 못하는 예수님의 기쁨을 갖고 늘 기쁘게 생활할 수 있는 것입니다.

하나님으로부터 오는 기쁨은 그리스도인들에게 힘이 됩니다. 따라서 마음에 기쁨이 사라지면 힘도 잃어버리고 맙니다. 성경에는 "항상 기뻐하라"(살전 5:16)고 기록되어 있습니다. 기쁨은 삶의 원동력이요, 하나님

의 뜻입니다(살전 5:18). 지금 여러분은 기쁨이 충만합니까? 환난과 시험과 고통 가운데서도 기뻐하십니까? 기쁨은 성령 충만과 불가분의 관계에 있습니다. 그러므로 우리는 마음속에 불안과 염려와 슬픔과 절망이 다가올 때마다 이를 몰아내고 성령으로 충만하기 위해 기도함으로써 우리의 마음이 늘 기쁨으로 충만하게 되도록 하여야겠습니다.

14절 내가 아버지의 말씀을 그들에게 주었사오매 세상이 그들을 미워하였사오니 이는 내가 세상에 속하지 아니함같이 그들도 세상에 속하지 아니함으로 인함이니이다

본 절에는 제자들이 신앙 때문에 고난받을 것을 아시고 이를 위해 기도하시는 예수님의 사랑이 드러나 있습니다. 제자들은 예수님께서 주신 하나님의 말씀을 받아 하나님께 속한 자가 되었으며, 이로 인하여 세상으로부터 미움과 박해를 받게 되었습니다. 빛과 어둠이 섞일 수 없듯이 하나님께 속한 자는 하나님을 대적하는 세상에 속한 자들과 구별될 수밖에 없습니다. 왜냐하면 하나님께 속한 자와 세상에 속한 자는 인생관, 가치관, 물질관이 서로 다를 뿐 아니라 근본적으로 신분이 다르기 때문입니다. 세상에 속한 자는 죄의 종노릇을 하며 세상의 것에 인생의 목표를 두고 그것을 추구하고 섬기다가 죽게 되지만, 하나님께 속한 자는 "택하신 족속이요 왕 같은 제사장들이요 거룩한 나라요 하나님의 소유가 된 백성"(벧전 2:9)으로서 하늘나라에 목표를 두고 하나님의 영광을 위해 하나님 중심으로 살며 영생을 얻는 것입니다. 이와 같이 서로 다르기 때문에 세상에 속한 자들은 하나님을 대적하고 예수님을 박해하는 것과 마찬가지로 하나님께 속한 성도들을 미워하고 박해하는 것입니다.

15절 내가 비옵는 것은 그들을 세상에서 데려가시기를 위함이 아니요 다만 악에 빠지지 않게 보전하시기를 위함이니이다

예수님께서는 제자들을 위하여 "그들을 세상에서 데려가시기를 위함이 아니요, 다만 악에 빠지지 않게 보전하시기를" 하나님께 기도하셨습니다. 이러한 예수님의 기도는 제자들이 이 세상에서 해야 할 일이 있음을 보여 줍니다. 예수님께서는 세상에 속하지 않은 분이셨지만, 하나님으로부터 받은 사명을 완수하실 때까지는 세상에 머물러 계셨습니다. 이와 마찬가지로 제자들도 하나님의 말씀을 받아 하나님께 속한 자가 되었지만, 그들의 사명을 다 완수할 때까지는 세상에 있어야 하는 것입니다. 그러므로 예수님께서는 자신이 승천한 후 세상에 남아서 사역을 감당할 제자들이 악에 빠지지 않게 하나님께서 보호해 주시기를 기도하신 것입니다.

본 절의 '악'은 '악한 자', 곧 '마귀'를 가리킵니다. 성경에는 "하나님께로부터 난 자는 다 범죄하지 아니하는 줄을 우리가 아노라 하나님께로부터 나신 자가 그를 지키시매 악한 자가 그를 만지지도 못하느니라"(요일 5:18)고 기록되어 있으며, "모든 것 위에 믿음의 방패를 가지고 이로써 능히 악한 자의 모든 불화살을 소멸하고"(엡 6:16)라고 권면합니다. 그러므로 우리는 마귀로부터 우리를 지켜 주시는 예수님을 굳게 믿고 의지하며, 나아가서 마귀를 대적하여 물리쳐야겠습니다(약 4:7; 벧전 5:8-9).

16절 내가 세상에 속하지 아니함같이 그들도 세상에 속하지 아니하였사옵나이다

예수님께서는, 제자들이 악으로부터 보호받아야 하는 이유를 예수님

께서 세상에 속하지 아니하신 것같이 제자들도 세상에 속하지 아니하였기 때문이라고 하셨습니다. 세상에는 두 종류의 사람, 즉 하나님께 속한 '영의 사람' 과 세상에 속한 '육의 사람' 이 있습니다. '육의 사람' 은 영이 죽고 육만 살아 있기 때문에 신령한 세계에 대해서는 관심도 없고 알지도 못합니다. 단지 육신의 정욕과 안목의 정욕과 이 세상 자랑을 따라 살다가 죽을 뿐입니다. 그러나 성령의 역사하심으로 회개하고 예수 그리스도를 믿으면, 그 순간 성령으로 거듭남으로 말미암아 영이 살아나 '영의 사람' 이 되는 것입니다. 영이 살아나면, 이전에는 알지도 못했던 영적인 세계를 받아들이고 이해하게 되며 영적인 세계와의 교통이 이루어지게 됩니다. 예수 그리스도를 믿고 거듭난 영의 사람은 그 안에 성령께서 임하여 거하시게 되며, 하나님의 영원한 생명을 얻게 됩니다. 그리고 더 이상 세상 것에 마음을 두지 않고 거룩히 구별된 자로서 살게 되는 것입니다. 이와 같이 서로 완전히 다른 별개의 삶을 살기 때문에 '육의 사람' 은 '영의 사람' 을 이해하지 못하고 이유 없이 미워하고 박해합니다. 그래서 하나님께 속한 '영의 사람' 에게는 이 세상에서 사는 동안 하나님의 보호가 필요하므로, 예수님께서 이를 위하여 기도하신 것입니다.

17절 그들을 진리로 거룩하게 하옵소서 아버지의 말씀은 진리니이다

'거룩하게 하다' 는 헬라어로 '하기아조'(ἁγιάζω)인데, '영혼의 개조에 의해 내적으로 깨끗하게 되다' 라는 뜻으로 성결한 삶, 즉 세상과 분리된 고결하고 위대한 삶을 가리키는 말입니다. 예수님께서는 참된 하나님의 말씀으로 제자들을 거룩하게 해 달라고 기도하셨습니다. 제자들은 예수님께서 일러 주신 말씀으로 이미 깨끗해졌지만(15:3), 성결을 유지하기 위해서는 하나님의 말씀을 늘 읽고 묵상하며 깨달아야 하기 때문입니다.

예수님께서는 우리가 이 세상에서 때 묻고 옹졸하고 열등의식과 좌절감과 자기 비하 속에 쓰러져서 사는 것을 원하시지 않습니다. 우리가 하나님의 말씀으로 거룩하게 되어 주님의 형상을 닮아 가기를 원하십니다. 우리를 거룩하게 해 주는 것은 하나님의 진리의 말씀입니다. 하나님의 말씀을 꾸준히 듣고 깨닫고 배움으로 말미암아 우리가 더욱 고결하고 위대하게 변화되는 것입니다. 하나님의 말씀이 우리 속에 들어오면 들어올수록 우리의 인품이 고결해지고 우리가 하나님 안에서 위대한 인물로 변화되는 것입니다. 하나님의 말씀은 우리를 흑암에서 광명으로, 무질서에서 질서로, 죽음에서 생명으로, 가난에서 부요로 이끌어 줍니다. 또한 낭패와 실망 중에서도 용기와 믿음을 갖게 해 줍니다. 그리하여 눈에는 아무 증거 안 보이고, 귀에는 아무 소리 안 들리고, 손에는 잡히는 것 없어도 담대하게 일어나서 "믿습니다!"로 나아갈 수 있는 위대한 믿음의 사람으로 만들어 주는 것입니다.

18절 아버지께서 나를 세상에 보내신 것같이 나도 그들을 세상에 보내었고

예수님께서는 하나님으로부터 죄 가운데 있는 인간들에게 하나님 나라를 선포하고 구원을 이루라는 사명을 받고 세상에 오셨습니다. 이처럼 막중한 사명을 받고 이 세상에 오신 예수님께서는 그 사명을 충실히 수행하시는 한편 제자들을 훈련시키시고 그들에게 사명을 주어 세상에 보내시기도 하셨습니다(마 10:5). 그리고 승천하시기 전에 "너희는 온 천하에 다니며 만민에게 복음을 전파하라"(막 16:15)고 명령하셨습니다. 그

러므로 예수님을 믿고 따르는 예수님의 제자들은 복음 전파에 힘써 세상 사람들을 주님께로 인도함으로써 예수님께서 주신 사명을 완수하여야 하는 것입니다.

19절 또 그들을 위하여 내가 나를 거룩하게 하오니 이는 그들도 진리로 거룩함을 얻게 하려 함이니이다

예수님께서는 제자들을 위하여 스스로 거룩하게 하심으로써 본보기가 되셨습니다. 예수님께서 이처럼 먼저 모범을 보이신 것은 제자들도 예수님처럼 거룩해지기를 원하셨기 때문입니다. 그러므로 예수님의 제자 된 자들은 예수 그리스도의 고결한 성품과 위대성을 본받아 살아야 하는데, 제자들은 예수님처럼 스스로 거룩해지는 것이 아니라 하나님의 말씀으로 거룩함을 얻게 됩니다.

3. 성도들을 위한 기도(17:20-26)

20. 내가 비옵는 것은 이 사람들만 위함이 아니요 또 그들의 말로 말미암아 나를 믿는 사람들도 위함이니 21. 아버지여, 아버지께서 내 안에, 내가 아버지 안에 있는 것같이 그들도 다 하나가 되어 우리 안에 있게 하사 세상으로 아버지께서 나를 보내신 것을 믿게 하옵소서 22. 내게 주신 영광을 내가 그들에게 주었사오니 이는 우리가 하나가

된 것같이 그들도 하나가 되게 하려 함이니이다 23. 곧 내가 그들 안
에 있고 아버지께서 내 안에 계시어 그들로 온전함을 이루어 하나가
되게 하려 함은 아버지께서 나를 보내신 것과 또 나를 사랑하심같이
그들도 사랑하신 것을 세상으로 알게 하려 함이로소이다 24. 아버
지여 내게 주신 자도 나 있는 곳에 나와 함께 있어 아버지께서 창세
전부터 나를 사랑하시므로 내게 주신 나의 영광을 그들로 보게 하시
기를 원하옵나이다 25. 의로우신 아버지여 세상이 아버지를 알지
못하여도 나는 아버지를 알았사옵고 그들도 아버지께서 나를 보내
신 줄 알았사옵나이다 26. 내가 아버지의 이름을 그들에게 알게 하
였고 또 알게 하리니 이는 나를 사랑하신 사랑이 그들 안에 있고 나
도 그들 안에 있게 하려 함이니이다

20절 내가 비옵는 것은 이 사람들만 위함이 아니요 또 그들의 말로 말미암아 나를 믿는 사람들도 위함이니

'이 사람들' 은 예수님의 제자들을 가리킵니다. 예수님께서는 자신의 기도가 제자들뿐 아니라 제자들의 전도를 받고 예수 그리스도를 믿게 된 모든 사람들도 위한 기도라고 말씀하셨습니다. 이 말씀을 볼 때, 제자들은 예수님의 말씀을 들음으로써 믿음이 생겼지만 성도들의 믿음은 제자들의 복음 전파를 통하여 이루어질 것임을 알 수 있습니다. 제자들의 믿음이 하나님으로부터 사명을 받고 오신 예수님을 통하여 생겼듯이 이제는 예수님으로부터 사명을 받은 제자들을 통하여 새로운 성도들이 생겨날 것입니다. 예수님께서는 바로 이러한 미래의 성도들을 위해서도 기도하신 것입니다.

21절 아버지여, 아버지께서 내 안에, 내가 아버지 안에 있는 것같이 그들도 다 하나가 되어 우리 안에 있게 하사 세상으로 아버지께서 나를 보내신 것을 믿게 하옵소서

예수님께서는 성도들이 다 하나가 되게 해 달라고 기도하셨습니다. 성부 하나님과 성자 예수님이 하나이듯이 성도들도 하나가 되어 하나님과 예수 그리스도 안에 있게 하여 세상이 예수 그리스도를 믿게 되기를 기도하셨습니다. 성도들은 모두 포도나무 되신 예수 그리스도께 접붙은 가지로서 한 몸을 이루고 있는 지체들입니다. 각 지체들이 서로 형태나 기능의 차이가 있을지라도 함께 연합하여 한 생명체를 이루고 있듯이, 성도들도 다양한 특징과 개성을 가지고 있지만 예수 그리스도의 생명 안에서 서로 조화를 이루고 한 몸을 이루는 것입니다. 한 몸을 이루고 있는 지체들이 일을 수행함에 있어서 똑같은 목적 아래 통일성 있게 움직이는 것처럼, 하나 된 성도들은 한 믿음으로 한 분 성령의 역사하심에 따라 자신의 사역을 하게 됩니다. 이렇게 하나가 되어 집결된 힘으로 세상에 나아가서 사역을 감당할 때, 불신으로 가득했던 세상도 변화되어 예수 그리스도를 믿게 되는 것입니다.

22절 내게 주신 영광을 내가 그들에게 주었사오니 이는 우리가 하나가 된 것같이 그들도 하나가 되게 하려 함이니이다

예수님께서는 창세전부터 하늘 영광 가운데 계셨습니다. 그리고 잠시 이 세상에 비천한 몸으로 오셔서 십자가에 못 박혀 죽으셨다가 부활하심으로 영광을 받으셨습니다. 그런데 예수님께서는 성도들이 하나가 되게 하기 위하여 그 영광을 성도들에게 주셨다고 하셨습니다. 여기서 우리는

한 가지 깨달음을 얻게 됩니다. 그것은 하나님과 하나로 연합된 예수님께서 하나님의 뜻에 죽기까지 순종하여 십자가의 고난을 통하여 영광을 받으셨듯이, 예수님 안에서 하나로 연합된 성도들도 예수님의 뜻에 순종하여 각자 자신의 십자가를 지고 예수님께서 걸어가신 십자가의 길을 따라갈 때 예수님의 영광을 함께 누릴 수 있다는 것입니다.

23절 곧 내가 그들 안에 있고 아버지께서 내 안에 계시어 그들로 온전함을 이루어 하나가 되게 하려 함은 아버지께서 나를 보내신 것과 또 나를 사랑하심같이 그들도 사랑하신 것을 세상으로 알게 하려 함이로소이다

"내가 그들 안에 있고 아버지께서 내 안에 계시어". 이 말씀은 하나님께서 예수님 안에 계시고 예수님께서 성도들 안에 계시다는 것입니다. 이 말씀은 결국 성도들 안에는 예수님과 하나님이 계시다는 것을 일깨워 줍니다. 성도들은 그 마음속에 하나님과 예수님이 계시기 때문에 온전함을 이루어 하나가 될 수 있습니다. 그런데 이렇게 되기 위해서는 성령을 체험하여야 합니다. 성령 침례를 받고 하나님의 영광과 은혜를 체험할 때, 비로소 우리는 하나님께서 예수님 안에 계시고 예수님께서 내 마음속에 계시다는 것을 깨닫고 참신앙인이 되는 것입니다. 이와 같이 신앙이란 초월적인 체험입니다. 하나님의 말씀이 기초가 되어서 초월적인 하나님과의 만남을 체험할 때, 영혼이 살아나고 뜨거운 신앙이 생기는 것입니다.

"아버지께서 나를 보내신 것과 또 나를 사랑하심 같이 그들도 사랑하신 것을 세상으로 알게 하려 함이로소이다". 성령 체험을 하면 하나님의

사랑이 마음속에 깨달아지고 느껴지므로 그 사랑과 은혜에 감격하여 세상에 나가 하나님의 사랑을 전하게 됩니다. 예수님께서는 이처럼 성도들이 성령 체험을 통하여 깨달은 하나님의 사랑을 세상에 증거함으로써 이를 알지 못하던 세상 사람들이 하나님의 사랑을 알고 인정하게 되기를 원하셨습니다.

24절 아버지여 내게 주신 자도 나 있는 곳에 나와 함께 있어 아버지께서 창세전부터 나를 사랑하시므로 내게 주신 나의 영광을 그들로 보게 하시기를 원하옵나이다

'나 있는 곳' 은 '천국' 을 가리킵니다. 예수님께서는 창세전부터 천국에서 하나님의 영광을 누리고 계시다가 그 영광을 버리고 이 세상에 비천한 인간의 몸으로 오셨습니다. 그러나 이 세상에서의 사역을 끝마치고 승천하시면 다시 하나님의 영광 가운데 계시게 됩니다. 그런데 예수님께서는 장차 자신이 승천하여 받을 영광을 혼자 누리기를 원하지 않으셨습니다. 성도들이 자신과 함께 천국에서 자신의 영광에 참여하고 그 영광을 함께 누리게 되기를 원하셨습니다. 그러므로 우리는 장차 하늘나라에서 영생하는 것은 물론 예수님의 영광을 함께 누릴 소망이 있는 것입니다.

25절 의로우신 아버지여 세상이 아버지를 알지 못하여도 나는 아버지를 알았사옵고 그들도 아버지께서 나를 보내신 줄 알았사옵나이다

"의로우신 아버지여 세상이 아버지를 알지 못하여도". 불의한 세상은

의로우신 하나님을 알지 못합니다. 죄의 꺼풀에 덮여 영적 맹인이요, 못 듣는 자가 되어 하나님의 계시가 주어져도 보지 못하고 듣지도 못합니다. 이처럼 세상은 하나님을 알지 못하므로 하나님께서 예수 그리스도를 보내셨다는 사실도 알 수 없습니다. 그래서 세상은 온갖 우상을 만들어 섬기고 죄에 취해 있는 것입니다. 그런데 이렇게 영적으로 무지하기는 하나님을 믿지 않는 이방 세계의 사람들뿐만 아니라 하나님께로부터 택함 받은 백성이라고 자부하는 유대인들도 예외가 아니었습니다. 유대인들은 하나님을 믿고 섬기는 민족이었음에도 불구하고 하나님과 하나님의 말씀을 올바로 알지 못함으로 말미암아 자신들이 고대하던 메시아 예수님을 죽이기까지 했습니다.

그러나 제자들의 전도로 예수 그리스도를 믿게 된 성도들은 예수님을 통하여 하나님을 알고, 또 하나님께서 예수 그리스도를 보내셨다는 사실도 분명하게 아는 것입니다.

26절 내가 아버지의 이름을 그들에게 알게 하였고 또 알게 하리니 이는 나를 사랑하신 사랑이 그들 안에 있고 나도 그들 안에 있게 하려 함이니이다

예수님의 전 생애는 하나님을 계시하는 것이었습니다. 예수님께서는 말씀과 행동뿐만 아니라 자신의 인격을 통해서도 하나님만을 계시하셨습니다. 이와 같이 예수님께서 하나님을 계시하셨으므로 성도들이 하나님의 이름을 알게 된 것입니다.

예수님께서 하나님을 계시하신 목적은 하나님의 사랑이 성도들 안에 있고 예수님 자신도 성도들 안에 있게 하기 위함이었습니다. 성도들은

하나님을 알고 하나님께서 보내신 예수 그리스도를 믿으므로 하나님의 사랑을 충만히 받게 됩니다. 그러므로 우리는 버림을 받은 자가 아니요, 미움을 받는 자도 아니요, 하나님 앞에서 사랑을 받는 자가 된 것입니다. 우리가 이러한 사실을 알게 되면 더욱 힘써서 하나님의 계명을 지키고 하나님을 기쁘시게 하는 삶을 살게 됩니다. 그리고 우리의 마음속에 하나님께서 사랑을 넘치게 부어 주시므로 '사랑의 부자'가 되어 그 사랑을 이웃에게 나누어 줄 수 있게 되는 것입니다.

제 18 장

예수님의 수난

체포되신 예수님 18:1-14
예수님을 부인하는 베드로 18:15-18
안나스의 심문 18:19-24
예수님을 거듭 부인하는 베드로 18:25-27
빌라도의 심문 18:28-40

A COMMENTARY
ON THE GOSPEL OF
JOHN Ⅱ

최후의 만찬을 마치신 후, 예수님께서는 가룟 유다가 자신을 팔아넘기러 간 줄을 아시면서도 피하지 않으시고 그가 올 겟세마네 동산으로 가셨습니다. 예수님께서는 그곳에서 가룟 유다가 이끌고 온 자들에게 체포되어 끌려가셨습니다. 이때 예수님을 멀찍이 따라가던 베드로는 대제사장의 집에 무사히 들어갈 수 있었으나, 자신을 알아보고 "너도 예수의 제자가 아니냐?" 라고 묻는 여종의 질문에 예수님을 모른다고 세 번 부인하고 말았습니다. 예수님께서는 대제사장의 집에서 안나스와 그의 사위이자 당시의 대제사장이었던 가야바에게 심문받으셨습니다. 그리고 다시 총독 빌라도에게 넘겨져 심문을 받으셨습니다.

바야흐로 예수님께서는 십자가 죽음을 향하여 점점 가까이 가고 계십니다. 시시각각 참혹한 죽음이 다가오고 있었지만, 예수님께서는 자신의 사역의 완성을 위하여 필연적으로 거쳐야 하는 일련의 수난 과정을 의연하고 당당하게 받아들이셨습니다.

1. 체포되신 예수님(18:1-14)

1. 예수께서 이 말씀을 하시고 제자들과 함께 기드론 시내 건너편으
로 나가시니 그곳에 동산이 있는데 제자들과 함께 들어가시니라 2.
그곳은 가끔 예수께서 제자들과 모이시는 곳이므로 예수를 파는 유
다도 그곳을 알더라 3. 유다가 군대와 대제사장들과 바리새인들에
게서 얻은 아랫사람들을 데리고 등과 횃불과 무기를 가지고 그리로
오는지라 4. 예수께서 그 당할 일을 다 아시고 나아가 이르시되 너희
가 누구를 찾느냐 5. 대답하되 나사렛 예수라 하거늘 이르시되 내가
그니라 하시니라 그를 파는 유다도 그들과 함께 섰더라 6. 예수께서
그들에게 내가 그니라 하실 때에 그들이 물러가서 땅에 엎드러지는
지라 7. 이에 다시 누구를 찾느냐고 물으신대 그들이 말하되 나사렛
예수라 하거늘 8. 예수께서 대답하시되 너희에게 내가 그니라 하였
으니 나를 찾거든 이 사람들이 가는 것은 용납하라 하시니 9. 이는
아버지께서 내게 주신 자 중에서 하나도 잃지 아니하였사옵나이다
하신 말씀을 응하게 하려 함이러라 10. 이에 시몬 베드로가 칼을 가
졌는데 그것을 빼어 대제사장의 종을 쳐서 오른편 귀를 베어 버리니

그 종의 이름은 말고라 11. 예수께서 베드로더러 이르시되 칼을 칼집에 꽂으라 아버지께서 주신 잔을 내가 마시지 아니하겠느냐 하시니라 12. 이에 군대와 천부장과 유대인의 아랫사람들이 예수를 잡아 결박하여 13. 먼저 안나스에게로 끌고 가니 안나스는 그 해의 대제사장인 가야바의 장인이라 14. 가야바는 유대인들에게 한 사람이 백성을 위하여 죽는 것이 유익하다고 권고하던 자러라

1절 예수께서 이 말씀을 하시고 제자들과 함께 기드론 시내 건너편으로 나가시니 그곳에 동산이 있는데 제자들과 함께 들어가시니라

'이 말씀'은 마가 요한의 다락방에서 드린 예수님의 중보 기도(17장)를 가리킵니다. 예수님께서는 기도를 마치신 후에 제자들과 함께 기드론 시내 건너편에 있는 감람산의 겟세마네 동산에 가셨습니다. '기드론 시내'는 예루살렘과 감람산 사이에 있으며, 겨울에만 물이 흐르는 건천입니다. 예루살렘에서 시내를 건너면 감람나무가 우거진 곳이 있는데, 이곳이 바로 감람산입니다. 예수님께서는 종종 감람산에 가셔서 기도하셨으며, 체포당하시던 날도 기도하시기 위하여 이곳을 찾으셨습니다. 온 인류의 죄악을 다 걸머지고 십자가에 달려서 하나님의 무서운 진노를 한 몸에 받는다는 것은 너무나 고통스러운 일이었습니다. 그렇기 때문에 예수님께서는 제자들에게 "내 마음이 매우 고민하여 죽게 되었으니 너희는 여기 머물러 나와 함께 깨어 있으라"(마 26:38)고 말씀하셨습니다. 예수님께서는 십자가의 수난과 죽음을 눈앞에 두고 그것을 감당할 마음의 준비를 하시기 위하여 피땀을 흘리면서 기도하셨습니다. 이때 예수

님께서 얼마나 큰 소리로 통곡하며 간절히 기도하셨던지 성경에는 "그는 육체에 계실 때에 자기를 죽음에서 능히 구원하실 이에게 심한 통곡과 눈물로 간구와 소원을 올렸고 그의 경건하심으로 말미암아 들으심을 얻었느니라"(히 5:7)고 기록되어 있습니다. 예수님께서는 이 기도를 통하여 십자가의 수난과 죽음을 감당할 힘을 얻어 인류의 구원이라는 큰 사명을 완수하실 수 있었습니다.

2절 그곳은 가끔 예수께서 제자들과 모이시는 곳이므로 예수를 파는 유다도 그곳을 알더라

예수님께서 가끔 제자들을 데리고 겟세마네 동산에 가서 기도하셨기 때문에 제자들에게 있어서 겟세마네 동산은 잘 알려진 곳이었습니다. 그래서 가룟 유다는 예수님께서 겟세마네 동산에 가셨을 것이라고 쉽게 짐작하고 예수님을 체포하러 찾아올 수 있었던 것입니다.

가룟 유다는 예수님께 가장 신임 받는 제자였습니다. 예수님께서는 열두 명의 제자들 중 가룟 유다를 가장 신임하시고 그에게 돈궤를 맡기셨습니다. 그러나 가룟 유다는 이처럼 예수님의 신임과 총애를 받았음에도 불구하고 예수님을 배반하고 말았습니다. 가룟 유다가 예수님을 배반하게 된 이유는 그의 정치적 야욕이 좌절되었기 때문이었습니다. 가룟 유다는 유대를 독립시키려는 정치적 목적을 가지고 예수님을 따랐습니다. 그는 예수님을 따라다니면서 예수님께서 수많은 기적을 행하시는 것과 이를 인하여 수많은 사람이 예수님을 따르는 것을 보았습니다. 가는 곳마다 말씀을 선포하시고 놀라운 기적을 행하시는 예수님의 능력은 유대 땅 전역에 알려졌고 이에 유대인들 사이에서 예수님의 인기가 치솟자,

가룟 유다는 예수님을 이용하여 로마의 압제로부터 유대를 해방시키고 정권을 잡으려는 야욕을 불태웠습니다. 그러나 예수님께서 십자가에 못 박혀 죽었다가 부활하여 인류의 구원을 이루실 영적 메시아라는 것이 밝혀지자, 가룟 유다는 자신의 목적이 좌절되었다는 생각에 분노를 참을 수가 없었습니다. 이에 그는 예수님께 보복하기로 마음먹고 예수님을 은 삼십에 팔아넘긴 것입니다.

3절 유다가 군대와 대제사장들과 바리새인들에게서 얻은 아랫사람들을 데리고 등과 횃불과 무기를 가지고 그리로 오는지라

가룟 유다는 등불을 켜고 횃불을 들고 칼과 몽둥이로 무장한 군대와 및 대제사장들과 바리새인들에게서 얻은 아랫사람들을 데리고 한밤중에 예수님을 체포하러 겟세마네 동산으로 왔습니다. 여기서 '군대'는 로마군 6백 명으로 구성된 부대를 가리킵니다. 그리고 '대제사장들과 바리새인들에게서 얻은 아랫사람들'도 가담하였다는 것은 곧 유대의 최고 기관인 산헤드린이 예수님의 체포에 적극적으로 관여하여 하수인들을 파견했다는 사실을 보여 줍니다. 예수님 한 분을 체포하는 데 마치 흉악한 강도를 잡기라도 하듯 많은 사람들이 동원되었던 것입니다.

4절 예수께서 그 당할 일을 다 아시고 나아가 이르시되 너희가 누구를 찾느냐

예수님께서는 자신이 잡혀 가서 심문을 받고 십자가에 못 박혀 죽게 되리라는 것을 알고 계셨습니다. 그리고 그 수난을 감당하기 위한 기도를 방금 전에 마치고 마음의 준비를 하셨습니다. 그러므로 예수님의 마음에는 고통과 죽음에 대한 두려움이 사라지고 고난의 잔을 기꺼이 마실 수 있는 힘과 용기가 가득하였습니다. 이미 고난을 받아들일 마음의 준비가 되어 있는 예수님께서는 자신을 잡으러 온 무리들 앞에 나아가 그들을 당당하게 맞으셨습니다.

5절 대답하되 나사렛 예수라 하거늘 이르시되 내가 그니라 하시니라 그를 파는 유다도 그들과 함께 섰더라

"너희가 누구를 찾느냐?"는 예수님의 질문에 그들은 "나사렛 예수라"고 대답하였습니다. 이에 예수님께서는 자신이 나사렛 예수님이심을 밝히셨습니다. 여기서 '내가 그니라'는 예수님의 말씀은 하나님께서 "스스로 있는 자"(출 3:14)라고 말씀하셨던 것과 같이 예수님의 신적 권위를 나타내는 것입니다.

"그를 파는 유다도 그들과 함께 섰더라". 이때에 가룟 유다는 예수님을 체포하러 온 자들과 함께 서 있었습니다. 이전에는 예수님을 따라다니며 생사고락을 함께 하던 가룟 유다가 이제는 자신의 스승과 동료들을 배반하고 예수님을 체포하려는 사람들 틈에 섞여 있는 것입니다.

6절 예수께서 그들에게 내가 그니라 하실 때에 그들이 물러가서 땅에 엎드러지는지라

예수님을 체포하러 온 사람들은 "내가 그니라"는 예수님의 말씀 한마디에 모두 뒤로 물러가서 땅에 엎드러지고 말았습니다. 그들은 예수님의 신적 권위에 압도당하였던 것입니다. 우리는 여기서 하나님의 권위 앞에서는 인간의 힘이 아무것도 아님을 알 수 있습니다. 사실 예수님께서는

다만 말씀만으로도 그들을 물리치실 수 있었습니다. 이러한 예수님의 말씀의 능력에 대해 성경에는 “그의 입에서 예리한 검이 나오니 그것으로 만국을 치겠고 친히 그들을 철장으로 다스리며 또 친히 하나님 곧 전능하신 이의 맹렬한 진노의 포도주 틀을 밟겠고”(계 19:15)라고 기록되어 있습니다.

예수님을 체포하러 온 사람들은 칼과 몽둥이로 무장하고 있었지만 예수님의 권위에 눌려 꼼짝 못하였습니다. 그럼에도 불구하고 예수님께서 체포되신 것은 힘이나 능력이 부족해서가 아니라 하나님의 뜻을 이루기 위하여 자발적으로 체포되신 것입니다.

7절 이에 다시 누구를 찾느냐고 물으신대 그들이 말하되 나사렛 예수라 하거늘

예수님께서는 땅에 엎드러진 자들을 향하여 “누구를 찾느냐?” 라고 재차 물으셨습니다. 이에 그들은 “나사렛 예수라!” 고 대답하였습니다. 그들은 예수님의 권위에 압도되어 땅에 엎드러지기까지 했으면서도 예수님을 체포하려는 마음을 돌이키지 않았습니다.

8-9절 예수께서 대답하시되 너희에게 내가 그니라 하였으니 나를 찾거든 이 사람들이 가는 것은 용납하라 하시니 이는 아버지께서 내게 주신 자 중에서 하나도 잃지 아니하였사옵나이다 하신 말씀을 응하게 하려 함이러라

‘이 사람들’ 은 그 자리에 예수님과 함께 있던 열한 명의 제자들을 가리킵니다. 예수님께서는 체포하러 온 자들에게 자신을 내어 놓고 제자

들을 자유롭게 가게 해 달라고 제안하셨습니다. 예수님의 이 제안에는 자신의 제자들을 위험으로부터 보호하시려는 예수님의 사랑이 드러나 있습니다. 또한 예수님의 이 제안은 "내가 그들과 함께 있을 때에 내게 주신 아버지의 이름으로 그들을 보전하고 지키었나이다 그중의 하나도 멸망하지 않고 다만 멸망의 자식뿐"(17:12)이라는 말씀을 성취하기 위한 것이었습니다.

10절 이에 시몬 베드로가 칼을 가졌는데 그것을 빼어 대제사장의 종을 쳐서 오른편 귀를 베어 버리니 그 종의 이름은 말고라

제자들은 예수님께서 체포되시는 것을 그냥 보고만 있을 수 없었습니다. 그래서 제자들은 예수님을 체포하러 온 자들에게 무력을 행사하여 예수님을 위기에서 구하려 했습니다(눅 22:49). 특히 다혈질적인 기질의 베드로는 더 이상 참지 못하고 칼을 빼어 예수님을 체포하러 온 자들 중 한 사람을 쳤습니다. 베드로는 "주를 위하여 내 목숨을 버리겠나이다"(13:37)라고 예수님께 호언장담했던 것을 행동으로 옮겼던 것입니다.

베드로의 칼에 맞은 사람은 대제사장의 종 말고였습니다. 베드로의 칼은 빗나가서 말고의 오른편 귀를 베었습니다. 무장한 수백 명의 무리 앞에서 칼을 빼어 들고서 휘두른다는 것은 보통 용기 있는 행동이 아니요, 실로 무모한 짓이 아닐 수 없습니다. 웬만큼 예수님을 사랑하고 존경하지 않는다면 이러한 행동이 나오지 않았을 것입니다. 그러나 예수님께서는 말고의 오른편 귀를 만져 낫게 해 주시고(눅 22:51), 베드로를 책망하셨습니다. 이러한 예수님의 행동은 "너희 원수를 사랑하며 너희를 박해하는 자를 위하여 기도하라"(마 5:44)는 말씀을 직접 실천해 보이신 것

이었습니다.

11절 예수께서 베드로더러 이르시되 칼을 칼집에 꽂으라 아버지께서 주신 잔을 내가 마시지 아니하겠느냐 하시니라

예수님께서는 베드로에게 "칼을 칼집에 꽂으라." 고 명령하셨습니다. 그리고 "칼을 가지는 자는 다 칼로 망하느니라 "(마 26:52)고 훈계하셨습니다. 무력이나 폭력으로는 문제를 완전히 해결할 수 없습니다. 무력과 폭력을 행사하는 자는 자신도 무력과 폭력에 의해 피해를 당하게 되는 것입니다. 그래서 예수님께서는 일찍이 "또 눈은 눈으로, 이는 이로 갚으라 하였다는 것을 너희가 들었으나 나는 너희에게 이르노니 악한 자를 대적하지 말라"(마 5:38-39)고 교훈하셨습니다.

"아버지께서 주신 잔을 내가 마시지 아니하겠느냐". 여기서 '잔' 은 예수님께서 겪어야 할 '고난의 잔' 을 뜻합니다. 예수님께서 고난당하시는 것은 하나님의 뜻이었습니다. 예수님의 수난은 인류의 구원을 위하여 필연적으로 거쳐야 하는 과정이었던 것입니다. 예수님께서는 이미 자신의 고난을 위하여 기도하셨고, 그 고난의 잔을 피하지 않고 기꺼이 받아들일 마음의 준비를 하고 계셨습니다. 그러므로 예수님의 안전을 지키려는 베드로의 행동은 오히려 예수님의 사역에 방해가 될 뿐이었습니다.

12-13절 이에 군대와 천부장과 유대인의 아랫사람들이 예수를 잡아 결박하여 먼저 안나스에게로 끌고 가니 안나스는 그 해의 대제사장인 가야바의 장인이라

하나님께서 작정하신 때가 오기 전에는 예수님을 잡으려고 해도 잡을 수 없었습니다(7:30; 8:20). 그러나 때가 되자 예수님께서는 스스로 자신을 내어 놓으셨습니다. 예수님께서 자발적으로 자신을 내어 주시자, 로마 군인들과 천부장과 유대인의 아랫사람들이 예수님을 잡아 결박하였습니다. '천부장' 은 일천 명의 군사들로 구성된 부대를 지휘하는 지휘관입니다. 그러므로 예수님을 체포하는 데 천부장이 있었다는 것은 예수님의 체포에 얼마나 많은 인원이 투입되었는지를 짐작하게 해 줍니다.

그들은 예수님을 결박하여 안나스의 집으로 끌고 갔습니다. 안나스는 주후 6년에서 15년 사이에 대제사장 직책을 맡았던 사람이며, 그의 아들들과 사위도 그의 뒤를 이어 대제사장을 지냈습니다. 원래 대제사장직은 종신직이었으나 유대가 로마의 압제 아래 있게 되면서부터 로마에 대한 충성도와 상납 실적에 따라 폐위되기도 했습니다. 안나스는 대제사장으로 있을 때에 성전 뜰에서 제물을 매매하여 부당 이익을 취하는 등 자신의 지위를 이용하여 착취와 치부(致富)를 일삼고 성전을 타락시켰습니다. 그리고 자신이 폐위된 후에도 아들들과 사위가 대제사장직에 있었으므로 그 배후에서 계속 영향력을 행사하였습니다. 예수님께서 체포되시던 해에는 안나스의 사위인 가야바가 대제사장직을 맡고 있었습니다.

14절 가야바는 유대인들에게 한 사람이 백성을 위하여 죽는 것이 유익하다고 권고하던 자러라

그 당시 가야바는 대제사장이자 산헤드린 공회의 의장이었습니다. 가야바는 죽은 자를 살리시는 예수님의 능력과 인기에 대한 소문을 듣고서, 예수님께서 자신을 따르는 유대인들을 선동해서 로마 정부에 대해

반란을 일으켜 로마가 유대를 공격하게 되지나 않을까 하여 우려하고 있었습니다. 그래서 가야바는 예수님 한 분이 죽는 것이 백성들 모두를 위하여 유익하다고 산헤드린 공회원들에게 말했었습니다(11:50). 그러나 가야바가 이렇게 말했던 진짜 이유는 유대 민족의 안전 때문이 아니라 자신이 누리고 있는 지위와 권세를 잃지 않기 위해서였습니다. 이와 같이 가야바는 자신의 실속을 차리기 위해서 예수님을 죽일 것을 권고했지만, 이것은 결국 모든 사람을 위하여 대속의 죽음을 당하실 예수님의 죽음을 예언한 것이 되었습니다(11:51-52).

2. 예수님을 부인하는 베드로(18:15-18)

15. 시몬 베드로와 또 다른 제자 한 사람이 예수를 따르니 이 제자는 대제사장과 아는 사람이라 예수와 함께 대제사장의 집 뜰에 들어가고 16. 베드로는 문 밖에 서 있는지라 대제사장을 아는 그 다른 제자가 나가서 문 지키는 여자에게 말하여 베드로를 데리고 들어오니 17. 문 지키는 여종이 베드로에게 말하되 너도 이 사람의 제자 중 하나가 아니냐 하니 그가 말하되 나는 아니라 하고 18. 그때가 추운 고로 종과 아랫사람들이 불을 피우고 서서 쬐니 베드로도 함께 서서 쬐더라

15-16절 시몬 베드로와 또 다른 제자 한 사람이 예수를 따르니 이 제자는 대제사장과 아는 사람이라 예수와 함께 대제사장의 집 뜰에 들어가고 베드로는 문 밖에 서 있는지라 대제사장을 아는 그 다른 제자가 나가서 문 지키는 여자에게 말하여 베드로를 데리고 들어오니

'또 다른 제자' 는 '요한' 입니다. 예수님께서 체포되실 때 제자들은 뿔뿔이 도망가고 말았습니다. 그러나 베드로와 요한은 차마 예수님을 버리고 도망갈 수가 없었습니다. 그래서 베드로와 요한은 예수님의 뒤를 멀찍이 따라와 대제사장의 집 앞에 이르렀습니다. 마침 요한은 대제사장과 아는 사이였으므로 그 집에 들어가는 데 아무 문제가 없었습니다. 그러나 베드로는 대제사장의 집에 마음대로 들어갈 수 없었습니다. 이에 요한이 문 지키는 여자에게 말하여 문 밖에 서 있는 베드로를 데리고 들어갔습니다.

17절 문 지키는 여종이 베드로에게 말하되 너도 이 사람의 제자 중 하나가 아니냐 하니 그가 말하되 나는 아니라 하고

요한이 베드로를 데리고 들어가는데 문 지키는 여종이 베드로를 알아보고 예수님의 제자 중 하나가 아니냐고 질문하였습니다. 베드로는 여종의 질문에 몹시 당황하고 불안했습니다. 자신이 예수님의 제자라는 사실이 알려지면 자신의 목숨이 안전하지 못할 것이기 때문이었습니다. 그래서 베드로는 "나는 아니라!" 고 황급히 부인하였습니다.

18절 그때가 추운 고로 종과 아랫사람들이 불을 피우고 서서 쬐니 베

드로도 함께 서서 쬐더라

"그때가 추운 고로". 유월절은 양력 3, 4월경이므로 아직 추위가 완전히 가시지 않은 때입니다. 더욱이 예수님께서 잡혀 가신 때는 한밤중이었으므로 매우 쌀쌀했습니다. 대제사장들의 종과 아랫사람들은 몸을 녹이기 위해 숯불을 피우고 서서 불을 쬐고 있었습니다. 베드로는 이를 보고 불 가로 자리를 옮겼습니다. 베드로는 이미 문 지키는 여종이 자신을 알아보고 질문했던 일로 인하여 여전히 불안했지만, 예수님께서 어떻게 되실지 궁금하여 불 가에 서서 추이를 지켜보려고 했습니다. 마침 불 가에는 대제사장의 종과 아랫사람들이 있었으므로 베드로는 그들 가운데 섞여 있는 것이 사람들의 눈에 덜 띌 뿐 아니라 추위도 피할 수 있겠다고 생각하고 불 가에 서서 불을 쬐었습니다. 그러나 그의 생각과는 달리 이 불 가에서 그는 사람들의 눈에 띄어 예수님을 거듭거듭 부인하게 되고 맙니다(25-27절).

3. 안나스의 심문(18:19-24)

19. 대제사장이 예수에게 그의 제자들과 그의 교훈에 대하여 물으니
20. 예수께서 대답하시되 내가 드러내 놓고 세상에 말하였노라 모든
유대인들이 모이는 회당과 성전에서 항상 가르쳤고 은밀하게는 아

무것도 말하지 아니하였거늘 21. 어찌하여 내게 묻느냐 내가 무슨 말을 하였는지 들은 자들에게 물어 보라 그들이 내가 하던 말을 아느니라 22. 이 말씀을 하시매 곁에 섰던 아랫사람 하나가 손으로 예수를 쳐 이르되 네가 대제사장에게 이같이 대답하느냐 하니 23. 예수께서 대답하시되 내가 말을 잘못하였으면 그 잘못한 것을 증언하라 바른말을 하였으면 네가 어찌하여 나를 치느냐 하시더라 24. 안나스가 예수를 결박한 그대로 대제사장 가야바에게 보내니라

19절 대제사장이 예수에게 그의 제자들과 그의 교훈에 대하여 물으니

본 절의 '대제사장'은 그 당시의 대제사장인 가야바가 아니라, 가야바의 장인이며 이전에 대제사장직에 있던 안나스를 말합니다. 안나스는 예수님의 의도를 알아내기 위하여 예수님께 예수님의 제자들과 예수님의 교훈에 대하여 질문하였습니다. 안나스는 예수님께서 제자들을 불러 모으고 교훈하는 목적이 로마에 대항하여 정치적인 반란을 일으키려는 것인지, 또는 유대교에 대적하여 이교적인 교리를 퍼뜨리려는 것인지의 여부를 알아보려고 질문한 것입니다.

20-21절 예수께서 대답하시되 내가 드러내 놓고 세상에 말하였노라 모든 유대인들이 모이는 회당과 성전에서 항상 가르쳤고 은밀하게는 아무것도 말하지 아니하였거늘 어찌하여 내게 묻느냐 내가 무슨 말을 하였는지 들은 자들에게 물어 보라 그들이 내가 하던 말을 아느니라

안나스의 질문의 의도를 간파하신 예수님께서는 자신의 교훈이 공개적이었음을 밝히심으로써 안나스의 의도를 좌절시키셨습니다. 예수님께서는 유대인들이 모이는 회당(마 4:23; 13:54; 막 1:21; 6:2; 눅 4:15; 6:6; 13:10; 요 6:59)과 성전(마 21:23; 막 12:35; 눅 19:47; 21:37; 요 7:14,28; 8:2,20)에서 공개적으로 가르치셨기 때문에 예수님의 가르침은 누구든지 들을 수 있었고, 더욱이 산헤드린 공회원들은 예수님을 잡아들일 구실을 찾기 위해 예수님을 찾아가 그 말씀을 들어 보았기 때문에 모를 리 없었습니다. 그러므로 예수님께서는 안나스에게 "어찌하여 내게 묻느냐?"라고 반문하시면서 증인을 요구하셨습니다. 유대에서는 두 명 이상의 증인의 일치된 증언이나 확실하고 구체적인 증거물이 있어야만 유죄가 성립됩니다(신 19:15-19). 그러나 안나스는 아무 증거 없이 예수님을 심문하여 죄를 자백 받으려고 했던 것입니다. 그러므로 예수님께서 원칙에서 벗어난 심문을 하는 안나스에게 증인을 요구한 것은 당연한 일이었습니다.

22절 이 말씀을 하시매 곁에 섰던 아랫사람 하나가 손으로 예수를 쳐 이르되 네가 대제사장에게 이같이 대답하느냐 하니

예수님께서 안나스의 심문이 부당한 것임을 지적하시자, 곁에 서 있던 아랫사람 한 사람이 예수님의 빰을 치며 "네가 대제사장에게 이같이 대답하느냐."라고 꾸짖었습니다. 유대에서는 따귀를 때리는 행위는 하나님의 형상대로 지음 받은 인간의 존엄성을 파괴하는 것이라고 간주하여 금기하였습니다. 더욱이 혐의가 있다 하더라도 유죄 판결을 받기 이전에는 용의자를 때릴 수 없었습니다(신 25:1-3). 그런데 아랫사람은 단지

안나스에게 잘 보이려는 생각으로 예수님의 뺨을 치고 모욕하였던 것입니다.

23절 예수께서 대답하시되 내가 말을 잘못하였으면 그 잘못한 것을 증언하라 바른말을 하였으면 네가 어찌하여 나를 치느냐 하시더라

예수님께서는 부당하게 뺨을 치고 모욕한 아랫사람에게 "내가 말을 잘못하였으면 그 잘못한 것을 증언하라. 바른말을 하였으면 네가 어찌하여 나를 치느냐?" 라고 항의하셨습니다. 설령 예수님께서 잘못하셨다 할지라도 아직 유죄 판결을 받지 않았으므로 예수님을 때릴 수 없었습니다. 더군다나 예수님께 잘못이 없다면 예수님을 때린다는 것은 있을 수 없는 일인 것입니다. 그렇기 때문에 예수님께서는 잘못한 것이 있으면 증언하라고 자신을 때린 안나스의 아랫사람에게 항변하신 것입니다.

24절 안나스가 예수를 결박한 그대로 대제사장 가야바에게 보내니라

예수님께서 심문의 부당함을 지적하고 증언을 요구하시자, 안나스는 자신의 의도가 수포로 돌아갔음을 깨닫고 심문을 중단했습니다. 그리고 예수님을 결박한 그대로 자신의 사위인 대제사장 가야바에게 보냈습니다. 예수님께서는 이제 대제사장 가야바에게 끌려가서 심문을 받으시게 되었습니다.

4. 예수님을 거듭 부인하는 베드로(18:25-27)

25. 시몬 베드로가 서서 불을 쬐더니 사람들이 묻되 너도 그 제자 중 하나가 아니냐 베드로가 부인하여 이르되 나는 아니라 하니 26. 대제사장의 종 하나는 베드로에게 귀를 잘린 사람의 친척이라 이르되 네가 그 사람과 함께 동산에 있는 것을 내가 보지 아니하였느냐 27. 이에 베드로가 또 부인하니 곧 닭이 울더라

25절 시몬 베드로가 서서 불을 쬐더니 사람들이 묻되 너도 그 제자 중 하나가 아니냐 베드로가 부인하여 이르되 나는 아니라 하니

예수님께서 대제사장 가야바에게 심문받고 계실 때, 베드로는 대제사장의 집 뜰에서 대제사장의 종과 아랫사람들과 함께 숯불을 쬐고 있었습니다. 그런데 함께 불을 쬐고 있던 사람들이 그 불빛에 비친 베드로의 얼굴을 알아보고 "너도 그 제자 중 하나가 아니냐?" 라고 물었습니다. 문 지키는 여종에게 처음 질문을 받았을 때에 너무 당황하여 예수님을 부인했던 베드로는 사람들에게 다시 한 번 같은 질문을 받게 되자, 몹시 두렵고 초조했습니다. 그래서 베드로는 "나는 아니라!" 고 또 부인하였습니다.

26절 대제사장의 종 하나는 베드로에게 귀를 잘린 사람의 친척이라

이르되 네가 그 사람과 함께 동산에 있는 것을 내가 보지 아니하였느냐

'베드로에게 귀를 잘린 사람' 은 예수님을 체포하러 겟세마네 동산에 갔다가 베드로의 칼에 맞아 오른쪽 귀를 잘렸던 말고를 말합니다(10절). 두 번째로 예수님을 부인하고 아직 그 두려움이 채 가시지 않았을 때 베드로에게 세 번째로 질문하는 사람이 있었습니다. 그는 대제사장의 종으로서 베드로가 칼로 귀를 베었던 말고의 친척이었습니다. 그는 겟세마네 동산에서 베드로가 예수님과 함께 있는 것을 보았다고 증언하였습니다. 베드로의 말투가 갈릴리 사람들의 말투라고 지적하며(눅 22:59), 스스로 증인임을 자처하는 그 대제사장의 종 앞에서 베드로는 어찌할 바를 몰랐습니다. 베드로에게는 단지 어떻게 변명하여 이 위기에서 벗어날까 하는 생각만이 가득하였습니다. 그래서 베드로는 예수님을 저주하기까지 하면서 예수님을 철저히 부인하고 말았습니다(마 26:74; 막 14:71).

27절 이에 베드로가 또 부인하니 곧 닭이 울더라

베드로가 예수님을 모른다고 세 번째 부인하자, 닭 우는 소리가 들렸습니다. 이에 베드로는 "주를 위하여 내 목숨을 버리겠나이다"(13:37)라고 맹세했던 자신의 말과 "닭 울기 전에 네가 세 번 나를 부인하리라"(13:38)던 예수님의 말씀이 생각나서 밖으로 나가 심히 통곡하였습니다(마 26:75; 막 14:72; 눅 22:60-62).

이와 같이 세 번이나 예수님을 부인했던 베드로는 이후로 몹시 낙심하여 있던 중 부활하신 예수님의 방문을 받음으로써 다시 소명을 얻고 사명을 받게 됩니다(21:1-19). 부활하신 예수님께서는 디베랴 호수에서 물고

기를 낚고 있는 베드로에게 찾아가셔서 숯불을 피워 놓고 베드로를 부르셨습니다. 그리고 예수님께서는 베드로에게 "네가 나를 사랑하느냐?" 고 세 번 물어 보셨습니다. 이것은 예수님을 세 번 부인하고 죄책감과 낙심에 빠져 있는 베드로를 회복시키고 사도로 쓰시려는 예수님의 특별한 배려였습니다. 이러한 예수님의 배려가 있었기에 베드로는 진정한 그리스도의 사도가 되어 그의 사명을 훌륭히 감당할 수 있었습니다.

5. 빌라도의 심문(18:28-40)

28. 그들이 예수를 가야바에게서 관정으로 끌고 가니 새벽이라 그들
은 더럽힘을 받지 아니하고 유월절 잔치를 먹고자 하여 관정에 들어
가지 아니하더라 29. 그러므로 빌라도가 밖으로 나가서 그들에게
말하되 너희가 무슨 일로 이 사람을 고발하느냐 30. 대답하여 이르
되 이 사람이 행악자가 아니었더라면 우리가 당신에게 넘기지 아니
하였겠나이다 31. 빌라도가 이르되 너희가 그를 데려다가 너희 법
대로 재판하라 유대인들이 이르되 우리에게는 사람을 죽이는 권한
이 없나이다 하니 32. 이는 예수께서 자기가 어떠한 죽음으로 죽을
것을 가리켜 하신 말씀을 응하게 하려 함이러라 33. 이에 빌라도가
다시 관정에 들어가 예수를 불러 이르되 네가 유대인의 왕이냐 34.
예수께서 대답하시되 이는 네가 스스로 하는 말이냐 다른 사람들이
나에 대하여 네게 한 말이냐 35. 빌라도가 대답하되 내가 유대인이

냐 네 나라 사람과 대제사장들이 너를 내게 넘겼으니 네가 무엇을 하
였느냐 36. 예수께서 대답하시되 내 나라는 이 세상에 속한 것이 아
니니라 만일 내 나라가 이 세상에 속한 것이었더라면 내 종들이 싸워
나로 유대인들에게 넘겨지지 않게 하였으리라 이제 내 나라는 여기
에 속한 것이 아니니라 37. 빌라도가 이르되 그러면 네가 왕이 아니
냐 예수께서 대답하시되 네 말과 같이 내가 왕이니라 내가 이를 위하
여 태어났으며 이를 위하여 세상에 왔나니 곧 진리에 대하여 증언하
려 함이로라 무릇 진리에 속한 자는 내 음성을 듣느니라 하신대 38.
빌라도가 이르되 진리가 무엇이냐 하더라 이 말을 하고 다시 유대인
들에게 나가서 이르되 나는 그에게서 아무 죄도 찾지 못하였노라
39. 유월절이면 내가 너희에게 한 사람을 놓아주는 전례가 있으니 그
러면 너희는 내가 유대인의 왕을 너희에게 놓아주기를 원하느냐 하
니 40. 그들이 또 소리 질러 이르되 이 사람이 아니라 바라바라 하니
바라바는 강도였더라

28절 그들이 예수를 가야바에게서 관정으로 끌고 가니 새벽이라 그들은 더럽힘을 받지 아니하고 유월절 잔치를 먹고자 하여 관정에 들어가지 아니하더라

예수님께서는 대제사장 가야바에게로 끌려가셔서 심문을 받으실 때 자신이 하나님의 아들이라고 답변하심으로(눅 22:70) 신성 모독죄를 지은 죄인으로 판결 받으셨습니다. 신성 모독죄는 유대 사회에서 사형에 해당되는 중죄였습니다(레 24:16). 그런데 당시 유대는 로마의 통치를 받는 식민지였으므로 사형을 집행할 권한이 없었습니다. 이러므로 유대인들은 예수님을 관정으로 끌고 갔습니다. '관정' 은 '총독의 관저' 를 가리킵니다. 유대인들은 산헤드린 공회에서는 사형을 집행할 수 없기 때문에 빌

라도 총독의 법정에 예수님을 세워 사형당하게 하려고 했던 것입니다. 이에 밤이 지나도록 안나스와 가야바 대제사장에게서 심문을 받으신 예수님께서는 새벽에 빌라도의 법정에 서게 되셨습니다.

"그들은 더럽힘을 받지 아니하고 유월절 잔치를 먹고자 하여 관정에 들어가지 아니하더라". 유대인들은 이방인의 집에 들어가면 7일 동안 부정하게 된다는 규례를 지키고 있었으므로 이방인의 집에 들어가는 것을 피하였습니다. 더욱이 유월절을 지키기 위해서는 정결을 유지해야만 했습니다. 그래서 예수님을 끌고 간 유대인들은 이방인인 로마의 총독 빌라도가 기거하는 관정에 들어가지 않고 밖에서 예수님을 고발하였던 것입니다.

29절 그러므로 빌라도가 밖으로 나가서 그들에게 말하되 너희가 무슨 일로 이 사람을 고발하느냐

유대인들이 관정 밖에서 큰 소리로 예수님을 고발하며 소란을 피우자, 로마의 총독 빌라도가 밖으로 나왔습니다. 빌라도는 유대인들을 좋아하지 않았고 유대교도 못마땅하게 여겼지만, 유월절 기간에 감정이 고조된 유대인들이 폭동을 일으킬 것을 우려하여 집무 시간이 아님에도 불구하고 예수님에 대한 심문을 시작하였습니다. 빌라도는 먼저 예수님의 혐의가 무엇인지 물어보았습니다.

30절 대답하여 이르되 이 사람이 행악자가 아니었더라면 우리가 당신에게 넘기지 아니하였겠나이다

유대인들은 예수님의 죄목을 묻는 빌라도에게 예수님을 행악자라고

고발하였습니다. '행악자' 란 '심성이 악하며 인격이 바르지 못한 자' 를 의미합니다. 이와 같이 행악자라는 것은 법을 위반한 범법자와는 다르므로 행악은 재판을 받을 만한 죄목이 될 수 없습니다. 그럼에도 불구하고 유대인들이 자신들이 판결한 '신성 모독죄' 가 아닌 '행악자' 로 예수님을 고발한 것은, 로마 법정이 종교적인 문제에 대해서는 재판하지 않는다는 것을 알고 있었기 때문입니다.

유대인들은 자신들에게 사형을 집행할 권한이 없기 때문에 예수님을 로마의 총독 빌라도에게 넘겼습니다. 그러나 이러한 사태의 추이는 예수님께서 이미 예견하시고 예언하신 바 대로였습니다(마 20:18-19; 막 10:33-34; 눅 18:32-33).

31-32절 빌라도가 이르되 너희가 그를 데려다가 너희 법대로 재판하라 유대인들이 이르되 우리에게는 사람을 죽이는 권한이 없나이다 하니 이는 예수께서 자기가 어떠한 죽음으로 죽을 것을 가리켜 하신 말씀을 응하게 하려 함이러라

빌라도는 유대인들이 고소하는 예수님의 죄목이 법적인 것이 아니라 종교적인 것임을 알아챘습니다. 그래서 빌라도는 유대인들에게 "너희가 그를 데려다가 너희 법대로 재판하라." 고 말하였습니다. 이에 유대인들은 사형을 집행할 수 있는 권한이 자기들에게는 없다고 하며 예수님을 반드시 죽이고자 하는 뜻을 밝혔습니다. 산헤드린 공회는 사형 판결을 내릴 수 있지만, 정작 사형을 시키려면 로마 정부가 그 판결을 인정하고 사형을 집행하여야 했기 때문입니다. 로마에서는 사형수를 십자가형에 처했습니다. 그러므로 이를 감안해 볼 때, 예수님께서 대제사장의 집에서

대제사장과 공회원들에게 심문받고 총독 빌라도에게 넘겨져서 다시 심문받게 된 것은 하나님의 섭리로 예정된 일이라고 할 수 있습니다. 이 모든 수난의 과정은 "인자가 대제사장들과 서기관들에게 넘겨지매 그들이 죽이기로 결의하고 이방인들에게 넘겨주어 그를 조롱하며 채찍질하며 십자가에 못 박게 할 것이나 제삼 일에 살아나리라"(마 20:18-19)던 예수님의 예언대로 진행되고 있는 것입니다.

33절 이에 빌라도가 다시 관정에 들어가 예수를 불러 이르되 네가 유대인의 왕이냐

빌라도는 관정 밖에서 유대인들로부터 예수님의 죄목을 들은 후 다시 관정 안으로 들어가 예수님을 심문하기 시작했습니다. 유대인들로부터 "우리가 이 사람을 보매 우리 백성을 미혹하고 가이사에게 세금 바치는 것을 금하며 자칭 왕 그리스도라 하더이다 하니"(눅 23:2)라는 말을 들은 빌라도는, 이를 확인해 보기 위해 예수님에게 "네가 유대인의 왕이냐?"라고 질문하였습니다. 빌라도에게 있어서 유대인들의 종교적인 문제나 갈등은 관심 밖의 일이었지만, 정치적인 문제는 큰 관심거리였습니다. 그래서 빌라도는 예수님께서 유대 백성들을 미혹하여 로마에 대한 폭동을 일으켜서 유대를 로마로부터 독립시키려는 정치적인 왕인지를 질문한 것입니다.

34절 예수께서 대답하시되 이는 네가 스스로 하는 말이냐 다른 사람들이 나에 대하여 네게 한 말이냐

예수님께서는 스스로 영적 메시아이심을 밝히셨습니다. 그러나 유대

인들은 빌라도로 하여금 예수님을 정치적인 왕을 자처하며 폭동을 일으키려는 반역자로 인식하도록 왜곡된 고소를 했습니다. 이에 빌라도가 이를 확인하기 위하여 묻자, 예수님께서는 자신을 가리켜 유대인의 왕이라고 하는 것이 빌라도 스스로 하는 말인지, 아니면 유대인들에게서 듣고서 하는 말인지를 반문하셨습니다.

35절 빌라도가 대답하되 내가 유대인이냐 네 나라 사람과 대제사장들이 너를 내게 넘겼으니 네가 무엇을 하였느냐

빌라도는 지금 자신이 하고 있는 심문은 유대인들과 대제사장들로부터 제기된 것임을 분명히 하였습니다. 그리고 예수님에게 "무엇을 하였기에 유대인들과 대제사장들에게 고발당하게 되었느냐?" 라고 물어보았습니다. 빌라도는 예수님의 죄의 유무를 판정하기 위해서 진상을 확실하게 알 필요가 있었으며, 나아가 유대인들이 말한 대로 예수님께서 반란을 일으키려고 했는지 알고 싶었던 것입니다.

36절 예수께서 대답하시되 내 나라는 이 세상에 속한 것이 아니니라 만일 내 나라가 이 세상에 속한 것이었더라면 내 종들이 싸워 나로 유대인들에게 넘겨지지 않게 하였으리라 이제 내 나라는 여기에 속한 것이 아니니라

예수님께서는 "네가 무엇을 하였느냐?" 라는 빌라도의 질문에 그리스도의 나라에 대한 말씀으로 답변을 대신하셨습니다. 예수님께서는 "내 나라는 이 세상에 속한 것이 아니니라." 고 말씀하셨습니다. 무력으로써 권력을 획득하여 통치하는 세상 나라들과는 달리 예수 그리스도께서 통

치하시는 나라는 하나님의 사랑과 공의로써 통치되는 나라입니다. 그리고 그 나라는 예수 그리스도를 믿고 구원받은 하나님의 백성들이 영원히 함께 사는 나라로서 세상 끝날에 이루어지는 나라입니다. 그렇기 때문에 예수님께서는 "만일 내 나라가 이 세상에 속한 것이었더라면 내 종들이 싸워 나로 유대인들에게 넘겨지지 않게 하였으리라." 고 말씀하셨습니다. 빌라도는 예수님의 답변을 통하여 예수님에게 반란 혐의가 없음을 알고 안심했습니다.

37절 빌라도가 이르되 그러면 네가 왕이 아니냐 예수께서 대답하시되 네 말과 같이 내가 왕이니라 내가 이를 위하여 태어났으며 이를 위하여 세상에 왔나니 곧 진리에 대하여 증언하려 함이로라 무릇 진리에 속한 자는 내 음성을 듣느니라 하신대

빌라도는 예수님에게 반란 혐의가 없다는 것은 알았지만, 예수님께서 말씀하신 그리스도의 나라에 대해서는 전혀 이해하지 못했습니다. 세상의 정치적인 권세에만 관심을 갖고 있는 빌라도에게 영적인 메시아의 나라에 대한 개념이 이해될 리가 없었습니다. 예수님께서 자신의 나라를 설명하시자, 빌라도는 "그러면 네가 왕이 아니냐?" 라고 물었습니다. 이에 예수님께서는 "네 말과 같이 내가 왕이니라." 고 대답하셨습니다. 그리고 "내가 이를 위하여 태어났으며, 이를 위하여 세상에 왔다." 라고 말씀하셨습니다. 예수님의 말씀처럼 예수님께서 육적으로 다윗 왕가의 후손으로 태어나셨으며(마 1:1; 롬 1:3), 장차 재림하셔서 '만왕의 왕' 으로서 자기의 나라를 다스리실 것임을 가르쳐 주고 있습니다(딤전 6:15; 계 17:14).

예수님께서는 이 세상에 오신 목적이 '진리에 대하여 증언' 하기 위함이라고 말씀하셨습니다. 하나님의 말씀이시며(1:1), 진리이신(14:6) 예수님께서는 사람들에게 진리를 증언하여 그들의 영혼을 구원하고 영생을 주기 위하여 이 세상에 인간으로 오신 것입니다. 그런데 예수님께서 증언하시는 진리의 말씀은 오직 '진리에 속한 자' 만이 알아들을 수 있습니다. 하나님께서 택하여 부르신 사람들만이 진리를 듣고 이해할 수 있는 것입니다.

38절 빌라도가 이르되 진리가 무엇이냐 하더라 이 말을 하고 다시 유대인들에게 나가서 이르되 나는 그에게서 아무 죄도 찾지 못하였노라

빌라도는 예수님께서 말씀하시는 진리가 무엇인지 도무지 알 수 없었습니다. 빌라도는 이 세상에 속해서 세상 권력밖에 모르는 육의 사람이기 때문에 진리에 속한 사람만이 알아듣는 진리를 이해할 수 없었던 것입니다. 그래서 빌라도는 예수님께 "진리가 무엇이냐?" 고 질문하였습니다. 그러나 빌라도의 이러한 질문은 예수님의 답변을 듣기 위한 것은 아니었습니다. 예수님께서 미처 대답하시기도 전에 빌라도는 유대인들이 기다리고 있는 관정 밖으로 나가서 그들에게 예수님을 심문하여 얻은 자신의 판단을 피력하였습니다. 빌라도는 예수님에게서 정치적인 반란을 일으킬 의도나 죄를 찾지 못했다고 말하였습니다.

39절 유월절이면 내가 너희에게 한 사람을 놓아주는 전례가 있으니 그러면 너희는 내가 유대인의 왕을 너희에게 놓아주기를 원하

느냐 하니

빌라도는 예수님께 죄가 없음을 확인하였기 때문에 자신의 직권으로 예수님을 석방할 수 있었습니다. 그러나 빌라도는 예수님을 석방하면 유대인들로부터 원성을 사고, 그들 사이에서 자신의 인기와 명예가 실추될까 염려되어 자신의 판단대로 행하지 못하고 유대인들의 동의를 구하였습니다. 그 당시 유월절이면 죄수 한 사람을 특사하는 전례가 있었습니다. 빌라도는 마침 그때가 유월절이었으므로 예수님을 특사로 석방시키려고 유대인들의 동의를 구하였습니다.

40절 그들이 또 소리 질러 이르되 이 사람이 아니라 바라바라 하니 바라바는 강도였더라

빌라도는 유대인들이 예수님을 사형시키고 싶어 하는 것이 단지 예수님에 대한 종교적인 질투심 때문이라는 것을 알았기 때문에 유대인들의 마음을 돌이켜 예수님을 석방시키려고 했습니다. 그러나 유대인들의 반응은 너무나도 강경했습니다. 유대인들은 예수님 대신에 바라바를 석방시켜 달라고 소리 질렀습니다. 바라바는 열성당원 중 한 사람으로, 로마 정부에 반역하여 민란을 일으켜 불을 지르고 사람을 죽인 죄로 로마의 법에 의해 십자가에 못 박히는 극형을 받을 사형수였습니다(막 15:7; 눅 23:19). 그런데 유대인들은 이처럼 흉악한 강도요, 정치범인 바라바를 석방하고 그 대신에 예수님을 사형에 처하라고 외친 것입니다. 유대인들이 예수님의 처형을 강력하게 요구하자, 빌라도는 결국 유대인들의 요구대로 예수님을 십자가에 못 박을 수 있도록 유대인들에게 넘겨주고 맙니다(19:16). 아무 죄도 없이 강도 바라바를 대신하여 십자가에 못 박혀

죽으셔야만 하는 예수님의 운명은 너무도 억울한 것이었습니다. 그러나 이러한 예수님의 운명은 "범죄자 중 하나로 헤아림을 받았음이니라"(사 53:12)는 이사야 선지자의 예언을 성취시키는 것이었으며, 나아가 예수님을 통해 인류의 죄를 대속하시려는 하나님의 예정이었습니다.

제 19 장

십자가에 못 박히신 **예수님**

A COMMENTARY
ON THE GOSPEL OF
JOHN Ⅱ

빌라도는 예수님을 심문한 후 무죄를 공포하였습니다. 그러나 예수님을 죽이는 데 혈안이 된 대제사장과 유대인들의 완강한 저항에 부딪히자, 그는 유대인들에게 예수님을 처형하도록 넘겨주었습니다.

결국 예수님께서는 골고다에서 십자가에 못 박혀 죽으심으로써 자신의 사역을 다 이루셨습니다. 예수님의 시신은 니고데모가 가져온 향품으로 유대인의 장례법대로 세마포로 싸서 아리마대 사람 요셉의 새 무덤에 장사되었습니다.

1. 빌라도의 사형 언도(19:1-16)

1. 이에 빌라도가 예수를 데려다가 채찍질하더라 2. 군인들이 가시
나무로 관을 엮어 그의 머리에 씌우고 자색 옷을 입히고 3. 앞에 가
서 이르되 유대인의 왕이여 평안할지어다 하며 손으로 때리더라 4.
빌라도가 다시 밖에 나가 말하되 보라 이 사람을 데리고 너희에게 나
오나니 이는 내가 그에게서 아무 죄도 찾지 못한 것을 너희로 알게
하려 함이로라 하더라 5. 이에 예수께서 가시관을 쓰고 자색 옷을
입고 나오시니 빌라도가 그들에게 말하되 보라 이 사람이로다 하매
6. 대제사장들과 아랫사람들이 예수를 보고 소리 질러 이르되 십자
가에 못 박으소서 십자가에 못 박으소서 하는지라 빌라도가 이르되
너희가 친히 데려다가 십자가에 못 박으라 나는 그에게서 죄를 찾지
못하였노라 7. 유대인들이 대답하되 우리에게 법이 있으니 그 법대
로 하면 그가 당연히 죽을 것은 그가 자기를 하나님의 아들이라 함이
니이다 8. 빌라도가 이 말을 듣고 더욱 두려워하여 9. 다시 관정에
들어가서 예수께 말하되 너는 어디로부터냐 하되 예수께서 대답하
여 주지 아니하시는지라 10. 빌라도가 이르되 내게 말하지 아니하느

냐 내가 너를 놓을 권한도 있고 십자가에 못 박을 권한도 있는 줄 알
지 못하느냐 11. 예수께서 대답하시되 위에서 주지 아니하셨더라면
나를 해할 권한이 없었으리니 그러므로 나를 네게 넘겨 준 자의 죄는
더 크다 하시니라 12. 이러하므로 빌라도가 예수를 놓으려고 힘썼으
나 유대인들이 소리 질러 이르되 이 사람을 놓으면 가이사의 충신이
아니니이다 무릇 자기를 왕이라 하는 자는 가이사를 반역하는 것이
니이다 13. 빌라도가 이 말을 듣고 예수를 끌고 나가서 돌을 깐 뜰(히
브리 말로 가바다)에 있는 재판석에 앉아 있더라 14. 이날은 유월절
의 준비일이요 때는 제육 시라 빌라도가 유대인들에게 이르되 보라
너희 왕이로다 15. 그들이 소리 지르되 없이 하소서 없이 하소서 그
를 십자가에 못 박게 하소서 빌라도가 이르되 내가 너희 왕을 십자가
에 못 박으랴 대제사장들이 대답하되 가이사 외에는 우리에게 왕이
없나이다 하니 16. 이에 예수를 십자가에 못 박도록 그들에게 넘겨
주니라

1절 이에 빌라도가 예수를 데려다가 채찍질하더라

로마의 총독 빌라도는 예수님께서 죄를 짓지 않았다는 것과 유대인들의 시기로 인해 자신에게로 넘겨진 것을 알고 예수님을 놓아주려고 시도했습니다. 그는 죄 없는 예수님을 십자가에 못 박자니 양심이 괴로워서 못할 짓이고, 예수님을 놓아주자니 유대인들의 원성을 사고 민심을 잃을 것 같아 이러지도 저러지도 못하고 고민하였습니다. 또한 그는 판결에 따르는 책임을 지기를 원하지 않았습니다. 그의 아내조차 그에게 사람을 보내어 예수님을 해치지 말 것을 간곡히 부탁하였으므로(마 27:19) 그는 예수님을 놓아주고 싶었습니다. 그는 유대인들이 있는 관정 밖과 예수님을 심문하는 방 사이를 오가며 고민하였습니다.

유월절에 죄수 하나를 놓아주는 관례를 이용하여 예수님을 석방하려다가 실패한 그는 이번에는 예수님에게 채찍질을 가함으로써 유대인들의 마음을 어느 정도 만족시켜 주어 그들이 마음을 풀고 예수님을 석방하게 되기를 꾀하였습니다. 로마법에 따르면, 죄인을 처벌할 때가 하는 매질에는 두 가지가 있었습니다. 하나는 보통 매질이고, 다른 하나는 엄한 채찍질입니다. 전자는 주로 경범죄에 대한 형벌이었고, 후자는 십자가 처형을 하기 직전에 죄인에게 수치심을 주고 거의 죽을 지경에 이르게 함으로써 십자가 상에서의 고통을 단축시키기 위해서 가하는 무서운 형벌이었습니다.

그 당시에 쓰던 채찍은 가죽끈으로 만든 것인데, 그 가죽끈은 다섯 가닥으로 되어 있고 그 끝마다 날카로운 못이나 짐승의 뼛조각이 달려 있었습니다. 그래서 채찍질을 한 번 할 때마다 채찍 끝에 달린 못이나 뼛조각이 몸에 박혀 살이 찢어지고 선혈이 흘러내렸습니다. 빌라도는 예수님의 무죄를 인정했음에도 불구하고 유대인들의 원성을 살 것이 두려워서 유죄 선고도 받지 않은 예수님을 채찍질하는 불법을 행한 것입니다. 한 마디로 예수님께서는 부당한 형벌을 받으셨습니다.

그러나 예수 그리스도의 고난은 어느 하나도 의미 없는 것이 없습니다. 예수님께서 무고하게 채찍에 맞으신 것은, 이사야 선지자가 예언한 바 "그가 채찍에 맞으므로 우리는 나음을 받았도다"(사 53:5)라는 말씀의 성취였습니다. 하나님께서 예수님으로 하여금 상함을 받게 하기를 원하셔서 질고를 당하게 하신 것입니다(사 53:10). 예수님의 고난은 바로 우리의 유익을 위한 것이었습니다. 예수님께서는 우리의 병 고침을 위해 그 모진 채찍에 맞으신 것입니다. 질병의 고통이 아무리 심하다 해도 채찍에 맞아 온몸이 갈갈이 찢기시고 선혈을 흘리신 예수님의 고통에 견줄 수 있겠습니까? 예수님께서는 채찍에 맞으심으로써 우리의 병을 짊어지셨을 뿐만 아니라 병이 주는 고통까지도 친히 감당하셨습니다. 그러므로 우리는 이러한 예수님을 믿음으로 강건한 복을 누릴 수 있는 것입니다.

2절 군인들이 가시나무로 관을 엮어 그의 머리에 씌우고 자색 옷을 입히고

채찍질을 당해 온 몸이 갈갈이 찢어지고 유혈이 낭자한 예수님에게 이번에는 가시 면류관을 씌우고 자색 옷을 입혔습니다. 로마 군병들은 예수님께서 자칭 유대인의 왕이라 하여 넘겨진 사실을 알고 예수님의 머리에 가시로 엮어 만든 면류관을 씌웠는데, 이는 영적으로 깊은 의미가 있습니다. 원래 하나님께서 천지를 창조하셨을 당시에는 가시가 없었습니다. 가시가 생겨난 것은 범죄의 결과입니다. 인간이 범죄함으로 말미암아 땅이 저주를 받아 가시와 엉겅퀴를 내게 된 것입니다(창 3:18).

이처럼 죄의 대가로 생겨난 가시는 '저주'를 상징합니다. 로마 군병들은 예수님의 머리에 가시 면류관을 씌우고 희롱하였습니다. 가시 면류관에 찔린 예수님의 머리와 이마에서는 선혈이 흘러나와 온 얼굴이 피에 젖었습니다. 그러나 그 피는 보통 피가 아니라 우리의 모든 저주를 제하는 대속의 피였습니다. 우리를 둘러싼 환경의 저주뿐 아니라 우리의 생각 속에서 끊임없이 솟아나는 저주의 뿌리를 뽑는 피였습니다. 예수님의 이 보혈의 공로로 우리는 저주에서 해방되어 아브라함의 복을 받아 누리게 된 것입니다.

또한 로마 군병들은 유대인의 왕이라는 상징으로 예수님에게 자색 옷

을 입혔습니다. 가시 면류관을 쓰고 자색 옷을 입고 계신 예수님의 모습은 로마 군병들에게는 한낱 조롱거리밖에 되지 않았지만, 예수 그리스도를 믿는 모든 성도들에게는 자신을 희생하여 온 인류를 구원하신 만왕의 왕의 표상이라 할 수 있습니다.

3절 앞에 가서 이르되 유대인의 왕이여 평안할지어다 하며 손으로 때리더라

로마 군병들의 조롱은 극에 달했습니다. 원래 왕에게는 입을 맞추거나 선물을 드림으로써 경의를 표합니다. 그러나 이들은 예수님의 얼굴을 계속 때리면서 그의 왕 됨을 비웃었습니다. 그들은 이러한 장난을 즐기면서 자신들이 생각해 낸 이 놀이 방법을 흡족해 했습니다. 그러나 그들이 지금 왕으로 꾸며 놓고서 조롱하며 때리는 이 가엾은 유대 청년이 진실로 만왕의 왕이시라는 사실은 참으로 역설적이라 아니할 수 없습니다.

이사야 선지자는 "전에는 그의 모양이 타인보다 상하였고 그의 모습이 사람들보다 상하였으므로 많은 사람이 그에 대하여 놀랐거니와"(사 52:14)라고 예언했는데, 과연 이 예언대로 예수님께서는 로마 군병들에게 맞아 얼굴이 부풀어 오르고 형편없이 되었습니다. 또한 "그는 멸시를 받아 사람들에게 버림 받았으며"(사 53:3)라는 이사야 선지자의 예언대로 예수님께서는 죄인 된 우리를 구원하시기 위해서 모진 모욕과 멸시를 묵묵히 견디셨던 것입니다.

4-5절 빌라도가 다시 밖에 나가 말하되 보라 이 사람을 데리고 너희에게 나오나니 이는 내가 그에게서 아무 죄도 찾지 못한 것을 너

희로 알게 하려 함이로라 하더라 이에 예수께서 가시관을 쓰고 자색 옷을 입고 나오시니 빌라도가 그들에게 말하되 보라 이 사람이로다 하매

로마 군병들에게 수모와 고문을 받으신 후 예수님께서는 유대인들이 기다리고 있는 관정 밖으로 끌려 나오셨습니다. 빌라도는 온통 만신창이가 된 예수님을 끌고 나와서 유대인들에게 외쳤습니다. "보라 이 사람을 데리고 너희에게 나오나니 이는 내가 그에게서 아무 죄도 찾지 못한 것을 너희로 알게 하려 함이로라."

빌라도에게 있어서 예수님은 전혀 위협적인 존재가 아니었습니다. 그의 눈에 비친 예수님은 정치적 반란을 꾀하는 위험인물이 아니라 단지 동족의 시기를 받아 로마 당국에 무고히 넘겨진 가엾은 유대 청년에 불과했습니다.

혹독한 고문을 받아 온 몸에 선혈이 낭자한 채 머리에는 가시 면류관을 쓰고 자색 옷을 입고 끌려 나와 서 있는 예수님의 참혹한 모습은 보는 이들에게서 동정심을 유발하기에 충분하였습니다. 빌라도는 이러한 점도 계산하고서 예수님을 세워 둔 채 유대인들에게 "보라, 이 사람이로다!" 하고 외쳤습니다. 그러나 이처럼 계산된 그의 의도도 유대인들에게는 통하지 않았습니다.

6절 대제사장들과 아랫사람들이 예수를 보고 소리 질러 이르되 십자가에 못 박으소서 십자가에 못 박으소서 하는지라 빌라도가 이르되 너희가 친히 데려다가 십자가에 못 박으라 나는 그에게서 죄를 찾지 못하였노라

예수님의 처참한 모습을 통해 유대인들의 동정심에 호소하려던 빌라도의 시도는 무위로 돌아갔습니다. 예수님의 모습은 그들의 격한 감정에 동정심을 불러 일으키기는커녕 오히려 그들의 살의에 불을 당기는 결과를 가져왔습니다. 증오심이 극에 달한 대제사장들과 아랫사람들은 예수님을 십자가에 못 박으라고 격렬하게 고함치기 시작했습니다. 여기서 우리가 주목할 것은 외치는 자들이 일반 군중이 아니라 대제사장들과 아랫사람들이었다는 점입니다. 그들은 처음부터 십자가 처형을 의도하고 있었으나 정작 그것을 입 밖에 낸 것은 지금이 처음이었습니다.

"너희가 친히 데려다가 십자가에 못 박으라 나는 그에게서 죄를 찾지 못하였노라". 빌라도는 예수님의 무죄를 분명히 알고 이를 거듭 선언하였습니다. 또한 그는 대제사장들이 자기에게 예수님을 처형하는 책임을 떠맡기려 한다는 것도 잘 알고 있었습니다. 그러나 그는 소신껏 공정하게 판결하여 예수님을 놓아주는 대신, 계속 유대인들과 협상하는 태도를 취하며 책임을 회피하려고 하기에만 급급했습니다. 그래서 '나는 아무 상관이 없으니 너희가 스스로 알아서 처리하라.' 는 식으로 대답한 것입니다. 빌라도가 이러한 태도를 취한 표면적인 이유는 유대인들이 민란을 일으킬지도 모른다는 염려와 자신의 기득권을 지키려는 생각 때문이었습니다. 그러나 시간이 경과되고 유대인들과의 대화가 진행될수록, 그는 양심의 소리를 저버리고 점점 눈앞의 유익과 자신의 기득권을 지키는 쪽으로 기울어져 갔습니다.

7절 유대인들이 대답하되 우리에게 법이 있으니 그 법대로 하면 그가 당연히 죽을 것은 그가 자기를 하나님의 아들이라 함이니이다 유대 법에 따르면, 누구든지 자신을 하나님이라 하면 신성 모독죄에 해당되어 돌로 쳐죽임을 당하게 됩니다(레 24:16). 그러므로 유대 법대로 하면 예수님께서는 유대인들의 돌에 맞아 죽으셨을 것입니다. 그러나 이때 당시에는 유대가 로마의 지배하에 있었으므로 로마 법을 따라야 했습니다. 그렇기 때문에 유대인들은 예수님에게 사형 판결을 내려 십자가 처형을 시켜 달라고 로마 총독 빌라도에게 호소한 것입니다.

그런데 이처럼 예수님을 십자가에 못 박아 죽이려는 유대인들의 마음과 행동의 배후에는 하나님의 섭리가 있었습니다. 하나님께서는 예수님께서 십자가에 못 박혀 죽을 것을 예정하셨으며, 그 예정하신 뜻대로 상황을 이끌어 가시고 섭리하신 것입니다. 예수님께서 다른 처형 방법이 아닌 십자가 처형을 받으신 것은 우리를 저주에서 해방시켜 복을 누리게 하려는 하나님의 뜻에 의한 것이었습니다. 이에 대해 성경은 "그리스도께서 우리를 위하여 저주를 받은 바 되사 율법의 저주에서 우리를 속량하셨으니 기록된바 나무에 달린 자마다 저주 아래에 있는 자라 하였음이라 이는 그리스도 예수 안에서 아브라함의 복이 이방인에게 미치게 하고 또 우리로 하여금 믿음으로 말미암아 성령의 약속을 받게 하려 함이라"(갈 3:13-14)고 기록하고 있습니다. 예수님께서는 십자가에 달려 하나님의 저주를 받은 자가 되어 우리의 저주를 담당하셨습니다. 그렇기 때문에 우리는 영혼이 잘됨같이 범사에 잘되고 강건한 복을 누리게 된 것입니다.

8-9절 빌라도가 이 말을 듣고 더욱 두려워하여 다시 관정에 들어가서 예수께 말하되 너는 어디로부터냐 하되 예수께서 대답하여 주

지 아니하시는지라

빌라도는 "그가 자기를 하나님의 아들이라 함이니이다."라고 외치는 유대인들의 말을 듣자 자기 아내의 꿈 이야기가 생각이 나서 간담이 서늘해졌습니다. 더욱이 모진 채찍질과 조롱을 받고 유대인들이 죽이라고 아우성치는 중에도 전혀 흔들리지 않는 예수님의 위엄있는 태도는 빌라도에게 불가사의하게 보였습니다. 빌라도는 형언할 수 없는 두려움에 사로잡혀 예수님의 정체를 다시 확인해 보려 했습니다.

그러나 예수님께서는 묵묵히 침묵하셨습니다. 예수님께서는 자신이 이미 예정된 길로 나아가고 있음을 느끼고 계셨으므로 아무런 말씀을 하시지 않고 침묵하셨는데, 이는 "그가 곤욕을 당하여 괴로울 때에도 그의 입을 열지 아니하였음이여 마치 도수장으로 끌려 가는 어린 양과 털 깎는 자 앞에서 잠잠한 양같이 그의 입을 열지 아니하였도다"(사 53:7)라고 한 이사야 선지자의 예언의 성취였습니다.

10-11절 빌라도가 이르되 내게 말하지 아니하느냐 내가 너를 놓을 권한도 있고 십자가에 못 박을 권한도 있는 줄 알지 못하느냐 예수께서 대답하시되 위에서 주지 아니하셨더라면 나를 해할 권한이 없었으리니 그러므로 나를 네게 넘겨준 자의 죄는 더 크다 하시니라

예수님께서 묵묵부답하시자, 빌라도는 모욕감을 느꼈습니다. 게다가 자신이 잘 알지도 못하는 유대교의 종교적 문제를 다루자니 자신의 한계에 부딪혀 짜증이 났습니다. 이에 빌라도는 자신의 권세와 힘을 과시하며 예수님의 생사가 자신의 처분에 달렸음을 강조했습니다. 그러자 드

디어 예수님께서 입을 열어 답변하셨는데, 그것은 빌라도가 원하는 대답과는 거리가 먼 것이었습니다.

예수님께서는 빌라도의 권세를 부인하시지는 않았지만, 그 권세는 하나님께서 주신 것이라고 말씀하셨습니다. 성경은 모든 권세가 하나님으로부터 난 것이요, 하나님의 정하신 바라고 명시하고 있습니다(롬 13:1). 권세는 하나님으로부터 나와서 정해진 기간에 특정한 인물들에게 부여되었다가 하나님의 목적을 이루면 다시 회수되는 것입니다. 빌라도는 권세를 가지고 있었으나 지금 그가 상대하고 있는 예수님은 권세의 수여자이신 하나님의 아들이었습니다. 그러나 빌라도는 이러한 진리를 알지 못했습니다. 그는 하나님에 대해서 무지한 일개 이방인이었습니다. 그러나 유대 종교 지도자들은 하나님과 세상 권력과의 관계를 잘 알고 있을 뿐만 아니라 이를 잘 이끌어 나가야 하는 책임과 의무를 가지고 있었습니다. 그럼에도 불구하고 그들은 자신들의 위치를 악용하여 자신들이 아는 진리에 역행하는 일, 즉 하나님의 아들 예수 그리스도를 죽이는 일에 앞섰던 것입니다.

물론 빌라도에게도 세상 권력을 법과 정의에 따라 올바르게 행사할 책임이 있었습니다. 그러나 무지한 중에 범한 죄와 알면서 저지른 죄는 큰 차이가 있습니다. 예수님께서는 "주인의 뜻을 알고도 준비하지 아니하고 그 뜻대로 행하지 아니한 종은 많이 맞을 것이요 알지 못하고 맞을 일을 행한 종은 적게 맞으리라"(눅 12:47-48)고 말씀하셨습니다.

그리고 지금 빌라도에게 "나를 네게 넘겨준 자의 죄는 더 크다."라고 분명하게 말씀하셨습니다. 예수님의 죽음은 유대인들과 빌라도의 합작으로 이루어졌습니다. 예수님을 십자가의 죽음으로 내몬 것은 유대인들이었으나, 이를 실제로 판결하여 집행할 권리와 책임은 빌라도에게 있었습니다. 그러나 진리를 모르고 죄에 가담한 빌라도보다는 알고도 범죄한 유대 종교 지도자들의 죄가 더 큰 것입니다.

12절 이러하므로 빌라도가 예수를 놓으려고 힘썼으나 유대인들이 소리 질러 이르되 이 사람을 놓으면 가이사의 충신이 아니니이다 무릇 자기를 왕이라 하는 자는 가이사를 반역하는 것이니이다

빌라도는 예수님의 답변에서 신적 권위를 느끼고 예수님을 석방시키려고 애썼습니다. 그러나 유대인들은 예수님에 대해 세상적 고발도(18:30), 종교적 고발도(7절) 통하지 않는 것을 알고 이제는 빌라도에게 공격의 화살을 돌렸습니다. 당시 로마 황제였던 티베리우스는 의심이 많기로 유명하여 반란의 기미만 보여도 무자비한 탄압을 일삼았던 것으로 전해지고 있습니다. 그러므로 자칭 유대인의 왕이라고 하여 고발된 예수님을 풀어 준다면 빌라도의 정치적 생명에 치명타가 될 수 있는 것입니다. 빌라도는 예수님의 무죄를 알고도 유대인들의 비위를 맞추기 위해 아슬아슬한 줄다리기를 하다가 그만 자신의 위치를 잡아 흔드는 협박을 받기에 이른 것입니다.

여기서 우리는 한 가지 귀한 교훈을 얻을 수 있습니다. 우리는 때로 하나님의 분명한 뜻을 알면서도 세상적인 이해타산에 맞추어 보다가 결단력 있게 행동으로 옮기지 못하고 주저할 때가 있습니다. 이러한 때 마귀는 자신의 사악한 목적을 이루기 위해 우리의 치명적인 약점을 물고 늘어져서 우리로 하여금 자신이 원하는 대로 행동하게 만듭니다. 이러므로 우리는 하나님과 세상에 각각 한 다리씩 걸쳐 놓고 주저해서는 안됩

니다. 과감히 하나님 편에 서서 결단함으로써 마귀가 시험할 거리, 참소할 거리가 생기지 않도록 하여야겠습니다.

13절 빌라도가 이 말을 듣고 예수를 끌고 나가서 돌을 깐 뜰(히브리 말로 가바다)에 있는 재판석에 앉아 있더라

빌라도는 막다른 골목에서 더 이상 피할 데가 없음을 깨닫고 중대 결심을 했습니다. 그는 자신의 권좌가 흔들리는 위험을 무릅쓰면서까지 예수님을 변호할 생각은 없었습니다. 그래서 그는 예수님을 심판하기로 마음먹고 돌을 깐 뜰에 있는 재판석에 앉았습니다. 그곳의 재판석에 앉았다는 것은 로마 제국을 대표하여 공식 선언을 하겠다는 의미입니다. 빌라도는 자신의 정치 생명을 지키기 위해 영원한 생명을 저버린 것입니다.

14절 이날은 유월절의 준비일이요 때는 제육 시라 빌라도가 유대인들에게 이르되 보라 너희 왕이로다

"이날은 유월절의 준비일이요". 여기서 '이날' 은 예수님께서 수난받으신 날을 가리킵니다. 이 세상 죄를 짊어지신 하나님의 어린양 예수님께서 고난당하시고 빌라도의 판결을 받아 십자가에 못 박혀 죽으신 날은, 유대인들이 유월절 어린 양을 잡는 '유월절의 준비일', 즉 유월절 기간의 금요일이었습니다.

"때는 제육 시라". 제육 시는 정오입니다. 예수님께서는 한밤중에 체포되어 밤새도록 안나스와 가야바에게서 심문받으시고, 빌라도의 관정으로 끌려와 정오경에 판결받으신 것입니다. 여기에서 주목해야 할 것은 시간에 대한 문제인데, 마가복음은 본 서와 시간적인 차이를 보이고 있

습니다. 마가복음은 예수님의 처형 시간을 제삼 시(오전 9시)로 기록하고 있지만(막 15:25), 본 서는 정오쯤으로 기록하고 있어서 본문을 이해하는 데에 혼선이 생길 수 있습니다. 시간의 차이는 신학자들의 연구 과제로 남겨 두고, 우리는 예수 그리스도의 십자가 대속 사건에 초점을 맞추어 본문을 묵상해야 할 것입니다.

빌라도는 유대인들에게 다시 한 번 "너희 왕이로다." 하고 말했습니다. 이는 유대인들에게 고소를 취하할 마지막 기회를 주는 것이었습니다. 예수님의 십자가 죽음 이후 2천 년 간 유대인들이 겪은 고난과 박해를 생각할 때, 이 순간은 너무나 소중한 기회였습니다. 그러나 유대인들은 하나님께서 주신 마지막 기회를 붙잡지 못했습니다.

15절 그들이 소리 지르되 없이 하소서 없이 하소서 그를 십자가에 못 박게 하소서 빌라도가 이르되 내가 너희 왕을 십자가에 못 박으랴 대제사장들이 대답하되 가이사 외에는 우리에게 왕이 없나이다 하니

유대인들은 빌라도에게 다시 "그를 십자가에 못 박게 하소서." 라고 격렬하게 소리 질렀습니다. 이에 빌라도는 "내가 너희 왕을 십자가에 못 박으랴?" 라고 하며 마지막으로 예수님을 석방하려는 시도를 해 보았습니다. 그러자 유대인들 무리 중에서 대제사장들이 나서서 "가이사 외에는 우리에게 왕이 없나이다." 하고 대답했습니다. 대제사장들은 오로지 예수님을 십자가에 못 박아 죽이겠다는 일념으로 이방인인 로마 황제 가이사만이 자신들의 유일한 왕이라고 했던 것입니다. 이처럼 대제사장들이 나서서 가이사에 대한 충성을 언급한 것에는 매우 중요한 의미가 있

습니다.

예수님께서는 사역 시초부터 말씀과 표적을 통해 하나님 나라를 선포하심으로써 유대 백성들에게 메시아의 도래에 대한 희망을 갖게 하셨습니다. 그리하여 유대 백성들은 로마 제국은 단지 일시적인 권세를 행사할 뿐이고, 장차 메시아가 도래함으로 메시아가 통치하는 영원한 나라가 세워지리라는 희망을 가졌던 것입니다. 그런데 대제사장들은 로마 황제 가이사의 왕권만을 인정함으로써, 다윗 계약에 기초한 메시아 왕국을 저버리고 하나님 나라를 거부한 것입니다.

하나님께서는 결코 먼저 사람을 버리시지 않습니다. 사람이 거듭해서 하나님을 거부할 때 하나님께서도 등을 돌리시는 것입니다. 유대인들은 자신들의 요구가 실현되어 가자 무척 기뻐했을 것입니다. 그러나 그 이후에 다가올 엄청난 결과는 전혀 예상하지 못했습니다.

16절 이에 예수를 십자가에 못 박도록 그들에게 넘겨주니라

드디어 유대 종교 지도자들의 소원이 이루어졌습니다. 빌라도가 마침내 그들의 완강한 태도에 굴복한 것입니다. 이날이 빌라도에게는 가장 긴 하루요, 견디기 힘든 하루였을 것입니다. 희미하게나마 마음에 부딪치는 양심의 소리와 현실의 위협 사이에서 번민하다가 그는 자신의 판결권을 올바르게 사용하기를 포기하고, 집요하게 물고 늘어지는 유대인들의 강요대로 예수님을 십자가에 못 박으라고 판결을 내리고 유대인들에게 넘겨주었습니다.

빌라도는 예수님을 죽이는 책임을 유대인들에게 떠맡기고(마 27:24), 그들에게 예수님을 넘겨줌으로써 자신의 할 바를 다했다고 스스로 위안을 삼았는지 모릅니다. 그러나 그는 로마 총독의 권한으로 양심과 법에 따라 공정한 재판을 하지 않고, 자신의 인기와 안전을 위해 악과 결탁하고 말았습니다. 그리하여 전 인류적인 비극을 연출하는 데 결정적인 역할을 한 중심인물이 되었습니다. 그러므로 대대로 뭇 성도들이 사도신경을 고백할 때마다 "본디오 빌라도에게 고난을 받으사 십자가에 못 박혀 죽으시고"라고 그 이름과 죄가 회자되는 저주의 대상이 된 것입니다.

2. 십자가 처형(19:17-30)

17. 그들이 예수를 맡으매 예수께서 자기의 십자가를 지시고 해골
(히브리 말로 골고다)이라 하는 곳에 나가시니 18. 그들이 거기서
예수를 십자가에 못 박을새 다른 두 사람도 그와 함께 좌우편에 못
박으니 예수는 가운데 있더라 19. 빌라도가 패를 써서 십자가 위에
붙이니 나사렛 예수 유대인의 왕이라 기록되었더라 20. 예수께서
못 박히신 곳이 성에서 가까운 고로 많은 유대인이 이 패를 읽는데
히브리와 로마와 헬라 말로 기록되었더라 21. 유대인의 대제사장들
이 빌라도에게 이르되 유대인의 왕이라 쓰지 말고 자칭 유대인의 왕
이라 쓰라 하니 22. 빌라도가 대답하되 내가 쓸 것을 썼다 하니라
23. 군인들이 예수를 십자가에 못 박고 그의 옷을 취하여 네 깃에 나
눠 각각 한 깃씩 얻고 속옷도 취하니 이 속옷은 호지 아니하고 위에

서부터 통으로 짠 것이라 24. 군인들이 서로 말하되 이것을 찢지 말
고 누가 얻나 제비 뽑자 하니 이는 성경에 그들이 내 옷을 나누고 내
옷을 제비 뽑나이다 한 것을 응하게 하려 함이러라 군인들은 이런 일
을 하고 25. 예수의 십자가 곁에는 그 어머니와 이모와 글로바의 아
내 마리아와 막달라 마리아가 섰는지라 26. 예수께서 자기의 어머
니와 사랑하시는 제자가 곁에 서 있는 것을 보시고 자기 어머니께 말
씀하시되 여자여 보소서 아들이니이다 하시고 27. 또 그 제자에게
이르시되 보라 네 어머니라 하신대 그때부터 그 제자가 자기 집에 모
시니라 28. 그 후에 예수께서 모든 일이 이미 이루어진 줄 아시고 성
경을 응하게 하려 하사 이르시되 내가 목마르다 하시니 29. 거기 신
포도주가 가득히 담긴 그릇이 있는지라 사람들이 신 포도주를 적신
해면을 우슬초에 매어 예수의 입에 대니 30. 예수께서 신 포도주를
받으신 후에 이르시되 다 이루었다 하시고 머리를 숙이니 영혼이 떠
나가시니라

17절 그들이 예수를 맡으매 예수께서 자기의 십자가를 지시고 해골(히브리 말로 골고다)이라 하는 곳에 나가시니

빌라도는 예수님을 십자가에 못 박아 죽이라는 판결을 내리고 대제사장들과 서기관들과 바리새인들에게 내어 주었습니다. 이에 그들은 예수님에게 십자가를 지게 하고 골고다로 끌고 갔습니다. 밤새도록 심문 받으시고 모진 채찍질을 당하신 예수님의 발걸음은 휘청거렸습니다. 무거운 십자가를 짊어지고 가시는 예수님께서는 자꾸만 힘없이 쓰러지셨습니다. 그럴 때마다 로마 군인들은 가차없이 채찍질하며 재촉하였습니다. 그러나 그들은 예수님께서 십자가를 지고 처형장까지 가지 못하리라고

판단하고, 마침 근처를 지나가던 구레네 사람 시몬을 불러 그에게 강제로 십자가를 지워 처형장까지 가게 했습니다(마 27:32).

자신이 처형될 골고다, 즉 갈보리 산을 향해 십자가를 지고 가시는 예수님의 모습은, 이삭이 자신의 번제에 쓰일 나무를 짊어지고 모리아 산에 오르는 광경을 연상하게 합니다. 이삭은 제물로 희생되지 않고 숫양으로 제물이 대체되었으나(창 22:13), 예수님께서는 대신 제물이 될 것이 아무것도 없었습니다. 하나님께서는 이삭이 아브라함의 칼에 죽기 직전에 이를 제지하셨으나, 예수님께서 십자가에 달리실 때에는 끝까지 침묵하셨습니다.

이사야 선지자는 "우리는 다 양 같아서 그릇 행하여 각기 제 길로 갔거늘 야훼께서는 우리 모두의 죄악을 그에게 담당시키셨도다"(사 53:6)라고 예언했습니다. 흉측스런 해골 형상을 하고 있는 골고다 형장으로 가는 길은 예수님의 죽음의 길이었습니다. 그 길은 바로 우리가 가야 할 길이었습니다. 그러나 예수님께서는 우리를 대신하여 그 죽음의 길을 가신 것입니다.

18절 그들이 거기서 예수를 십자가에 못 박을새 다른 두 사람도 그와 함께 좌우편에 못 박으니 예수는 가운데 있더라

예수님께서 처형당하시는 날은 마침 두 사람이 더 사형을 당하게 되어 있었습니다. 그래서 로마 군인들은 먼저 예수님을 십자가에 못 박아 가운데 세우고 나서 그 두 사형수를 십자가에 못 박아 예수님의 좌우 양편에 세웠습니다. 이와 같이 예수님께서 강도들 사이에 못 박혀 계셨던 것은, 예수님께서 흉악한 강도 취급을 받으셨음을 보여 줍니다. 이로써 이사야 선지자가 예언했던 "범죄자 중 하나로 헤아림을 받았음이니라"(사 53:12)는 말씀이 성취되었습니다.

예수님께서는 무죄하셨으나 공개적으로 범죄자 취급을 받으셨습니다. 강도와 같은 우리를 대신하여 십자가에 못 박히신 것입니다. 그리하여 이 십자가에서 거듭나는 모든 사람에게 죄와 상관없고, 마귀와 상관없고, 질병과 상관없고, 저주와 상관없고, 죽음과도 상관이 없는 인생을 살게 하신 것입니다.

19절 빌라도가 패를 써서 십자가 위에 붙이니 나사렛 예수 유대인의 왕이라 기록되었더라

십자가에 처형되는 죄수는 그의 이름과 죄목이 적힌 패를 목에 걸고서 처형장까지 가서 그 패를 십자가에 부착하게 됩니다. 이러한 관례에 따라 예수님의 십자가에도 패를 붙였는데, 그 패는 빌라도가 직접 쓴 것으로, '나사렛 예수 유대인의 왕' 이라고 쓰여 있었습니다. 빌라도는 고의로 이렇게 씀으로써 자신을 위협하여 이러한 판결을 내리도록 강요한 유대인들에게 복수를 한 셈입니다. 그러나 빌라도와 유대 종교 지도자들의 감정적인 시비를 넘어 진짜 중요한 사실은, 유대인들에 대한 빌라도의 분노의 표현을 통해서라도 예수님께서 '유대인의 왕' 으로 공시되셨다는 것입니다.

20절 예수께서 못 박히신 곳이 성에서 가까운 고로 많은 유대인이 이 패를 읽는데 히브리와 로마와 헬라 말로 기록되었더라

이때는 유월절 기간이었으므로 예루살렘은 전국 각지에서 모여든 순

례자들로 인산인해를 이루고 있었습니다. 더욱이 예수님에 대한 소문이 온 예루살렘을 술렁이게 하고 있었으므로(12:12-18), 예수님께서 처형당하신다는 소식은 실로 큰 사건이었습니다. 예수님의 처형 장소인 골고다 언덕은 예루살렘 성에서 가까웠기 때문에 수많은 사람이 예수님의 처형 장면을 볼 수 있었습니다. 예수님의 십자가에 붙어 있는 패에는 히브리와 로마와 헬라 말로 죄목이 쓰여 있었으므로 누구나 읽을 수 있었습니다. 그 당시 히브리 말은 유대인의 일상 언어이자 종교적 용어였고, 로마 말은 법률 용어로서 로마 제국의 공식 언어였으며, 헬라 말은 철학적, 문학적 용어로서 로마 제국에서 흔히 사용되는 일상 언어였습니다.

'왕' 이라는 것은 죄목이 될 수 없습니다. 그러나 예수님의 십자가에 달린 패에는 '나사렛 예수 유대인의 왕' 이라는 죄목이 쓰여 있었습니다. 이와 같이 기이한 죄목이 적힌 패가 붙은 십자가에 달리신 예수님을 바라보는 사람들의 마음속에는 결코 지울 수 없는 선명한 인상이 깊이 각인되었을 것입니다.

21-22절 유대인의 대제사장들이 빌라도에게 이르되 유대인의 왕이라 쓰지 말고 자칭 유대인의 왕이라 쓰라 하니 빌라도가 대답하되 내가 쓸 것을 썼다 하니라

유대인들은 예수님께서 스스로 유대인의 왕이라고 했다 하여 반역죄로 빌라도에게 고발하였습니다. 그러나 정작 '나사렛 예수 유대인의 왕' 이라고 쓰인 패를 보자 경악을 금하지 못하였습니다. 이를 그대로 허용한다면, 자신들의 왕을 십자가 형에 처하는 꼴이 되므로 보통 모욕적인 일이 아니었습니다. 또한 자신들의 왕을 로마 당국에 넘겨주어 죽게

한다는 것은 유대 민족의 자존심에 먹칠을 하는 것이었습니다. 그래서 그들은 빌라도에게 '유대인의 왕' 대신에 '자칭 유대인의 왕' 이라는 말로 바꾸어 써 달라고 요청했습니다.

그러나 빌라도는 한 마디로 그들의 요청을 물리쳤습니다. 로마법에 의하면, 일단 써서 부착한 것은 공식적으로 결정되었다는 것을 의미하므로 변경할 수 없었습니다. 빌라도의 거부로 말미암아 결국 예수님께서는 '유대인의 왕' 으로서 죽음을 맞게 되었습니다.

23-24절 군인들이 예수를 십자가에 못 박고 그의 옷을 취하여 네 깃에 나눠 각각 한 깃씩 얻고 속옷도 취하니 이 속옷은 호지 아니하고 위에서부터 통으로 짠 것이라 군인들이 서로 말하되 이것을 찢지 말고 누가 얻나 제비 뽑자 하니 이는 성경에 그들이 내 옷을 나누고 내 옷을 제비 뽑나이다 한 것을 응하게 하려 함이러라 군인들은 이런 일을 하고

십자가 형을 실시하는 군병들이 처형당하는 자의 옷을 나누어 갖는 것은 그 당시의 풍속이었습니다. 이러한 풍속에 따라 군병들은 예수님의 옷을 벗겨 나누었습니다.

"네 깃에 나눠 각각 한 깃씩 얻고". 예수님을 십자가에 못 박는 일에 동원된 군병은 네 명이었습니다. 그들은 예수님의 겉옷과 허리띠와 머리 수건과 신발을 하나씩 차지하였습니다. 그리고는 예수님의 속옷을 벗겼는데, 그 옷은 이음새 없이 통으로 짠 것이었습니다. 그래서 그들은 이 옷을 찢으면 못쓰게 되므로 제비뽑기를 하여 뽑힌 사람이 갖기로 했습니다.

이와 같이 군병들이 예수님의 옷을 나누어 가진 것은 당시의 풍속대로 되어진 일이었지만, 이러한 일이 일어날 것을 예수님께서 성육신하시기 약 천 년 전에 이미 다윗이 성령으로 감동하여 말했습니다(시 22:18). 예수님에 대해서는 지극히 사소한 일이라고 볼 수 있는 것조차도 하나님께서 정해 놓으신 대로 정확하게 이루어진 것입니다.

예수님께서 십자가에 못 박히실 때 옷을 모두 벗김으로써 벌거숭이가 되신 것은, 예수님께서 인간이 당할 수 있는 가장 큰 수치와 곤욕을 다 겪으시고 죽임을 당하셨다는 것을 시사합니다. 아담과 하와가 에덴 동산에서 하나님을 반역했을 때, 그들의 벌거벗은 수치를 가려 주기 위해 하나님께서는 짐승을 잡아서 피를 흘리고 그 가죽으로 옷을 해 입히셨습니다. 이 짐승은 바로 예수 그리스도를 상징합니다. 하나님께서는 예수님의 의로운 옷을 벗겨서 우리에게 입혀 주심으로써 우리의 수치와 죄악을 다 가려 주셨습니다. 그러므로 우리는 의로우신 예수 그리스도로 옷 입고(롬 13:14; 갈 3:27) 새 인생을 사는 새로운 피조물이 된 것입니다(고후 5:17).

25절 예수의 십자가 곁에는 그 어머니와 이모와 글로바의 아내 마리아와 막달라 마리아가 섰는지라

3년 반 동안이나 예수님과 함께 생활하며 고락을 함께하던 제자들은 생명의 위협을 느끼고 뿔뿔이 도망갔지만, 예수님을 따르던 여인들은 예수님의 죽음의 자리도 마다하지 않고 동참했습니다. 군병들이 예수님의 옷을 입고 나누어 갖느라 열중하고 있을 때, 바로 십자가 옆에서는 평소 예수님을 따르던 여인들이 애절한 마음으로 예수님을 지켜보고

있었습니다. 예수님께서 중죄인으로 처형되는 현장을 지킨다는 것은 위험을 무릅쓴 용기 있는 행동이었습니다. 이 여인들 중에는 예수님의 모친 마리아도 있었습니다. 마리아는 시므온의 예언대로 칼로 마음을 찌르는 듯한 고통을 겪고 있었습니다(눅 2:35). 마리아는 예수님이 잉태될 때부터 언제나 중요한 일은 마음에 담아 두는 조용한 여인이었습니다. 예수님의 십자가 앞에서도 그녀는 하나님의 섭리와 자식을 잃은 어머니로서의 처절한 고통을 함께 반추하며 서 있었던 것입니다. 또한 그 자리에는 예수님의 이모요, 세베대의 아내이며, 사도 요한과 야고보의 어머니인 살로메도 있었습니다. 살로메는 일찍이 예수님께 자기 아들들의 영화를 구하면서 예수님의 잔을 마실 수 있다고 장담했던 것을 회상하며(마 20:20-23), 오늘에서야 비로소 그 잔이 무엇을 뜻하였는가를 깨달았을 것입니다. 또한 예수님의 죽음의 자리를 지키는 여인들 중에는 글로바의 아내 마리아와 막달라 마리아도 있었습니다. 막달라 마리아는 예수님께서 일곱 귀신을 쫓아내 주심으로 새로운 삶을 살게 된 여인으로(눅 8:2), 언제나 예수님을 따르면서 자신의 재산으로 예수님과 제자들을 섬겼던 여인입니다(눅 8:1-3). 그녀는 예수님께서 운명하시는 순간까지도 예수님께 대한 변함없는 사랑과 헌신을 보였습니다. 그녀의 이러한 헌신은 결국 부활하신 예수님을 맨 처음 만나는 영광을 얻게 하였습니다(20:1).

26-27절 예수께서 자기의 어머니와 사랑하시는 제자가 곁에 서 있는 것을 보시고 자기 어머니께 말씀하시되 여자여 보소서 아들이니이다 하시고 또 그 제자에게 이르시되 보라 네 어머니라

하신대 그때부터 그 제자가 자기 집에 모시니라

예수님의 제자들 중 오직 주님의 사랑하는 제자 요한만이 예수님의 최후를 지켰습니다. 예수님께서는 십자가 옆에서 아들이 죽어 가는 것을 보면서 슬퍼하고 있는 어머니의 고통을 덜어 주고 싶으셨습니다. 예수님께서는 극심한 죽음의 고통 가운데서도, 이별과 상실의 아픔에 몸부림치는 어머니 마리아에게 자신을 대신하여 사도 요한이 아들 역할을 해 줄 것이라고 말씀하셨습니다. 그리고 요한에게 마리아를 부탁하셨습니다. 예수님께서 자신의 친동생들이 있었음에도 불구하고(마 13:55) 굳이 요한에게 마리아를 부탁한 이유는, 동생들이 아직 예수님을 믿지 않았으므로 믿음이 있는 이종 사촌 형제인 요한에게 부탁하신 것입니다. 그리하여 요한은 그 후 예수님의 어머니 마리아를 친어머니처럼 돌보아 드리게 되었던 것입니다.

28-30절 그 후에 예수께서 모든 일이 이미 이루어진 줄 아시고 성경을 응하게 하려 하사 이르시되 내가 목마르다 하시니 거기 신 포도주가 가득히 담긴 그릇이 있는지라 사람들이 신 포도주를 적신 해면을 우슬초에 매어 예수의 입에 대니 예수께서 신 포도주를 받으신 후에 이르시되 다 이루었다 하시고 머리를 숙이니 영혼이 떠나가시니라

예수님께서는 완전한 하나님이실 뿐 아니라 완전한 사람이셨으므로 육체적 고통을 실제로 겪으셨습니다. 가시관에 찔린 머리에서, 채찍에 맞아 찢긴 온몸에서, 못에 박힌 손과 발에서 출혈이 계속되었고 예수님

께서는 심하게 갈증을 느끼셨습니다. 예수님께서 "내가 목마르다."라고 말씀하시자, 사람들이 해면을 신 포도주 그릇에 담그었다가 우슬초에 매달아 예수님의 입에 대 주었습니다. 이는 "그들이 쓸개를 나의 음식물로 주며 목마를 때에는 초를 마시게 하였사오니"(시 69:21)라는 말씀이 이루어진 것을 알게 해 줍니다.

마태와 마가에 의하면, 예수님께서는 십자가에 달리시기 전에는 몰약을 탄 포도주를 마시기를 거부하셨습니다(마 27:34; 막 15:23). 몰약을 탄 포도주는 감각을 마비시켜 고통을 덜어주는 효과가 있습니다. 따라서 예수님께서 몰약을 탄 포도주를 거절하신 것은, 분명한 의식과 감각을 가지고 십자가의 고통을 끝까지 감수하시면서 고난을 겪기를 원하셨음을 알게 해 줍니다. 그러나 이제 출혈로 인해 갈증이 극심하여 입안이 마르고 입술이 다 갈라지자, 입을 축이기를 원하셨던 것입니다.

그 후 예수님께서는 "다 이루었다!"라고 외치셨습니다. 이 말씀은 예수님께서 하나님으로부터 받으신 사명을 완수하셨다는 선언이요, 승리의 외침이었습니다.

"머리를 숙이니 영혼이 떠나가시니라". 마침내 예수님께서는 고개를 숙이고 숨을 거두셨습니다. 오랜 고통이 끝나고 하나님의 품에 자신의 영혼을 맡기신 것입니다.

3. 장사되심(19:31-42)

31. 이날은 준비일이라 유대인들은 그 안식일이 큰 날이므로 그 안식일에 시체들을 십자가에 두지 아니하려 하여 빌라도에게 그들의 다리를 꺾어 시체를 치워 달라 하니 32. 군인들이 가서 예수와 함께 못 박힌 첫째 사람과 또 그 다른 사람의 다리를 꺾고 33. 예수께 이르러서는 이미 죽으신 것을 보고 다리를 꺾지 아니하고 34. 그중 한 군인이 창으로 옆구리를 찌르니 곧 피와 물이 나오더라 35. 이를 본 자가 증언하였으니 그 증언이 참이라 그가 자기의 말하는 것이 참인 줄 알고 너희로 믿게 하려 함이니라 36. 이 일이 일어난 것은 그 뼈가 하나도 꺾이지 아니하리라 한 성경을 응하게 하려 함이라 37. 또 다른 성경에 그들이 그 찌른 자를 보리라 하였느니라 38. 아리마대 사람 요셉은 예수의 제자이나 유대인이 두려워 그것을 숨기더니 이 일 후에 빌라도에게 예수의 시체를 가져가기를 구하매 빌라도가 허락하는지라 이에 가서 예수의 시체를 가져가니라 39. 일찍이 예수께 밤에 찾아왔던 니고데모도 몰약과 침향 섞은 것을 백 리트라쯤 가지고 온지라 40. 이에 예수의 시체를 가져다가 유대인의 장례법대로 그 향품과 함께 세마포로 쌌더라 41. 예수께서 십자가에 못 박히신 곳에 동산이 있고 동산 안에 아직 사람을 장사한 일이 없는 새 무덤이 있는지라 42. 이날은 유대인의 준비일이요 또 무덤이 가까운 고로 예수를 거기 두니라

31절 이날은 준비일이라 유대인들은 그 안식일이 큰 날이므로 그 안

식일에 시체들을 십자가에 두지 아니하려 하여 빌라도에게 그들의 다리를 꺾어 시체를 치워 달라 하니

예수님께서 운명하실 때는 금요일 제구 시경, 즉 오후 3시경이었습니다(마 27:46; 막 15:34; 눅 23:44). 그 이튿날인 안식일은 유월절의 첫날로서 아무 일도 해서는 안 되는 '큰 날' 이었습니다(레 23:7).

유대인들은 "그 시체를 나무 위에 밤새도록 두지 말고 그날에 장사하여 네 하나님 야훼께서 네게 기업으로 주시는 땅을 더럽히지 말라 나무에 달린 자는 하나님께 저주를 받았음이니라"(신 21:23)는 율법 조항을 지키고 있었습니다. 그러므로 그들은 예수님과 두 강도의 시신을 방치해 둠으로써 땅이 더럽혀지는 것을 방지하기 위해, 빌라도에게 그날 처형된 사형수들의 다리를 꺾어 완전히 죽여서 시체를 치워 달라고 요청했습니다. 그들은 시체로 인해 땅이 더럽혀지는 것을 문제시하여 적극적으로 막았으나, 자신들의 행동이야말로 세상을 더럽히는 것이라는 사실은 조금도 의식하지 못했습니다.

32-34절 군인들이 가서 예수와 함께 못 박힌 첫째 사람과 또 그 다른 사람의 다리를 꺾고 예수께 이르러서는 이미 죽으신 것을 보고 다리를 꺾지 아니하고 그중 한 군인이 창으로 옆구리를 찌르니 곧 피와 물이 나오더라

다리를 꺾는 데에는 큰 나무망치를 사용했습니다. 망치로 무릎을 내리치면 다리가 부러지면서 큰 충격과 출혈이 있고 체중의 압박이 심장으로 쏠려서 금방 사망하게 됩니다. 그러나 이러한 잔혹 행위는 십자가에 달려 온갖 고통을 겪으면서 며칠 동안에 걸쳐 서서히 죽어가는 죄인들에게

는 오히려 고통의 시간을 단축시켜 주는 자비로운 조치였습니다.

빌라도의 명령을 받은 군병들은 처형장으로 가서 십자가에 달려 있는 사형수들의 다리를 꺾었습니다. 예수님의 좌우편에 있던 두 사형수의 다리가 차례로 꺾이고, 군병들은 마지막 차례로 예수님 앞에 이르렀습니다. 그런데 이때 이미 예수님께서는 완전히 숨을 거두신 상태였습니다. 군병들은 이를 보고 굳이 죽은 사람의 다리를 꺾을 필요가 없다고 생각했습니다. 그래서 다리를 꺾는 대신 한 병사가 창으로 예수님의 옆구리를 깊숙이 찔렀습니다. 이로써 "그 뼈가 하나도 꺾이지 아니하리라"(36절)고 한 말씀이 이루어진 것입니다.

창에 찔린 예수님의 옆구리에서는 피와 물이 쏟아져 나왔습니다. 예수님의 옆구리에서 피만 나오지 않고 피와 물이 나왔다는 것은 우리에게 한 가지 의미심장한 사실을 시사해 줍니다. 창이 심장을 꿰뚫으면 피만 나옵니다. 그런데 피와 물이 함께 나왔다는 것은, 예수님께서 창에 찔리기 전에 심장이 파열되었다는 것을 의미합니다. 심장이 터지면 피가 심장을 둘러싸고 있는 심낭에 고여 있다가 시간이 지남에 따라 물처럼 보이는 혈장과 혈구로 분리됩니다. 예수님께서 "내가 다 이루었다!" 고 외치셨을 때, 이 세상의 죄를 모두 걸머지고 하나님의 심판을 받아 심장이 터졌던 것입니다.

예수님께서는 심장이 터지기까지 우리를 사랑하셨습니다. 이러므로 우리는 예수님의 피로 죄 씻음 받고 구원받으며 그 사랑 안에서 사는 것입니다.

35절 이를 본 자가 증언하였으니 그 증언이 참이라 그가 자기의 말하

는 것이 참인 줄 알고 너희로 믿게 하려 함이니라

본 절에서 저자 요한은 자신이 이 모든 사건의 목격자임을 강조하면서 자신의 증언을 믿을 것을 요청하였습니다. 요한이 특별히 예수님의 몸에서 피와 물이 나온 것을 기록한 것은, 예수님께서는 실제로 우리와 똑같은 육신을 지닌 하나님으로서 우리를 위해 대신 죽으셨다는 사실을 강조하기 위함이었습니다. 요한은 본 서의 기록 목적은 우리로 하여금 믿게 하려는 것이라고 말했습니다.

"믿음은 들음에서 나며 들음은 그리스도의 말씀으로 말미암았느니라"(롬 10:17)는 성경 말씀과 같이 우리의 믿음은 역사적 실제 사건에 근거를 두고 자라나게 됩니다. 우리의 구원은 예수님께서 이미 십자가에서 다 이루어 놓으셨습니다. 우리가 할 일은 오직 이를 믿는 것입니다.

36-37절 이 일이 일어난 것은 그 뼈가 하나도 꺾이지 아니하리라 한 성경을 응하게 하려 함이라 또 다른 성경에 그들이 그 찌른 자를 보리라 하였느니라

하나님께서는 예수 그리스도의 모형인 유월절 어린 양을 잡을 때 뼈를 꺾지 말라고 명령하셨습니다(출 12:46; 민 9:12). 또한 성경은 예수님의 뼈를 꺾지 않을 것을 말씀하고 있습니다(시 34:20). 뿐만 아니라 성경에는 예수님께서 창에 찔릴 것이라고 예언되어 있습니다(슥 12:10). 예수님께서 다른 사형수들과는 달리 뼈가 꺾이지 않으시고 창에 찔리신 것은 바로 이러한 성경의 예언들의 성취였습니다.

38절 아리마대 사람 요셉은 예수의 제자이나 유대인이 두려워 그것

을 숨기더니 이 일 후에 빌라도에게 예수의 시체를 가져가기를 구하매 빌라도가 허락하는지라 이에 가서 예수의 시체를 가져가니라

공관복음서는 아리마대 요셉에 대해 예수님의 제자요(마 27:57), 산헤드린 공회의 의원으로서 하나님의 나라를 기다리는 자요(막 15:43), 선하고 의로운 사람으로서 예수님을 죽이는 일에 가담하지 않았다고 소개하고 있습니다(눅 23:50-51). 그는 다른 사람들의 눈을 피해 은밀하게 예수님을 믿고 따르는 숨은 제자였으나, 예수님의 죽음을 계기로 그의 태도에 큰 변화가 일어났습니다. 그는 이제까지의 소극적인 태도를 버리고 빌라도를 찾아가서 예수님의 시체를 내어 달라고 담대히 요청했습니다. 그리고 빌라도가 이 요청을 수락하자, 예수님의 시신을 가져다가 세마포로 싸서 자신의 새 무덤에 장사 지냈습니다(마 27:57-61; 막 15:42-47; 눅 23:50-54; 요 19:38-42). 이처럼 용기 있는 그의 행동은 예수님의 제자들이 모두 도망간 상황에서 높이 살 만한 믿음의 결단이었으며, 이 일로 그는 예수님의 장사를 치른 자로 성경에 기록되게 된 것입니다.

39-40절 일찍이 예수께 밤에 찾아왔던 니고데모도 몰약과 침향 섞은 것을 백 리트라쯤 가지고 온지라 이에 예수의 시체를 가져다가 유대인의 장례법대로 그 향품과 함께 세마포로 쌌더라

니고데모가 처음 예수님을 찾아왔던 때는 밤이었습니다(3:1-15). 그 후 그는 산헤드린 공회에서 예수님을 변호했으며(7:50-51), 이제 예수

님께서 죽으신 후에는 향품을 가지고 와서 직접 예수님의 시신에 바르고 세마포로 싸는 일을 했습니다. 니고데모가 가져온 향품은 몰약과 침향을 섞은 것으로 약 35㎏에 달했는데, 이는 왕족의 장례시에 사용되는 것이었습니다(대하 16:14). 그는 일찍이 예수님과 함께 하나님 나라에 관해 대화했던 것을 기억하고(3:3-5) 예수님을 왕으로 대우한 것입니다. 예수님의 제자들은 모두 예수님의 죽음의 자리를 지키지 않고 도망가 버렸으나, 예수님을 따르던 여인들과 숨은 제자, 즉 아리마대 요셉과 니고데모는 예수님을 끝까지 따르며 진정한 왕으로 장사 지내 드린 것입니다.

41-42절 예수께서 십자가에 못 박히신 곳에 동산이 있고 동산 안에 아직 사람을 장사한 일이 없는 새 무덤이 있는지라 이날은 유대인의 준비일이요 또 무덤이 가까운 고로 예수를 거기 두니라

예수님께서 처형당하신 곳에는 동산이 있었으며, 그 동산 안에는 아직 아무도 장사한 일이 없는 새 무덤이 있었습니다. 그 무덤은 아리마대 요셉의 소유로(마 27:60), 바위를 파고 그 입구를 큰 돌로 막아 놓은 것이었습니다. 이런 무덤은 가격이 높아서 주로 부자들이나 소유할 수 있었습니다. 이와 같이 예수님께서 일반 죄인들의 매장지가 아닌 부자의 무덤에 장사됨으로 "그가 죽은 후에 부자와 함께 있었도다"(사 53:9)라는 이사야 선지자의 예언이 성취되었습니다. 이 모든 사실은 예수님의 죽음을 분명히 해 주며, 또한 삼 일 후에 있을 부활의 완벽한 배경이 되고 있는 것입니다. 예수님의 죽음은 그 자체가 복음입니다. 예수님께서 우리를 대

신하여 죽음을 당하신 것입니다. 히브리서 기자는 죽음 직전의 예수님의 모습에 대해 "그는 육체에 계실 때에 자기를 죽음에서 능히 구원하실 이에게 심한 통곡과 눈물로 간구와 소원을 올렸고 그의 경건하심으로 말미암아 들으심을 얻었느니라"(히 5:7)고 묘사했습니다. 예수님의 죽음은 하나님께 대한 전적인 신뢰 가운데 이루어진 것입니다. 그리고 이에 대한 하나님의 응답은 예수님의 영광스러운 부활로 다가온 것입니다.

제 20 장

부활하신 **예수님**

A COMMENTARY
ON THE GOSPEL OF
JOHN Ⅱ

안식 후 첫날 이른 아침 막달라 마리아가 예수님의 무덤에 찾아갔을 때, 예수님의 무덤은 이미 비어 있었습니다. 이에 막달라 마리아가 급히 달려가서 베드로와 요한에게 이 사실을 알리자, 그들도 무덤에 와서 예수님의 시신이 없어진 것을 확인하였습니다.

베드로와 요한이 집으로 돌아간 후에도 막달라 마리아는 무덤 밖에 서서 계속 울고 있었습니다. 그런데 바로 그 자리에 부활하신 예수님께서 나타나셨습니다. 그리고 그날 저녁에는 제자들이 모여 있는 곳에 나타나셨으며, 여드레 후에는 예수님의 부활을 믿지 못하고 있던 도마에게 나타나 부활을 확인시켜 주셨습니다.

1. 빈 무덤(20:1-10)

1. 안식 후 첫날 일찍이 아직 어두울 때에 막달라 마리아가 무덤에 와
서 돌이 무덤에서 옮겨진 것을 보고 2. 시몬 베드로와 예수께서 사
랑하시던 그 다른 제자에게 달려가서 말하되 사람들이 주님을 무덤
에서 가져다가 어디 두었는지 우리가 알지 못하겠다 하니 3. 베드로
와 그 다른 제자가 나가서 무덤으로 갈새 4. 둘이 같이 달음질하더
니 그 다른 제자가 베드로보다 더 빨리 달려가서 먼저 무덤에 이르러
5. 구부려 세마포 놓인 것을 보았으나 들어가지는 아니하였더니 6.
시몬 베드로는 따라와서 무덤에 들어가 보니 세마포가 놓였고 7. 또
머리를 쌌던 수건은 세마포와 함께 놓이지 않고 딴 곳에 쌌던 대로
놓여 있더라 8. 그때에야 무덤에 먼저 갔던 그 다른 제자도 들어가
보고 믿더라 9. (그들은 성경에 그가 죽은 자 가운데서 다시 살아나
야 하리라 하신 말씀을 아직 알지 못하더라) 10. 이에 두 제자가 자
기들의 집으로 돌아가니라

1절 안식 후 첫날 일찍이 아직 어두울 때에 막달라 마리아가 무덤에 와서 돌이 무덤에서 옮겨진 것을 보고

예수님께서 죽으신 지 사흘 만에 부활하리라는 것은 예수님의 제자들보다 유대 종교 지도자들이 더 잘 기억하고 있었습니다(마 27:62-66). 그들은 제자들이 예수님의 시체를 훔쳐 가고서 예수님께서 부활하셨다고 일을 꾸며낼지도 모른다고 우려하여 예수님의 무덤을 봉인하고, 무덤 입구에 파수꾼을 세워 철저히 지키게 했습니다. 그리하여 파수꾼들이 무덤을 굳게 지키는 가운데 하루, 이틀, 사흘째 날이 되었습니다.

"안식 후 첫날". 이날은 주일이요, 예수님께서 장사된 지 사흘째 되는 날입니다. 이날 이른 새벽에 막달라 마리아는 어둠을 헤치고 예수님의 무덤을 찾아왔습니다. 그녀는 예수님께서 십자가에 달려 죽으시고 장사되는 순간까지 한시도 예수님의 곁을 떠나지 않았습니다. 제자들은 모두 도망갔어도 그녀는 끝까지 예수님을 따랐습니다. 그리고 이제 예수님께서 장사된 지 사흘째 되는 날, 그녀는 예수님의 시신에 향품을 바르려고 무덤에 찾아왔습니다(막 16:1-2; 눅 24:1).

그런데 무덤 앞에 당도한 마리아는 너무도 놀라운 광경에 정신을 차릴 수가 없었습니다. 무덤 입구에 막아 놓았던 돌이 치워져 있고 무덤 안은 텅 비어 있었던 것입니다.

2절 시몬 베드로와 예수께서 사랑하시던 그 다른 제자에게 달려가서 말하되 사람들이 주님을 무덤에서 가져다가 어디 두었는지 우리가 알지 못하겠다 하니

빈 무덤을 보고 몹시 놀란 막달라 마리아는 황급히 베드로와 요한에게

로 달려가서 이 사실을 알렸습니다. 그녀는 예수님께서 부활하신 것은 전혀 생각지 못하고, 누군가가 예수님의 시신을 다른 곳으로 옮겨갔다고만 생각하였습니다. 그래서 자신의 생각대로 베드로와 요한에게 말하였습니다. 유대인들은 부활을 믿고 있었습니다. 그렇기 때문에 유대인들은 장사지내는 데도 세심한 주의를 기울이고 정성을 다하였습니다. 그러므로 예수님의 시신이 사라졌다는 소식은 엄청나게 큰 충격이었습니다.

3-5절 **베드로와 그 다른 제자가 나가서 무덤으로 갈새 둘이 같이 달음질하더니 그 다른 제자가 베드로보다 더 빨리 달려가서 먼저 무덤에 이르러 구부려 세마포 놓인 것을 보았으나 들어가지는 아니하였더니**

베드로와 요한은 막달라 마리아의 말을 듣고 즉시 예수님의 무덤으로 뛰어갔습니다. 사랑하는 예수님의 죽음으로 인해 슬픔에 잠겨 있던 그들은 예수님의 시신이 사라졌다는 말에 너무나 놀라서, 오직 그 말이 사실인지를 직접 확인해 보려는 조급한 마음으로 줄곧 달음질하였습니다. 베드로와 요한의 발걸음이 조급하기는 마찬가지였으나, 아무래도 나이가 젊은 요한이 앞섰습니다. 요한은 제자들 중 유일하게 예수님의 최후를 지켜 보았으며 예수님의 무덤이 있는 장소를 알고 있었기 때문에 거침없이 무덤으로 뛰어갈 수 있었습니다. 그러나 무덤 앞에 이른 그는 그 자리에 멈추어 서서 그 안에 들어갈 엄두를 내지 못하고 있었습니다. 그는 단지 몸을 굽혀 예수님의 시신을 쌌던 세마포가 놓여 있는 것만을 보았습니다.

6-7절 시몬 베드로는 따라와서 무덤에 들어가 보니 세마포가 놓였고 또 머리를 쌌던 수건은 세마포와 함께 놓이지 않고 딴 곳에 쌌던 대로 놓여 있더라

성격이 급한 베드로는 무덤 앞에 이르자 아무런 망설임 없이 곧장 무덤 안으로 들어갔습니다. 그런데 그의 눈에 비치는 무덤 안의 상태는 막달라 마리아의 말대로였습니다. 무덤 안에는 예수님의 시신을 쌌던 세마포와 한쪽에 개켜 있는 머리 수건밖에 없었습니다. 무덤 안 어디에서도 예수님의 시신은 보이지 않았습니다.

이와 같은 무덤 안의 상태는 예수님의 초자연적인 부활을 입증해 주는 것이었습니다. 세마포가 그대로 놓여 있었다는 것은 누군가가 예수님의 시신을 훔쳐 간 것이 아님을 증명합니다. 세마포는 몰약으로 말라붙어 있어서 칼로 다 베어내지 않고는 시체를 끄집어내기가 불가능합니다. 그러므로 세마포가 그대로 놓여 있고 머리를 쌌던 수건이 따로 개켜져 있었다는 것은 마치 고치에서 나비가 빠져나오듯이 예수님께서 부활하셔서 몸이 빠져나왔으리라는 추측을 하게 합니다.

8절 그때에야 무덤에 먼저 갔던 그 다른 제자도 들어가 보고 믿더라

베드로가 무덤 안으로 들어간 다음에야 요한도 무덤 안에 들어가 보았습니다. 그는 무덤 안에 예수님의 시신은 없고 세마포만 놓여 있는 것을 보고 막달라 마리아의 이야기가 사실임을 믿었습니다. 그러나 예수님의 행방에 대해서는 전혀 알 수가 없었습니다.

9절 (그들은 성경에 그가 죽은 자 가운데서 다시 살아나야 하리라 하

신 말씀을 아직 알지 못하더라)

베드로와 요한은 아직도 예수님의 부활에 대해 정확하게 파악하지 못하고 있었습니다. 유대인들은 마지막 날에 의인의 부활이 있으리라는 것을 믿었습니다. 그러므로 베드로와 요한은 이러한 통념에 따라 미래의 부활은 믿었으나 예수 그리스도의 현재적 부활은 믿기 어려웠습니다. 예수님께서 수난 전에 여러 차례에 걸쳐서 죽은 지 사흘 만에 부활하겠다는 예고를 하셨음에도 불구하고 제자들이 그 말씀을 바로 이해하고 믿지 못했던 이유는, 바로 이러한 전통적 개념이 걸림돌이 되었기 때문입니다. 예수 그리스도를 믿고 사는 데 있어서 하나님의 말씀을 바로 아는 것은 매우 중요합니다. 올바른 깨달음이 있고 난 후 참다운 순종이 뒤따르게 마련입니다. 그러므로 우리는 하나님의 말씀의 토대 위에 믿음의 뿌리를 내리고 하나님의 뜻을 따라야겠습니다.

10절 이에 두 제자가 자기들의 집으로 돌아가니라

눈으로 직접 목격하고 성경에 그것이 기록되어 있어도 성령께서 깨닫게 해 주시지 않으면 알 수가 없습니다. 베드로와 요한은 이전에 예수님으로부터 부활에 대한 예고를 여러 차례 들었으며 지금은 예수님의 시신이 사라진 현장을 보면서도 예수님께서 부활하셨다는 사실을 확실하게 믿지 못하고, 단지 기이하다고 생각하면서 집으로 돌아갔습니다. 예수님의 빈 무덤을 최초로 목격한 사람들은 유대 사회에서 천시 받았던 여인들과 예수님의 부활에 대해 믿음도 없었던 두 제자였습니다. 예수님의 부활을 기대하는 사람은 아무도 없었습니다. 그러나 하나님의 역사는 예언된 언약의 말씀대로 이루어졌습니다. 예수님의 십자가 죽음과 부활에 있

어서 사람이 도운 일은 하나도 없었습니다. 무덤 입구를 막아 놓았던 돌조차 지진으로 치워졌습니다. 열린 무덤은 제자들을 위한 것이었습니다. 그들이 직접 와서 보고 예수님의 시신이 없음을 확인함으로써 부활하신 예수님을 만났을 때 믿을 수 있도록 하기 위함이었습니다. 이처럼 하나님의 사랑과 세심한 배려는 조건 없이 은혜로 주어지는 것입니다.

2. 막달라 마리아에게 나타나신 예수님
(20:11-18)

11. 마리아는 무덤 밖에 서서 울고 있더니 울면서 구부려 무덤 안을
들여다보니 12. 흰 옷 입은 두 천사가 예수의 시체 뉘었던 곳에 하나
는 머리 편에, 하나는 발 편에 앉았더라 13. 천사들이 이르되 여자여
어찌하여 우느냐 이르되 사람들이 내 주님을 옮겨다가 어디 두었는
지 내가 알지 못함이니이다 14. 이 말을 하고 뒤로 돌이켜 예수께서
서 계신 것을 보았으나 예수이신 줄은 알지 못하더라 15. 예수께서
이르시되 여자여 어찌하여 울며 누구를 찾느냐 하시니 마리아는 그
가 동산지기인 줄 알고 이르되 주여 당신이 옮겼거든 어디 두었는지
내게 이르소서 그리하면 내가 가져가리이다 16. 예수께서 마리아야
하시거늘 마리아가 돌이켜 히브리 말로 랍오니 하니 (이는 선생님이
라는 말이라) 17. 예수께서 이르시되 나를 붙들지 말라 내가 아직 아
버지께로 올라가지 아니하였노라 너는 내 형제들에게 가서 이르되

내가 내 아버지 곧 너희 아버지, 내 하나님 곧 너희 하나님께로 올라 간다 하라 하시니 18. 막달라 마리아가 가서 제자들에게 내가 주를 보았다 하고 또 주께서 자기에게 이렇게 말씀하셨다 이르니라

11-12절 마리아는 무덤 밖에 서서 울고 있더니 울면서 구부려 무덤 안을 들여다보니 흰 옷 입은 두 천사가 예수의 시체 뉘었던 곳에 하나는 머리 편에, 하나는 발 편에 앉았더라

베드로와 요한이 돌아간 뒤에도 막달라 마리아는 홀로 무덤 밖에 서서 울고 있었습니다. 그녀에게 있어서 예수님은 죽으신 후에도 여전히 변함없는 주님이었습니다. 그런데 예수님의 시신마저 없어져서 행방을 알 수 없게 되자, 그녀의 안타까운 마음을 말로 다 표현할 수 없었습니다. 그녀는 예수님의 시신이 사라져 버린 사실에 망연자실하여 비통하게 울부짖으며 예수님의 무덤 속을 들여다보았습니다. 그러자 참으로 놀라운 광경이 눈앞에 전개되었습니다. 흰 옷을 입은 두 천사가 예수님의 시신을 뉘었던 머리 편과 발 편에 앉아 있었던 것입니다. 하나님께서 그녀의 눈을 열어 무덤 속의 두 천사를 보게 해 주신 것입니다. 천사들이 나타난 것은 그곳에 하나님의 능력이 임하였다는 뜻입니다. 예수님의 시신이 사라진 것은 도둑이 훔쳐가서 없어진 것이 아니라 하나님의 능력으로 일어난 일이었던 것입니다.

13절 천사들이 이르되 여자여 어찌하여 우느냐 이르되 사람들이 내 주님을 옮겨다가 어디 두었는지 내가 알지 못함이니이다

천사들은 울부짖고 있는 마리아에게 "여자여, 어찌하여 우느냐?" 라고 물었습니다. 이에 마리아는 시신을 찾을 수 없어서 안타까운 자신의 마음을 토로했습니다. 그녀는 지금 자기에게 말을 걸어 온 상대가 누구인지는 관심이 없었습니다. 지금 그녀의 마음속에는 예수님에 대한 생각만이 가득했습니다. 그리고 사라져 버린 예수님의 시신을 찾아내는 것만이 그녀의 유일한 소원이었습니다. 이처럼 예수님을 향한 그녀의 변함없는 사랑과 열정이 부활하신 예수님을 최초로 만나 뵙는 영광을 가져왔습니다.

14절 이 말을 하고 뒤로 돌이켜 예수께서 서 계신 것을 보았으나 예수이신 줄은 알지 못하더라

문득 마리아는 등 뒤로 인기척을 느꼈습니다. 뒤를 돌아보니 한 사람이 서 있었습니다. 그러나 그녀는 그가 누구인지 전혀 알아보지 못했습니다. 아마 그녀는 눈물에 시야가 가려서 똑바로 볼 수 없었을지 모릅니다. 혹은 예수님의 시신을 찾는 데에만 온 신경이 쏠려서 자기 눈앞에 서 있는 사람이 부활하신 예수님이시라고는 미처 생각하지 못했을지도 모릅니다. 일반적으로 사람들은 전혀 상상도 못했던 일이 일어나면 정신을 차리지 못하고 어리둥절해서 그것을 얼른 현실로 받아들이지 못하는 경향이 있습니다. 확실히 죽어서 장사 지낸 사람이 다시 살아나서 무덤 밖으로 나와 걸어 다닌다는 것은 실로 믿기 어려운 기적입니다. 예수님의 부활을 믿지도 예상하지도 않는 제자들에게 부활하신 예수님의 출현은 현실로 믿어지지 않는 사건이었습니다. 이에 대한 예로, 엠마오로 가는 두 제자는 부활하신 예수님과 함께 길을 가면서 대화했으나 예수님을 전혀 알아보지 못했습니다(눅 24:13-35). 그러므로 아직 어두운 때에 갑자기 나타나

신 예수님을 마리아가 몰라본 것은 당연한 일일 수도 있습니다.

15절 예수께서 이르시되 여자여 어찌하여 울며 누구를 찾느냐 하시니 마리아는 그가 동산지기인 줄 알고 이르되 주여 당신이 옮겼거든 어디 두었는지 내게 이르소서 그리하면 내가 가져가리이다

예수님께서는 마치 낯선 사람을 보듯이 자신을 쳐다보고 있는 마리아에게 "여자여, 어찌하여 울며 누구를 찾느냐?"라고 물으셨습니다. 예수님께서는 이미 마리아의 마음을 아시고 염려와 걱정을 꿰뚫어 보아 알고 계셨지만, 짐짓 이렇게 질문하심으로써 그녀를 위로하셨습니다.

부드럽게 말을 건네시는 예수님의 음성은 마리아가 그토록 애타게 찾는 주님의 음성이었습니다. 그러나 예수님의 부활을 상상도 못한 그녀에게는 한낱 생면부지의 남자의 음성으로만 들렸습니다. 그녀는 눈앞에서 계신 분이 동산지기라고 생각하고 "주여, 당신이 옮겼거든 어디 두었는지 내게 이르소서. 그리하면 내가 가져가리이다."라고 애원했습니다.

16절 예수께서 마리아야 하시거늘 마리아가 돌이켜 히브리 말로 랍오니 하니 (이는 선생님이라는 말이라)

예수님께서는 자신을 알아보지 못하고 시신을 찾지 못하여 애통해하는 마리아에게 "마리아여!"라고 부르셨습니다. 그제서야 마리아는 예수님의 음성을 알아듣고 뒤를 돌아보며 "랍오니여!"라고 외쳤습니다. 그녀는 처음에는 예수님을 알아보지 못했었지만, 자신의 이름을 부르시는 주님의 친숙한 음성을 듣자 한순간에 모든 것을 알아차렸습니다. 이제 두 번 다시 볼 수 없으리라고 생각했던 예수님과의 만남이 이루어진 것입니다.

17절 예수께서 이르시되 나를 붙들지 말라 내가 아직 아버지께로 올라가지 아니하였노라 너는 내 형제들에게 가서 이르되 내가 내 아버지 곧 너희 아버지, 내 하나님 곧 너희 하나님께로 올라간다 하라 하시니

이제껏 예수님의 시신을 찾던 마리아는 살아 계신 예수님을 만나자 꿈인지 현실인지 분간할 수가 없었습니다. 그녀는 너무나 감격하고 기쁨으로 마음이 벅차서 자신도 모르게 예수님 앞에 엎드려 예수님의 발을 끌어안으려고 했습니다. 이러한 행동은 유대 및 고대 중동 지역에서 흔히 볼 수 있는 존경과 애정의 표현입니다.

그러나 예수님께서는 부드럽게 이를 만류하셨습니다. 그리고 그녀에게 "너는 내 형제들에게 가서 이르되 내가 내 아버지 곧 너희 아버지, 내 하나님 곧 너희 하나님께로 올라간다 하라."고 말씀하셨습니다. 이 말씀을 통해서 우리는 예수님의 십자가 사건 이후 예수님과 제자들의 관계가 형제 관계로 변화된 사실을 발견할 수 있습니다. 예수님께서는 본래 하나님의 독생자이십니다. 이에 비해 예수님을 믿고 따르는 제자들은 예수님의 보혈로 죄 씻음 받고 장차 임할 성령으로 말미암아 하나님의 양자가 되는 사람들입니다. 사도 바울은 이에 대해 "너희는 다시 무서워하는 종의 영을 받지 아니하고 양자의 영을 받았으므로 우리가 아빠 아버지라고 부르짖느니라 성령이 친히 우리의 영과 더불어 우리가 하나님의 자녀인 것을 증언하시나니"(롬 8:15-16)라고 말했습니다.

부활하신 예수님과 성도는 하나님 안에서 한 형제입니다. 예수 그리스도를 믿고 따르는 성도들은 누구나 하나님 안에서 하나님을 아버지로 모시고 예수님의 형제로서 사는 것입니다.

18절 막달라 마리아가 가서 제자들에게 내가 주를 보았다 하고 또 주께서 자기에게 이렇게 말씀하셨다 이르니라

마리아는 기쁨에 겨워 곧바로 제자들이 있는 곳까지 단숨에 달려갔습니다. 그녀는 마음속에 예수님께서 부활하셨다는 기쁨과 또한 곧 하늘로 올라가신다는 사실로 인한 조급함이 교차하는 가운데, 이 소식을 제자들에게 빨리 알리겠다는 일념으로 숨차게 달려갔습니다. 그녀는 제자들을 보자마자 "내가 주를 보았다."라고 전했습니다. 그러고 나서 예수님께서 제자들에게 전해 달라고 부탁하신 말씀을 일러 주었습니다. 그녀는 그날 하루에 두 번이나 놀라운 소식을 전하는 증인이 되었습니다(2, 18절). 그러나 제자들은 그녀의 말을 믿지 않았습니다(막 16:11; 눅 24:11). 이에 예수님께서 직접 이들을 찾아와서 만나 주셨습니다(19절).

3. 제자들에게 나타나신 예수님(20:19-23)

19. 이날 곧 안식 후 첫날 저녁 때에 제자들이 유대인들을 두려워하여 모인 곳의 문들을 닫았더니 예수께서 오사 가운데 서서 이르시되 너희에게 평강이 있을지어다 20. 이 말씀을 하시고 손과 옆구리를 보이시니 제자들이 주를 보고 기뻐하더라 21. 예수께서 또 이르시되 너희에게 평강이 있을지어다 아버지께서 나를 보내신 것같이 나도 너희를 보내노라 22. 이 말씀을 하시고 그들을 향하사 숨을 내쉬며

이르시되 성령을 받으라 23. 너희가 누구의 죄든지 사하면 사하여질 것이요 누구의 죄든지 그대로 두면 그대로 있으리라 하시니라

19절 이날 곧 안식 후 첫날 저녁 때에 제자들이 유대인들을 두려워하여 모인 곳의 문들을 닫았더니 예수께서 오사 가운데 서서 이르시되 너희에게 평강이 있을지어다

'이날 곧 안식 후 첫날' 은 예수님께서 부활하신 주일입니다. 주일 저녁에 예수님의 제자들은 유대인들이 두려워서 마가 요한의 다락방에 모여 문을 걸어 잠그고 숨어 있었습니다. 이날 그들은 막달라 마리아에게서 예수님의 부활 소식을 들었습니다(18절). 그리고 엠마오로 가다가 되돌아온 두 제자에게서도 똑같은 말을 들었습니다(눅 24:35). 그러나 그들은 예수님의 부활을 믿고 기뻐하기보다는 당장에 유대인들이 자신들을 잡으러 오지 않을까 하여 불안해 하며 전전긍긍하고 있었습니다. 현실적인 공포와 두려움이 그리스도에 대한 기대를 완전히 차단한 것입니다.

그런데 숨어서 떨고 있는 그들 앞에 홀연히 예수님께서 나타나셨습니다. 부활하신 예수님의 몸은 시간과 공간의 제한을 받는 3차원에 속한 것이 아니라 이를 초월한 4차원적인 신령한 몸이었습니다. 그래서 예수님께서는 문이 잠긴 밀폐된 방에도 얼마든지 들어가실 수 있었던 것입니다.

예수님께서는 그들 가운데 서서 "너희에게 평강이 있을지어다." 라고 말씀하셨습니다. 예수님께서는 두려움에 사로잡힌 제자들의 마음에서 두려움을 몰아내고 평강을 주신 것입니다. 예수님께서는 이전에도 "평안을 너희에게 끼치노니 곧 나의 평안을 너희에게 주노라 내가 너희에게

주는 것은 세상이 주는 것과 같지 아니하니라 너희는 마음에 근심하지도 말고 두려워하지도 말라"(14:27)고 말씀하셨습니다. 성경에는 "그리스도의 평강이 너희 마음을 주장하게 하라 너희는 평강을 위하여 한 몸으로 부르심을 받았나니 너희는 또한 감사하는 자가 되라"(골 3:15)고 기록되어 있으며, 또한 두려움은 하나님께서 주신 것이 아니고(딤후 1:7) 두려움에는 형벌이 따른다고 기록되어 있습니다(요일 4:18).

참평안은 예수님으로부터 옵니다. 그러므로 평강의 왕 예수님께서 우리와 함께 하실 때에 우리는 늘 평안할 수 있습니다. 눈에는 아무 증거 안 보이고, 귀에는 아무 소리 안 들리고, 손에는 잡히는 것 없어도 예수님만 함께하시면 우리는 환경과 고난을 초월하여 마음속에 평강이 넘치는 삶을 살 수 있는 것입니다.

20절 이 말씀을 하시고 손과 옆구리를 보이시니 제자들이 주를 보고 기뻐하더라

예수님께서는 제자들에게 못자국이 난 손바닥과 창에 찔린 옆구리를 보여 주셨습니다. 제자들은 이를 눈으로 직접 확인하고서야 비로소 예수님의 부활을 믿고 기뻐했습니다. 부활하신 예수님의 몸은 공간에 제한받지 않는 초자연적인 신령한 몸이었을 뿐만 아니라 십자가에서 입은 상처들도 그대로 지니고 있었습니다. 즉, 부활하신 예수님의 몸은 전혀 새로운 몸이 아니라 물리적으로 동일하되 신령하게 변화된 몸이었던 것입니다. 제자들은 자기들 가운데 서 계신 분이 예수님임을 확인하자, 마음의 평강을 얻고 기뻐했습니다. 그들의 두려움과 고통은 말끔히 사라지고 그 대신에 기쁨과 벅찬 감격이 마음에 충만했습니다. 이는 예수님께서 고난

받으시기 전에 그들에게 "지금은 너희가 근심하나 내가 다시 너희를 보리니 너희 마음이 기쁠 것이요 너희 기쁨을 빼앗을 자가 없으리라"(16:22)고 말씀해 주셨던 것이 불과 나흘 만에 실제로 이루어진 것입니다.

21절 예수께서 또 이르시되 너희에게 평강이 있을지어다 아버지께서 나를 보내신 것같이 나도 너희를 보내노라

예수님께서는 기뻐하는 제자들에게 다시 한 번 "너희에게 평강이 있을지어다."라고 말씀하셨습니다. 예수님께서 이처럼 같은 말씀을 두 번이나 하시는 것은 그만큼 중요하기 때문입니다. 제자들이 세상에 파송되기 전에 먼저 해결되어야 할 일이 있었는데, 그것이 바로 마음의 평안을 얻는 것이었습니다.

예수님께서는 성부 하나님의 보내심을 받아 이 땅에 오셔서 십자가의 죽음에 이르기까지 삶의 매순간에 평안을 잃으신 적이 없었습니다. 예수님의 평안은 자신을 보내신 성부 하나님을 신뢰하고 그분의 뜻에 절대 순종함으로써 생겨난 것이었습니다. 그러므로 예수님께서 제자들에게 먼저 "평안을 너희에게 끼치노니 곧 나의 평안을 너희에게 주노라"(14:27)고 말씀하신 것입니다. 우리가 예수 그리스도의 평안을 끊임없이 누릴 수 있는 길은, 예수님을 신뢰하고 범사에 그분의 뜻을 따라 행하는 것입니다.

"아버지께서 나를 보내신 것같이 나도 너희를 보내노라". 모든 성도는 복음을 전할 사명이 있습니다. 그러므로 세상을 피하지 말고 세상으로 나가서 복음을 전해야 합니다.

그러나 세상이 우리 속에 들어오면 안 됩니다. 배가 항상 바다에 떠있

으나 물이 배 안으로 들어오면 배가 침몰하는 것처럼, 우리는 세상에서 살고 있지만 우리 속에 세상이 들어오면 안 되는 것입니다. 예수님께서는 "너희는 스스로 조심하라 그렇지 않으면 방탕함과 술 취함과 생활의 염려로 마음이 둔하여지고 뜻밖에 그날이 덫과 같이 너희에게 임하리라"(눅 21:34)고 경고하셨습니다. 세상이 우리 속에 들어오면 우리는 침몰하게 되고 맙니다. 그러므로 우리는 우리 속에 세상이 들어오지 못하도록 항상 말씀과 성령으로 충만하며, 기도와 성도들과의 교제를 통해 평안을 누리고, 능력 있는 증인의 삶을 살아야겠습니다.

22절 이 말씀을 하시고 그들을 향하사 숨을 내쉬며 이르시되 성령을 받으라

본 절의 '숨을 내쉬다' 라는 말은 아담이 창조되던 광경을 연상시켜 줍니다(창 2:7). 하나님께서 숨을 불어넣으셔서 아담이 생명을 얻었듯이, 예수님의 숨을 통해 제자들은 영적 생명을 부여받게 되는 것입니다.

예수님께서는 제자들을 향해 숨을 내쉬며 "성령을 받으라." 고 말씀하셨습니다. '성령' 은 헬라어로 '프뉴마'(πνεῦμα)이며, 이 단어는 '바람, 숨, 영' 등의 의미를 가지고 있습니다. 이러한 단어의 의미와 같이, 성령은 바람과 같습니다. 이에 대해 예수님께서는 일찍이 "바람이 임의로 불매 네가 그 소리는 들어도 어디서 와서 어디로 가는지 알지 못하나니 성령으로 난 사람도 다 그러하니라"(3:8)고 말씀하셨으며, 성경에는 실제로 성령께서 강림하실 때 "홀연히 하늘로부터 급하고 강한 바람 같은 소리가 있어 그들이 앉은 온 집에 가득하며"(행 2:2)라고 묘사되어 있습니다. 바람은 공기의 흐름입니다. 공기는 눈에 보이지 않고, 냄새도 없고, 만져

지지도 않고, 잡을 수도 없지만, 이 세상 어디에나 존재하고 있습니다. 이와 마찬가지로 성령께서도 우리의 감각으로는 알 수 없지만 어느 곳에나 계십니다. 그러나 공기와 달리 성령께서는 인격적인 분이시므로 우리가 인정하고 환영하고 모셔 들일 때에 우리의 마음을 성전 삼고 함께해 주십니다. 세상 사람들은 영혼이 죽은 상태이기 때문에 육신의 생명을 유지하는 일에만 관심이 있습니다. 그러나 예수 그리스도를 믿음으로 말미암아 영이 살아난 사람들은 육신의 생명뿐 아니라 영의 생명도 유지해야 하는데, 이를 위해서는 성령께서 함께해 주셔야 합니다. 공기가 없으면 살 수 없듯이 우리의 속사람은 성령을 떠나서는 살 수 없는 것입니다.

23절 너희가 누구의 죄든지 사하면 사하여질 것이요 누구의 죄든지 그대로 두면 그대로 있으리라 하시니라

본 절에서 예수님께서는 제자들의 사명을 보다 구체적으로 가르쳐 주셨습니다. 본 절의 '사하다' 와 '그대로 두다' 라는 두 동사는 완료 시제로 쓰였는데, 이는 곧 하늘에서 이미 결정된 사항임을 말합니다. 즉, 제자들이 세상에 나가서 하나님 나라를 증거할 때 그것을 믿고 받아들이는 사람은 죄 사함을 받고, 거부하는 사람은 심판을 받게 된다는 것입니다. 복음을 믿느냐 거부하느냐에 따라 이처럼 상반된 결과에 이르게 되는 것에 대해서는 예수님께서도 일찍이 "그를 믿는 자는 심판을 받지 아니하는 것이요 믿지 아니하는 자는 하나님의 독생자의 이름을 믿지 아니하므로 벌써 심판을 받은 것이니라"(3:18)고 말씀하셨습니다.

제자들의 임무는 '구원' 과 '심판' 을 선포하는 이중적인 사역이라고 할 수 있습니다. 그런데 죄를 사하여 주는 것도, 구원하는 것도, 심판하는

것도 하나님의 고유 권한에 속한 일입니다. 오직 성부, 성자, 성령 삼위 일체 하나님께만 죄 사함과 구원과 심판의 권한이 있는 것입니다. 그러므로 이에 관한 하나님의 말씀을 믿는 성도는 성령을 통해 죄 사함을 받으며, 또한 서로 죄를 용서할 수 있는 것입니다.

4. 도마에게 나타나신 예수님(20:24-29)

24. 열두 제자 중의 하나로서 디두모라 불리는 도마는 예수께서 오
셨을 때에 함께 있지 아니한지라 25. 다른 제자들이 그에게 이르되
우리가 주를 보았노라 하니 도마가 이르되 내가 그의 손의 못 자국을
보며 내 손가락을 그 못 자국에 넣으며 내 손을 그 옆구리에 넣어 보
지 않고는 믿지 아니하겠노라 하니라 26. 여드레를 지나서 제자들
이 다시 집 안에 있을 때에 도마도 함께 있고 문들이 닫혔는데 예수
께서 오사 가운데 서서 이르시되 너희에게 평강이 있을지어다 하시
고 27. 도마에게 이르시되 네 손가락을 이리 내밀어 내 손을 보고 네
손을 내밀어 내 옆구리에 넣어 보라 그리하여 믿음 없는 자가 되지
말고 믿는 자가 되라 28. 도마가 대답하여 이르되 나의 주님이시요
나의 하나님이시니이다 29. 예수께서 이르시되 너는 나를 본 고로
믿느냐 보지 못하고 믿는 자들은 복되도다 하시니라

24-25절 열두 제자 중의 하나로서 디두모라 불리는 도마는 예수께

서 오셨을 때에 함께 있지 아니한지라 다른 제자들이 그에게 이르되 우리가 주를 보았노라 하니 도마가 이르되 내가 그의 손의 못 자국을 보며 내 손가락을 그 못 자국에 넣으며 내 손을 그 옆구리에 넣어 보지 않고는 믿지 아니하겠노라 하니라

부활하신 예수님께서 처음으로 제자들에게 나타나셨을 때에 도마는 그 자리에 없었습니다. 그래서 그는 다른 제자들과 함께 부활하신 예수님을 직접 만나 뵙는 기회를 놓쳤습니다. 도마는 지극히 현실적이고 회의적인 사람이었습니다. 그는 증거가 확실하고 자신이 직접 확인한 것만을 믿었습니다. 이러므로 다른 제자들이 예수님의 부활 소식을 전해 주었을 때 그는 선뜻 믿지 못하고 의심하였습니다. 이성적으로 생각할 때, 십자가에 못 박히고 창에 찔린 예수님께서 살아 계시다는 것은 도저히 있을 수 없는 일이었습니다. 그래서 그는 다른 제자들이 전하는 말을 순수하게 믿을 수 없었던 것입니다. 이에 그는 "내가 그의 손의 못 자국을 보며, 내 손가락을 그 못 자국에 넣으며, 내 손을 그 옆구리에 넣어 보지 않고는 믿지 아니하겠노라."고 말했는데, 이는 헛된 희망을 갖지 않겠다는 의사를 표시한 것입니다.

이와 같이 예수님의 부활을 의심하는 도마의 말은 근본적으로 불신앙에서 비롯된 것이었습니다. 예수님께서는 자신이 반드시 십자가에서 죽을 것과 사흘 후에 부활할 것을 여러 차례 예고하신 바 있습니다. 도마가 몸서리치고 있는 예수님의 십자가 고난은 하나님의 계획 속에 포함되어 있었습니다. 예수님의 죽음은 하나님의 실패가 아니라 하나님의 뜻대로 된 일이었습니다. 이러므로 예수님의 부활을 의심하는 도마의 주장은 이성의 한계를 뛰어넘지 못한 회의요, 불신앙의 표출이었던 것입니다.

26절 여드레를 지나서 제자들이 다시 집 안에 있을 때에 도마도 함께 있고 문들이 닫혔는데 예수께서 오사 가운데 서서 이르시되 너희에게 평강이 있을지어다 하시고

예수님께서는 우리의 모든 생각과 말과 행동을 낱낱이 알고 계십니다. 예수님께서는 도마의 마음과 생각을 아시고, 그의 불신앙과 의심을 없애고 믿음과 평강을 주시기를 원하셨습니다. 그래서 부활하신 지 여드레째 되는 날 예수님께서는 처음과 똑같은 장면을 재현하면서 도마와 제자들에게 나타나셨던 것입니다.

예수님께서 부활하신 날, 그리고 제자들에게 처음 나타나신 날은 주일이었습니다. 또한 도마를 포함한 제자들에게 다시 나타나신 날도 주일이었습니다. 뿐만 아니라 예수님께서 약속하신 성령께서 강림하신 오순절 날도 주일이었습니다. 제자들은 예수님의 죽으심과 부활을 기념하기 위해 주일을 모임의 날로 정하여 지켰으며, 이때부터 예수님을 구주로 고백하는 교회마다 주일을 지켰습니다. 그러므로 구약 시대와는 달리 예수님께서 부활하신 이후에는 안식일을 지키지 않고 주일을 거룩한 날로 지킴으로써 예수님의 십자가 죽음과 영광스런 부활과 승천을 기념하고 증거하는 것입니다.

27절 도마에게 이르시되 네 손가락을 이리 내밀어 내 손을 보고 네 손을 내밀어 내 옆구리에 넣어 보라 그리하여 믿음 없는 자가 되지 말고 믿는 자가 되라

예수님께서는 도마가 했던 말을 반복하심으로써 자신이 그의 생각과 마음을 다 알고 계심을 암시해 주셨습니다. 또한 상처 난 손과 옆구리를

직접 만져보라고 하심으로써 의심 많은 제자가 자신의 부활을 확실히 믿을 수 있는 기회를 주셨습니다. 부활하신 예수님께서는 제자들이 저지른 많은 잘못에 대해서는 아무런 말씀도 하시지 않았습니다. 그러나 불신앙만은 용납하시지 않았습니다. 그래서 믿지 못하고 회의적인 태도를 보인 도마에게 "믿음 없는 자가 되지 말고 믿는 자가 되라." 고 말씀하신 것입니다. 이러므로 우리는 불신앙이야말로 하나님 앞에서 가장 큰 죄임을 알고, 주님께 늘 우리의 믿음을 보여야겠습니다.

28절 도마가 대답하여 이르되 나의 주님이시요 나의 하나님이시니이다

눈에 보이는 예수님의 실체와 말씀에 완전히 압도당한 도마는 즉각적으로 놀라운 신앙 고백을 했습니다. 지금 그의 눈앞에 계신 예수님은 이제까지 그가 알고 있던 주님이 아니었습니다. 그분은 신성을 지닌 하나님이셨던 것입니다. 부활하신 예수님의 신성을 제일 먼저 고백한 사람이 가장 의심 많은 회의론자였다는 사실은 실로 엄청난 역설이 아닐 수 없습니다. 이러한 사례는 요한복음 서두에 나오는 나다나엘의 고백(1:45-49)과 함께 본 서의 처음과 끝을 장식하고 있습니다. 나다나엘 역시 예수님에 대해 냉소적으로 "나사렛에서 무슨 선한 것이 날 수 있느냐?" 고 말했다가, 예수님의 초자연적 능력을 경험하고 나서는 "당신은 하나님의 아들이시요, 당신은 이스라엘의 임금이로소이다." 라고 고백하였습니다.

하나님께서는 믿음이 없는 자를 기뻐하지 않으십니다(히 11:6). 하나님께서는 믿음이 있는 자를 기뻐하시며 그 믿음을 통해 역사하십니다. 그러나 하나님께서는 우리의 믿음 없음에 대해 무조건 진노하시는 분은 아닙니다. 오히려 우리에게 믿음의 기초를 제공하셔서 우리로 하여금 믿음

의 반석 위에 굳게 서도록 징검다리를 놓아 주시는 분입니다. 나다나엘과 도마도 이러한 주님의 배려와 도우심으로 불신앙과 회의를 딛고 요동치 않는 믿음의 사람이 되어 후에는 순교하기까지 믿음을 굳게 지켰습니다.

29절 예수께서 이르시되 너는 나를 본 고로 믿느냐 보지 못하고 믿는 자들은 복되도다 하시니라

눈으로 직접 보고서야 예수님의 부활을 확신하는 도마에게 예수님께서는 "보지 못하고 믿는 자들은 복되도다."라고 말씀하셨습니다. 믿음은 우리의 이성과 환경을 초월한 것입니다. 이러한 믿음의 실상에 대해 성경에는 "믿음은 바라는 것들의 실상이요 보이지 않는 것들의 증거니"(히 11:1)라고 기록되어 있습니다. 「리빙 바이블」은 이 구절을 더욱 생생하게 풀어 "믿음은 무엇입니까? 믿음은 우리가 바라는 것이 반드시 이루어진다는 확신을 갖는 게 아니겠습니까? 또한 아직 눈앞에 보이지 않는 미래의 일일지라도 우리가 기대하는 것이 반드시 우리를 기다리고 있다는 것을 의심하지 않는 게 아닙니까?"라고 가르쳐 주고 있습니다.

믿음이 있는 사람은 이성의 제한을 받지 않고 환경의 영향을 받지 않습니다. 오직 그 마음에 확고하게 자리 잡고 선명하게 그려진 믿음의 실상을 바라봅니다. 지금 당장은 현실적으로 눈에 아무 증거 안 보이고 귀에 들리는 것 없고 손에 잡히는 것 없어도, 또 환경적으로 동남풍이 불고 서북풍이 불어도 하나님께서 이루심을 믿고 바라보며 요동하지 않는 것입니다.

5. 본 서의 기록 목적(20:30-31)

30. 예수께서 제자들 앞에서 이 책에 기록되지 아니한 다른 표적도 많이 행하셨으나 31. 오직 이것을 기록함은 너희로 예수께서 하나님의 아들 그리스도이심을 믿게 하려 함이요 또 너희로 믿고 그 이름을 힘입어 생명을 얻게 하려 함이니라

30절 예수께서 제자들 앞에서 이 책에 기록되지 아니한 다른 표적도 많이 행하셨으나

본 서의 전반부(1-12장)에는 주로 예수님께서 행하신 기적들과 이에 따른 해석적 설명이 기록되어 있습니다. 이는 모두 예수님의 신성을 증명해 주는 성격을 띠고 있습니다. 이에 비해 본 서의 후반부에서 두드러지는 기적은 단연 예수님의 죽음과 부활과 승천이라고 할 수 있습니다. 결국 본 서는 예수님께서 하나님의 아들이심을 증명하고 있는 것입니다. 본 서의 저자인 사도 요한은 기적들을 기록함에 있어서 오직 '예수님은 그리스도' 라는 일관된 주제에 따라 정리하였습니다. 그러므로 그에게 있어서는 예수님께서 행하신 모든 기적을 빠짐없이 다 기록하는 것이 중요한 것이 아니라 그 기적의 참된 의미를 아는 것이 더 중요했습니다. 요한이 직접 목격하고 체험한 예수님은 죽음을 이기고 승리하신 그리스도였습니다. 그래서 그는 그러한 관점에서 본 서를 기록한 것입니다.

31절 오직 이것을 기록함은 너희로 예수께서 하나님의 아들 그리스도이심을 믿게 하려 함이요 또 너희로 믿고 그 이름을 힘입어 생명을 얻게 하려 함이니라

복음서는 예수님이 그리스도이심을 믿는 믿음에 대한 증거입니다. 초대 교회의 주제는 '예수님은 그리스도' 시라는 것이었습니다. 요한은 예수님께서 행하신 기적들을 이 주제에 맞추어 기록함으로써 우리로 하여금 이 사실을 믿고 받아들이도록 했으며, 또한 예수님께서 완성하신 십자가 대속으로 말미암아 우리가 죄 사함을 받고 영원한 생명을 누리게 되었다는 기쁜 소식을 함께 전했습니다. "하나님이 세상을 이처럼 사랑하사 독생자를 주셨으니 이는 그를 믿는 자마다 멸망하지 않고 영생을 얻게 하려 하심이라"(3:16)는 말씀과 같이, 우리는 예수 그리스도를 믿음으로 말미암아 영생, 즉 하나님의 생명을 얻게 되었습니다. 이는 우리의 노력이나 생각에서 나온 것이 아니라 하나님께서 주신 은혜의 언약, 즉 그리스도의 희생을 통해 이루어진 것입니다.

제 21 장

바닷가의 초대

디베랴 바다에서의 재회	21:1-14
베드로의 회복과 사명	21:15-23
요한의 증언	21:24-25

A COMMENTARY
ON THE GOSPEL OF
JOHN Ⅱ

부활하신 예수님께서는 디베랴 바닷가에서 고기를 잡고 있던 제자들에게 다시 나타나셨습니다. 예수님께서는 제자들을 불러 함께 식사하신 후에 세 번이나 주님을 부인했던 베드로에게 "네가 나를 사랑하느냐?"라고 물으심으로써 그의 상처난 마음을 치료해 주셨습니다. 그리고 그에게 목양 사명을 주시고 "나를 따르라."고 하시며 그를 사도로 불러 주셨습니다.

디베랴 바닷가에서 2천 년 전에 베드로를 불러 치유하시고 사명을 주신 예수님께서는 지금 이 순간에도 상처난 영혼을 치유의 바닷가로 초청하시며 사명자로서의 새로운 인생을 살아가게 하고 계십니다.

1. 디베랴 바다에서의 재회(21:1-14)

1. 그 후에 예수께서 디베랴 호수에서 또 제자들에게 자기를 나타내
셨으니 나타내신 일은 이러하니라 2. 시몬 베드로와 디두모라 하는
도마와 갈릴리 가나 사람 나다나엘과 세베대의 아들들과 또 다른 제
자 둘이 함께 있더니 3. 시몬 베드로가 나는 물고기 잡으러 가노라
하니 그들이 우리도 함께 가겠다 하고 나가서 배에 올랐으나 그날 밤
에 아무 것도 잡지 못하였더니 4. 날이 새어갈 때에 예수께서 바닷
가에 서셨으나 제자들이 예수이신 줄 알지 못하는지라 5. 예수께서
이르시되 얘들아 너희에게 고기가 있느냐 대답하되 없나이다 6. 이
르시되 그물을 배 오른편에 던지라 그리하면 잡으리라 하시니 이에
던졌더니 물고기가 많아 그물을 들 수 없더라 7. 예수께서 사랑하시
는 그 제자가 베드로에게 이르되 주님이시라 하니 시몬 베드로가 벗
고 있다가 주님이라 하는 말을 듣고 겉옷을 두른 후에 바다로 뛰어
내리더라 8. 다른 제자들은 육지에서 거리가 불과 한 오십 간쯤 되
므로 작은 배를 타고 물고기 든 그물을 끌고 와서 9. 육지에 올라보
니 숯불이 있는데 그 위에 생선이 놓였고 떡도 있더라 10. 예수께서

이르시되 지금 잡은 생선을 좀 가져오라 하시니 11. 시몬 베드로가 올라가서 그물을 육지에 끌어 올리니 가득히 찬 큰 물고기가 백쉰세 마리라 이같이 많으나 그물이 찢어지지 아니하였더라 12. 예수께서 이르시되 와서 조반을 먹으라 하시니 제자들이 주님이신 줄 아는 고로 당신이 누구냐 감히 묻는 자가 없더라 13. 예수께서 가셔서 떡을 가져다가 그들에게 주시고 생선도 그와 같이 하시니라 14. 이것은 예수께서 죽은 자 가운데서 살아나신 후에 세 번째로 제자들에게 나타나신 것이라

1절 그 후에 예수께서 디베랴 호수에서 또 제자들에게 자기를 나타내셨으니 나타내신 일은 이러하니라

부활하신 후 이제까지 예수님께서 나타나셨던 곳은 모두 예루살렘 주위였습니다. 그런데 이번에는 갈릴리에 나타나셨습니다. '디베랴 호수'는 '게네사렛 호수' 또는 '갈릴리 바다' 라고도 불리우는 곳입니다. 예수님께서는 지난 3년 반 동안 활동하신 사역 중심지였던 갈릴리에 오셔서 제자들에게 나타나신 것입니다.

2절 시몬 베드로와 디두모라 하는 도마와 갈릴리 가나 사람 나다나엘과 세베대의 아들들과 또 다른 제자 둘이 함께 있더니

제자들은 유대인들이 예수님을 십자가에 못 박아 죽인 여세를 몰아 언제 자신들에게 손을 뻗칠지 몰라, 더 이상 예루살렘에 머물러 있을 수 없었습니다. 그래서 그들은 이전의 활동 중심지이자 고향인 갈릴리로 돌아갔습니다. 갈릴리에 모인 제자들은 모두 일곱 명, 즉 베드로와 도마와 나

다나엘과 세베대의 두 아들 야고보와 요한과 또 다른 두 제자였습니다. 이들은 복음서에 등장하는 가장 뛰어난 인물들일 뿐만 아니라 초대 교회에서 중심 역할을 한 신실한 제자들입니다. 그중에서도 베드로가 제일 먼저 언급된 것은 그가 여전히 수제자의 위치에 있음을 암시합니다. 그러나 그의 마음속은 예수님을 세 번이나 부인했던 죄책감으로 여전히 어두웠습니다.

3절 시몬 베드로가 나는 물고기 잡으러 가노라 하니 그들이 우리도 함께 가겠다 하고 나가서 배에 올랐으나 그날 밤에 아무 것도 잡지 못하였더니

갈릴리 바다는 변함없이 예전 모습 그대로였습니다. 제자들이 예루살렘에서 겪은 큰 사건들을 전혀 모른 채 무심하고 평온하기만 했습니다. 원래 어부였던 베드로는 무료함을 견디지 못하고 "나는 물고기 잡으러 가노라."고 하며 나섰습니다. 그러자 다른 제자들도 베드로를 따라 나섰습니다. 부활하신 예수님께서는 그들을 만나 주시기는 했으나 이전처럼 언제나 동행해 주시지는 않았습니다. 현재 그들은 예수님의 소재를 모르고 있을 뿐 아니라 자신들의 할 바도 전혀 알지 못하고 있었습니다. 그러므로 그들은 애초에 예수님을 알지 못하던 시절의 생활로 돌아간 것입니다.

사실 제자들은 예수님의 부활 이후에 본격적으로 활동해야 할 사람들이었습니다. 일찍이 예수님께서 그들에게 "내가 너희로 사람을 낚는 어부가 되게 하리라"(막 1:17)고 하신 말씀이 본격적으로 이루어질 때가 임박해진 것입니다. 이제 곧 있을 예수님의 승천 이후 그들은 성령 침례를

받고 권능을 받아 세상으로 나가서 전도자의 사명을 다해야 하는 것입니다. 그러나 그들은 이러한 자각 없이 옛 생활로 돌아갔던 것입니다. 그 결과는 완전한 실패였습니다.

4절 날이 새어갈 때에 예수께서 바닷가에 서셨으나 제자들이 예수이신 줄 알지 못하는지라

제자들은 밤새도록 고기를 잡았습니다. 수없이 그물을 내리고 다시 끌어당기기를 계속했습니다. 그러나 고기는 단 한 마리도 잡히지 않았습니다. 그물을 한 번 끌어올릴 때마다 그들은 점점 더 탈진해 가고 빈 그물을 보면서 절망해 갔습니다. 이 절망적인 상황은 베드로가 예수님을 처음 만났던 때와 똑같았습니다(눅 5:1-11). 예수님께서는 3년 반 전의 상황을 그대로 재현하셨습니다. 그때도 절망 가운데 있는 베드로에게 찾아 오셨던 예수님께서 지금 절망 가운데 있는 제자들을 만나러 홀연히 바닷가에 나타나신 것입니다. 인간의 절망은 하나님을 만나는 접촉점이 됩니다. 그러나 제자들은 자신들의 처지와 환경에만 신경이 쓰여서 자신들을 찾아오신 예수님을 미처 알아보지 못했습니다.

5절 예수께서 이르시되 얘들아 너희에게 고기가 있느냐 대답하되 없나이다

예수님께서는 제자들에게 "얘들아, 너희에게 고기가 있느냐?"라고 물으셨습니다. 이 질문은 단순히 잡힌 고기가 있는가를 묻는 것이 아니었습니다. 우리가 실패하거나 잘못된 길로 들어설 때 예수님께서는 우리를 찾아오셔서 말씀으로 깨우쳐 주십니다. 예수님께서는 이미 답을 알고 계

신 질문을 던짐으로써 우리 자신이 처한 상황을 깨달아 알게 하십니다. 이에 대한 실례로, 아담과 하와가 선악과를 따먹고 하나님의 낯을 피하여 숨어 있을 때 하나님께서 그들을 찾아오셔서 "아담아, 네가 어디 있느냐?" 라고 질문하셨던 것을 들 수 있습니다(창 3:9).

예수님께서 갈릴리 해변에서 제자들에게 던지신 질문은 "너희는 내가 부탁한 바 잃어버린 영혼들을 낚고 있느냐? 내가 섬기라고 한 사람들을 버려두고 바다 한가운데서 밤새 무엇을 하고 있느냐? 너희 뜻대로 잘되어 가고 있느냐?" 는 것이었습니다. 자신들에게 질문하시는 분이 예수님이신 줄 모르는 제자들은 "없나이다." 하고 솔직하게 대답했습니다. 일찍이 예수님께서 "나는 포도나무요 너희는 가지라 그가 내 안에, 내가 그 안에 거하면 사람이 열매를 많이 맺나니 나를 떠나서는 너희가 아무것도 할 수 없음이라"(15:5)고 말씀하셨듯이, 예수님을 떠난 제자들의 실패는 이미 예고된 것이었습니다.

6절 이르시되 그물을 배 오른편에 던지라 그리하면 잡으리라 하시니 이에 던졌더니 물고기가 많아 그물을 들 수 없더라

예수님께서 제자들에게 "그물을 배 오른편에 던지라. 그리하면 잡으리라." 고 일러 주셨습니다. 이에 제자들이 그 명령대로 따랐더니 그물을 들어올리지 못할 만큼 많은 고기가 잡혔습니다. 이것은 우연이 아니라 주님의 말씀에 대한 순종이 가져온 기적이었습니다. 인간의 힘으로 할 때에는 밤새도록 노력해도 안 되던 것이 예수님의 말씀에 순종하여 했더니 단번에 풍성한 결과를 가져온 것입니다.

하나님께서는 말씀을 통해 우리에게 놀라운 아이디어를 주십니다. 그

런데 이 아이디어를 실천해서 이루는 것은 우리의 몫입니다. 다시 말해서, 하나님께서 주시는 아이디어를 얻으면 믿음과 순종으로 이를 행하여야 하는 것입니다. 그러할 때 인간의 힘으로는 도저히 이룰 수 없는 일들이 성공적으로 이루어지는 기적이 일어나는 것입니다.

7절 예수께서 사랑하시는 그 제자가 베드로에게 이르되 주님이시라 하니 시몬 베드로가 벗고 있다가 주님이라 하는 말을 듣고 겉옷을 두른 후에 바다로 뛰어 내리더라

'예수께서 사랑하시는 그 제자'는 요한입니다. 요한이 눈앞에서 일어나는 기적을 보았을 때 그의 마음속에는 불현듯 3년 반 전에 있었던 사건이 떠올랐습니다(눅 5:1-11). 그때도 이와 똑같은 상황에서 똑같은 기적이 일어났던 것입니다. 갑자기 요한의 뇌리에 빛이 비쳤습니다. 그는 해변에 서 계신 분이 예수님이시라는 것을 분명하게 알아차리고, 베드로에게 "주님이시다!"라고 소리쳤습니다. 그러자 베드로는 급히 겉옷을 두르고서 물 속으로 풍덩 뛰어들었습니다. 베드로는 예수님을 처음 만났을 때, 무릎을 꿇고서 "주여, 나를 떠나소서. 나는 죄인이로소이다."라고 하며 애원했습니다(눅 5:8). 그러나 이제 그는 달라졌습니다. 가야바의 법정에서 세 번이나 예수님을 모른다고 부인했던 죄책감이 여전함에도 불구하고 그는 조금도 주저하지 않고 예수님을 향해 헤엄쳐 갔습니다. 그는 지난 3년 반 동안 예수님과 생활하면서 예수님의 은혜와 용서를 배우고 체험하였습니다. 그러므로 그는 이제 자신이 체험한 그 은혜와 용서를 의지하고, 마음속으로 '주님, 제발 떠나지 마세요. 저는 죄인입니다. 주님, 당신이 너무도 필요합니다.'라고 부르짖으며 혼신의 힘을 다해 헤엄쳐

갔습니다.

8-9절 다른 제자들은 육지에서 거리가 불과 한 오십 칸쯤 되므로 작은 배를 타고 물고기 든 그물을 끌고 와서 육지에 올라보니 숯불이 있는데 그 위에 생선이 놓였고 떡도 있더라

'오십 칸' 은 약 90m입니다. 제자들이 탄 배는 육지에서 불과 90m 정도 떨어져 있었으므로, 제자들은 예수님께서 계신 육지로 빨리 가기 위해 서두를 필요가 없었습니다. 다만 베드로만이 예수님을 향한 간절하고도 조급한 마음으로 한시라도 빨리 예수님께로 가려고 물 속으로 뛰어들었던 것입니다. 제자들이 육지에 올라와 보니 이미 아침 식사가 준비되어 있었습니다. 예수님께서 밤새도록 물고기를 잡느라고 허기진 제자들을 위해 식사 준비를 해 놓으신 것입니다. 예수님께서 손수 숯불을 피워 놓으시고 생선과 떡을 구우시는 것을 본 제자들은 반가움과 죄송스러움과 감사함이 마음속에 차 올랐을 것입니다. 그러나 그 어느 제자도 베드로만큼 만감이 교차하지는 않았을 것입니다. 예수님과 숯불을 보니 베드로의 마음에는 숯불을 쬐면서 예수님을 세 번이나 부인했던 일이 너무도 선명하게 떠올랐을 것입니다.

10-11절 예수께서 이르시되 지금 잡은 생선을 좀 가져오라 하시니 시몬 베드로가 올라가서 그물을 육지에 끌어 올리니 가득히 찬 큰 물고기가 백쉰세 마리라 이같이 많으나 그물이 찢어지지 아니하였더라

제자들이 모두 육지에 오르자, 예수님께서 제자들에게 "지금 잡은 생

선을 좀 가져오라." 고 말씀하셨습니다. 이에 베드로가 얼른 가서 그물을 끌어올리고 얼마나 잡혔는지 그 수를 세어보니 그물 속에는 무려 153마리의 고기가 들어 있었습니다. 어부들은 항상 잡힌 고기를 공평하게 분배하기 때문에 어획한 후에 정확한 숫자를 세는 것이 몸에 익숙한 일이었습니다. 더구나 죄책감에 어찌할 바를 모르고 있던 베드로에게는 이처럼 단순한 육체 노동이 마음에 다소 여유를 줄 수도 있었을 것입니다.

제자들의 그물은 물고기로 꽉 차 있었습니다. 그럼에도 불구하고 그물이 찢어지지 않은 것은 하나님의 능력의 완전함을 증거합니다. 하나님께서는 인간의 힘으로는 할 수 없는 일을 하시는 능력의 하나님이시며, 그 일을 이룸에 있어서도 완전하게 하십니다.

12절 예수께서 이르시되 와서 조반을 먹으라 하시니 제자들이 주님이신 줄 아는 고로 당신이 누구냐 감히 묻는 자가 없더라

예수님께서는 풍성한 아침 식사가 준비된 따뜻한 불 가로 제자들을 초대하셨습니다. 밝게 피어 오른 숯불은 차디찬 바닷물과 밤새 씨름한 제자들의 몸뿐 아니라 마음까지 훈훈하게 덥혀주었습니다.

베드로는 대제사장의 집 안뜰에서 숯불에 몸을 녹이다가 예수님을 세 번 부인했었습니다(마 26:69-75; 막 14:66-72; 눅 22:54-62; 요 18:15-18,25-27). 해변에는 또 다른 숯불이 타오르고 있었습니다. 더욱이 아침 식사를 마련해 주신 분은 바로 그가 버렸고 부인했던 예수님이셨습니다. 그 자리에 같이 있는 다른 제자들도 비록 베드로처럼 예수님을 부인하지는 않았지만 예수님을 버리고 도망갔던 일에 대한 죄책감을 느끼기는 마찬가지였습니다. 그러나 예수님께서는 그들을 꾸짖지 않으셨습니다. 오히려 침묵 가운데 그들의 마음을 위로해 주셨습니다. 제자들은 이러한 무언의 사랑을 묵묵히 받으며 감사해 하고 있었습니다.

13-14절 예수께서 가셔서 떡을 가져다가 그들에게 주시고 생선도 그와 같이 하시니라 이것은 예수께서 죽은 자 가운데서 살아나신 후에 세 번째로 제자들에게 나타나신 것이라

예수님께서는 단지 말로만 제자들을 사랑하시지 않으셨으며, 조건부로 사랑하지도 않으셨습니다. 예수님께서는 제자들을 위해 손수 식사를 준비하셨고 그들에게 떡과 생선을 나누어 주셨습니다. 예수님께서는 먼저 구체적인 행동으로 자신의 사랑을 나타내신 것입니다. 예수님의 사랑은 제자들의 영적 필요를 채워주는 것만이 아니라 육체적인 필요까지 충족시켜 주는 것이었습니다. 이러한 예수님의 사랑으로 말미암아 제자들은 부활하신 예수님과의 인격적 교제를 회복하고, 실질적이고 진실한 예수님의 사랑을 흠뻑 맛보았습니다.

2. 베드로의 회복과 사명(21:15-23)

15. 그들이 조반 먹은 후에 예수께서 시몬 베드로에게 이르시되 요한의 아들 시몬아 네가 이 사람들보다 나를 더 사랑하느냐 하시니 이르

되 주님 그러하나이다 내가 주님을 사랑하는 줄 주님께서 아시나이다 이르시되 내 어린 양을 먹이라 하시고 16. 또 두 번째 이르시되 요한의 아들 시몬아 네가 나를 사랑하느냐 하시니 이르되 주님 그러하나이다 내가 주님을 사랑하는 줄 주님께서 아시나이다 이르시되 내 양을 치라 하시고 17. 세 번째 이르시되 요한의 아들 시몬아 네가 나를 사랑하느냐 하시니 주께서 세 번째 네가 나를 사랑하느냐 하시므로 베드로가 근심하여 이르되 주님 모든 것을 아시오매 내가 주님을 사랑하는 줄을 주님께서 아시나이다 예수께서 이르시되 내 양을 먹이라 18. 내가 진실로 진실로 네게 이르노니 네가 젊어서는 스스로 띠 띠고 원하는 곳으로 다녔거니와 늙어서는 네 팔을 벌리리니 남이 네게 띠 띠우고 원하지 아니하는 곳으로 데려가리라 19. 이 말씀을 하심은 베드로가 어떠한 죽음으로 하나님께 영광을 돌릴 것을 가리키심이러라 이 말씀을 하시고 베드로에게 이르시되 나를 따르라 하시니 20. 베드로가 돌이켜 예수께서 사랑하시는 그 제자가 따르는 것을 보니 그는 만찬석에서 예수의 품에 의지하여 주님 주님을 파는 자가 누구오니이까 묻던 자더라 21. 이에 베드로가 그를 보고 예수께 여짜오되 주님 이 사람은 어떻게 되겠사옵나이까 22. 예수께서 이르시되 내가 올 때까지 그를 머물게 하고자 할지라도 네게 무슨 상관이냐 너는 나를 따르라 하시더라 23. 이 말씀이 형제들에게 나가서 그 제자는 죽지 아니하겠다 하였으나 예수의 말씀은 그가 죽지 않겠다 하신 것이 아니라 내가 올 때까지 그를 머물게 하고자 할지라도 네게 무슨 상관이냐 하신 것이러라

15절 그들이 조반 먹은 후에 예수께서 시몬 베드로에게 이르시되 요한의 아들 시몬아 네가 이 사람들보다 나를 더 사랑하느냐 하시니 이르되 주님 그러하나이다 내가 주님을 사랑하는 줄 주님께

서 아시나이다 이르시되 내 어린 양을 먹이라 하시고

아침 식사가 끝난 후, 예수님께서는 베드로와 단둘이 대화를 하셨습니다. 베드로의 잘못은 모든 제자들에게 이미 잘 알려져 있었으므로 예수님께서는 이 문제를 공개적으로 다룰 필요가 있다고 생각하셨습니다. 예수님께서는 먼저 베드로에게 자신의 용서와 사랑을 보이시고 충분히 생각할 시간을 주셨습니다. "요한의 아들 시몬아, 네가 이 사람들보다 나를 더 사랑하느냐?" 예수님의 이 질문은 베드로에게 예수님에 대한 사랑이 있는가 하는 것이었습니다. 예수님께서 우리에게 요구하시는 것은 기본적인 마음의 자세입니다. 만일 우리가 예수님을 사랑한다면 그것으로 충분합니다. 베드로는 비록 생명의 위협을 느껴 순간적으로 예수님을 부인하기는 했지만 예수님을 사랑하는 마음은 변함이 없었습니다.

한편 본 절에서 예수님께서 베드로에게 물어보신 '사랑' 은 '아가페'(ἀγάπη), 즉 헌신적이고 무조건적인 사랑, 환경에 흔들림이 없는 절대적인 사랑을 하느냐는 것이었습니다. 그런데 이에 대한 답변으로 베드로가 말한 '사랑' 은 '필레오'(φιλέω), 즉 친구로서의 인간적인 사랑이었습니다. 자신의 안전을 위해 예수님을 부인했던 베드로는 자신이 과거에 "주를 위하여 내 목숨을 버리겠나이다"(13:37)라고 호언장담하던 것이 얼마나 실없고 무책임한 말이었는가를 깨달았습니다. 그래서 그는 지극히 겸손하고 낮아진 마음으로 "주님 그렇습니다. 제가 주님을 인간적으로 사랑하는 줄 주님께서 아십니다."라고 대답했습니다. 하나님의 은혜는 낮아지고 깨어진 사람에게 충만히 임합니다. 베드로가 죽기까지 주님을 따르겠노라고 장담할 때, 예수님께서는 그에게 아무런 일도 맡기시지 않았습니다. 그러나 베드로가 깨어지고 낮아지자, 예수님께서는 그에게 목양의 사명을 주셨습니다.

16절 또 두 번째 이르시되 요한의 아들 시몬아 네가 나를 사랑하느냐 하시니 이르되 주님 그러하나이다 내가 주님을 사랑하는 줄 주님께서 아시나이다 이르시되 내 양을 치라 하시고

예수님께서는 베드로에게 "요한의 아들 시몬아, 네가 나를 사랑하느냐?"라고 재차 질문하셨습니다. 예수님을 사랑하는 것이 그리스도의 사도 된 자가 갖추어야 하는 필수 조건입니다. 거듭 사랑을 확인하시는 예수님의 질문에 베드로는 다시 한 번 사랑을 고백하였고 이에 예수님께서는 베드로에게 새 임무를 부여하셨습니다. 그것은 주님의 양들을 돌보고 좋은 목초지로 인도하라는 것이었습니다. 예수님께서는 베드로의 인격을 회복시켜 주시고 그의 사역도 회복시켜 주신 것입니다.

17절 세 번째 이르시되 요한의 아들 시몬아 네가 나를 사랑하느냐 하시니 주께서 세 번째 네가 나를 사랑하느냐 하시므로 베드로가 근심하여 이르되 주님 모든 것을 아시오매 내가 주님을 사랑하는 줄을 주님께서 아시나이다 예수께서 이르시되 내 양을 먹이라

예수님을 세 번 부인했던 베드로에게 예수님께서는 세 번의 질문을 하심으로써 그의 마음을 완전히 치유하시고 그의 권위를 완전히 회복시켜 주셨습니다. 세 번째 질문에서 예수님께서는 '아가페' 대신 '필레오' 로서의 사랑을 하는가를 물으셨습니다. 앞서 베드로가 말한 두 번의 대답은 모두 '필레오' 로서의 사랑 고백이었습니다. 그런데 이번에는 예수님께서 "네가 정말로 나를 친구로서 사랑하느냐?"라고 물으시자, 베드로

는 자신이 장담할 만한 것이 아무 것도 없음을 깨달았습니다. 그래서 그는 감히 "주님, 그러하나이다." 라고 대답하지 못하고, 다만 "주님께서 아시나이다." 라고 대답했습니다. 그런데 여기서 특기할 만한 것은, 이 말은 앞서 "주님께서 아시나이다"(15-16절)라고 대답했던 것과 의미가 다르다는 점입니다. 앞에서 쓰인 '안다' 는 것은 헬라어로 '오이다'(*οἶδα*)이며, 이 말은 '신적으로 아는 것', 즉 '직관적으로 또 절대적으로 아는 것'을 의미합니다. 이에 비해 본 절의 '안다' 는 것은 헬라어로 '기노스코'(*γινώσκω*)로서, 이 말은 '경험적이고 상대적으로 아는 것' 을 의미합니다. 즉, 베드로는 예수님께서 지난 3년 반 동안 보고 겪으셔서 자신의 마음과 감정을 있는 그대로 아시지 않느냐고 호소한 것입니다. 그 경험 중에는 겟세마네 동산에서 예수님을 버리고 도망갔던 것과 그 후 예수님을 세 번 부인했던 것도 포함됩니다. 베드로는 이제 자기 자신을 예수님의 발 앞에 내려놓은 것입니다. 그는 완전히 깨어진 것입니다. 이러한 베드로에게 예수님께서는 자신의 양들을 부탁하셨습니다. 베드로처럼 실수도 하고 그릇된 길로 가기 쉬운 양들을 바른 길로 인도하며 풍성한 꼴을 먹이라고 부탁하신 것입니다. 예수님께서는 한 번 실패했던 베드로에게 이처럼 새로운 기회를 주심으로써 자신의 변함없는 사랑을 확인시켜 주셨습니다. 이는 실로 해변의 아침 식사가 사랑의 초대에서 거룩한 위임식으로 바뀌는 순간이었습니다.

18절 내가 진실로 진실로 네게 이르노니 네가 젊어서는 스스로 띠 띠고 원하는 곳으로 다녔거니와 늙어서는 네 팔을 벌리리니 남이 네게 띠 띠우고 원하지 아니하는 곳으로 데려가리라

'진실로 진실로' 라는 표현은 예수님께서 중요한 말씀을 하실 때마다 사용하셨습니다. 예수님께서는 베드로가 자신을 세 번 부인할 것을 예언하셨을 때에 이 표현을 하셨었는데(13:38), 본 절에서는 이 표현으로 베드로의 남은 일생을 예언하셨습니다. 예수님께서는 먼저 베드로에게 목자로서의 사명을 재확인시키신 다음, 장차 그가 순교할 것을 생생하게 묘사하셨습니다. 초대 교회 당시, '팔을 벌린다' 는 것은 십자가 처형을 의미하였습니다. 즉, 예수님께서는 장차 베드로가 십자가에 달려 순교할 것을 예고해 주신 것입니다.

"누구든지 나를 따라오려거든 자기를 부인하고 자기 십자가를 지고 나를 따를 것이니라 누구든지 자기 목숨을 구원하고자 하면 잃을 것이요 누구든지 나와 복음을 위하여 자기 목숨을 잃으면 구원하리라"(막 8:34-35)는 말씀과 같이, 예수님을 따르는 길은 자기의 뜻과 생각을 버리고, 자기 십자가를 지고, 예수 그리스도와 복음을 위해 자기의 목숨까지도 아낌없이 희생하는 길입니다. 그러나 그 희생과 죽음은 결코 헛된 것이 아닙니다. 이러한 고귀한 희생과 죽음을 통해 베드로는 한 알의 생명의 씨앗이 되어 초대 교회의 터전을 마련하였습니다.

19절 이 말씀을 하심은 베드로가 어떠한 죽음으로 하나님께 영광을 돌릴 것을 가리키심이러라 이 말씀을 하시고 베드로에게 이르시되 나를 따르라 하시니

전해 내려오는 말에 의하면, 베드로는 네로 황제의 박해 당시 로마에서 십자가에 거꾸로 달려 순교했다고 합니다. 베드로는 자신이 어떻게 죽으리라는 것을 알고 그 죽음의 길을 서슴없이 갔습니다. 자신의 죽음

을 분명히 아는 사람은 환경의 변화에 흔들리지 않습니다. 더욱이 예수 그리스도를 믿는 사람에게는 죽음조차 하나님의 영광을 위한 것이며, 그 후에는 천국에 들어갈 것이 보장되어 있습니다. 바로 이러한 믿음과 소망이 있었기에 베드로는 죽음이 기다리고 있다는 것을 뻔히 알면서도 주저하지 않고 그 길을 갔던 것입니다. 그러나 그 길은 베드로 자신의 힘으로 간 것이 아닙니다. 오직 주님께서 정해 놓으신 길로 인도하심에 믿음으로 따라간 것입니다.

베드로에게 "나를 따르라." 고 말씀하신 예수님께서는 지금 우리에게도 동일하게 말씀하십니다. 예수님을 따르는 길은 믿음으로 가는 길이요, 희생이 따르는 길입니다. 예수님을 따르던 제자들은 모두 혹독한 박해와 환난을 겪다가 생을 마감했습니다. 그러나 그들의 인생은 아무것도 이루지 못하고 허무하게 스러져 간 실패자의 인생이 아니었습니다. 그들의 생은 "내게 능력 주시는 자 안에서 내가 모든 것을 할 수 있느니라"(빌 4:13)고 담대하게 외치며 세상을 이긴 인생이요, 힘찬 믿음의 발걸음으로 영광의 하늘나라에 이른 복된 인생이었습니다. 그러므로 우리는 믿음의 선진들이 남긴 이러한 발자취를 좇아 온전한 믿음을 가지고 세상을 이기며 예수님을 따라야겠습니다.

20-21절 베드로가 돌이켜 예수께서 사랑하시는 그 제자가 따르는 것을 보니 그는 만찬석에서 예수의 품에 의지하여 주님 주님을 파는 자가 누구오니이까 묻던 자더라 이에 베드로가 그를 보고 예수께 여짜오되 주님 이 사람은 어떻게 되겠사옵나이까

베드로는 자신의 삶에 대한 하나님의 계획을 듣고 난 후, 예수님께서

사랑하시는 제자 요한이 따라오는 것을 보고 그의 미래가 궁금해졌습니다. 그는 자신의 종말이 십자가에 처형될 순교인데, 그렇다면 똑같은 예수님의 제자로서 요한은 어떻게 될지 궁금했던 것입니다. 그래서 그는 호기심과 동병상련의 감정을 가지고 예수님께 요한의 장래에 대해 질문하였습니다.

22절 예수께서 이르시되 내가 올 때까지 그를 머물게 하고자 할지라도 네게 무슨 상관이냐 너는 나를 따르라 하시더라

똑같이 예수님의 제자로 택함 받았다고 해서 모두 동일한 인생길을 가는 것은 아닙니다. 각자의 인생길은 절대 주권적 의지를 가지신 하나님께서 전적으로 결정하십니다. 예수님께서는 베드로의 인생이 목회 사명을 완수하고 순교하는 것임을 예고하셨습니다. 그러나 요한의 미래에 대해서는 침묵하셨습니다.

우리가 주님을 믿을 때에 가장 핵심이 되는 문제는 '내가 주님을 따르는 것' 입니다. 내 마음을 다하고, 뜻을 다하고, 정성을 다하고, 목숨을 다하여 주님을 따르는 것이 중요합니다. 내가 세운 목표를 이루기 위해 내가 청사진을 가지고 내 방법을 따라 도와 달라고 요구하는 자아 중심에서 돌이켜, 하나님의 뜻을 이루기 위해 주님께서 주신 꿈을 가지고 성령의 인도하심에 따라야 합니다. 우리는 한 치 앞도 모르고 사는 존재입니다. 그러나 우리를 지으시고 우리의 인생길을 정해 놓으신 하나님께서는 모든 것을 아십니다. 다만 우리가 확실히 알고 믿는 것은 주님께서 우리의 목자가 되어 하늘나라로 인도해 주신다는 것입니다. 그렇기 때문에 우리는 어떠한 인생의 경로로 가든지 그 끝이 하늘나라에 들어가는 것이라는

소망을 갖고 사는 것입니다. 이러므로 우리는 다른 사람의 인생과 나의 인생을 비교할 필요도 없고, 다른 사람의 삶을 간섭하지도 말아야 합니다. 오로지 자신의 인생길에서 주님께서 주신 사명을 충실히 이루며 주님께 순종해야 하는 것입니다.

23절 이 말씀이 형제들에게 나가서 그 제자는 죽지 아니하겠다 하였으나 예수의 말씀은 그가 죽지 않겠다 하신 것이 아니라 내가 올 때까지 그를 머물게 하고자 할지라도 네게 무슨 상관이냐 하신 것이러라

베드로는 "내가 올 때까지 그를 머물게 하고자 할지라도 네게 무슨 상관이냐?"(22절)는 예수님의 말씀을 잘못 이해하여, 예수님께서 재림하실 때까지 요한이 살아 있을 것이라는 뜻으로 생각했습니다. 그리고 이러한 자신의 생각을 다른 형제들에게 전했습니다. 여기서 '형제들' 이란 초대 교회 성도들을 말합니다. 그 당시 이러한 오해는 성도들 간에 널리 퍼져 있었습니다. 그래서 성도들은 예수님께서 재림하실 때까지 요한이 살아있으리라는 그릇된 생각과 또 이에 따른 임박한 재림설로 설왕설래하였습니다. 이러므로 요한은 이를 바로잡기 위해 본 서에 예수님의 말씀과 더불어 올바른 해석까지 덧붙여 기록한 것입니다.

하나님의 말씀을 올바로 이해하는 것은 굉장히 중요합니다. 말씀을 잘못 이해하여 해석하는 데서 모든 이단 사설과 혼란이 발생합니다. 그러므로 우리는 하나님의 말씀을 올바로 알기 위해서 언제나 성령의 도우심을 구하여야겠습니다.

3. 요한의 증언(21:24-25)

24. 이 일들을 증언하고 이 일들을 기록한 제자가 이 사람이라 우리
는 그의 증언이 참된 줄 아노라 25. 예수께서 행하신 일이 이 외에도
많으니 만일 낱낱이 기록된다면 이 세상이라도 이 기록된 책을 두기
에 부족할 줄 아노라

24절 이 일들을 증언하고 이 일들을 기록한 제자가 이 사람이라 우리는 그의 증언이 참된 줄 아노라

본 절에서 '이 일' 은 요한복음 전체를 가리킵니다. 그리고 '기록한 제자' 는 사도 요한을 지칭합니다. 이로써 본 서의 저자에 대한 신뢰성이 강조되고 있습니다. 사도 요한이 주님으로부터 받은 임무 가운데 하나는 예수 그리스도의 발자취를 성실하게 기록하고 증언함으로써 그분의 신성을 입증하는 것이었습니다.

제자됨의 근본은 세상에 나아가 자기를 보내신 분을 충실히 전하는 것입니다. 이러한 증거와 선포는 반드시 직접적인 체험을 바탕으로 이루어집니다. 요한은 예수 그리스도와의 만남과 생생한 대화들을 기록하는 데 중점을 두었습니다. 그 결과 요한복음은 복음서들 가운데 단연 뛰어난 위치에 놓이게 된 것입니다.

25절 예수께서 행하신 일이 이 외에도 많으니 만일 낱낱이 기록된다면 이 세상이라도 이 기록된 책을 두기에 부족할 줄 아노라

요한은 자신이 기록하고 증언한 이 글이 예수님께서 행하신 일들 중에서 극히 일부분에 불과한 것이라는 말로 결론을 짓고 있습니다. 예수 그리스도는 인간의 지식의 한계 속에 제한시켜 담을 수 없을 만큼 무한 광대하신 하나님이십니다. 예수님과 3년 반 동안 함께 생활하면서 예수님을 직접 체험한 제자의 입에서 이처럼 겸손한 고백이 나온 것은 오늘날 우리에게 좋은 교훈이 됩니다.

요한이 본 서를 기록한 목적은 우리가 그의 증언을 믿고 이를 기준으로 살아가게 하는 데 있습니다. 그러므로 우리는 무엇보다도 말씀을 들을 때, 믿음으로 받아들이고 말씀에 순종해야 합니다. 그리고 나아가서 제자들이 그러했던 것같이 우리가 체험한 예수님을 담대하게, 그러나 겸손한 마음으로 전해야겠습니다.

성역50주년기념 신약성경강해전집

A COMMENTARY ON THE GOSPEL OF JOHN Ⅱ